LUIS GUILLERMO VILLANUEVA VALDOVINOS

EL PODER Y SUS BEMOLES

Diseño de portada: José de Jesús González Villanueva

El poder y sus bemoles,
D.R. © Luis Guillermo Villanueva Valdovinos.

Responsable de la edición digital:
Appie Ebook & Ecommerce

LUIS GUILLERMO VILLANUEVA VALDOVINOS

EL PODER Y SUS BEMOLES

Diseño de portada: José de Jesús González Villanueva

DEDICADO A:

A todos los amigos de ideales, de brega y de siembra: los de ayer, los de hoy y los que vendrán; quienes, con trabajo desinteresado y entrega generosa, han estado, están y estarán dispuestos a dejar, con esfuerzo y congruencia, una huella clara de servicio a la comunidad en la praxis política.

Índice

AGRADECIMIENTOS:

A Dios, Causa de las causas

A mis padres: Luis y Margarita; ejemplos de congruencia y honestidad

A mis hermanos: Serafina, Margarita, Faustino, María Guadalupe, Consuelo, Guillermina, María Elena, Héctor, Rosalba, Bertha Alicia y Carmela; mi primera patria.

A mi esposa Luz Elena; compañera leal en esta bella aventura de recorrer juntos el camino de la vida.

A mis hijos Paulina Guadalupe y Luis Alberto, quienes llegaron a dar nuevos motivos a nuestra existencia. Y a mis hijos, que no llegaron, pero sí existieron y, en su momento, fueron esperanza y luz para nuestra vida.

A mis nietos: Luis Javier, Emmanuel, Ana Paula, Limbania y Ainhara, luz de esperanza en el otoño de la vida.

A Jovanna Verenice y Francisco Javier, quienes eligieron a mi hijo y a mi hija para recorrer juntos los momentos prósperos y adversos de la vida.

A todos mis maestros, sembradores de valores; en especial al tío Enrique Villanueva, a Monseñor Jorge Bernal V. y al padre Rafael Arumí B.

PRÓLOGO

La política, tarea esencial para la convivencia humana, es, en nuestros días, una de las actividades más cuestionadas y desacreditadas; la mayoría de las veces como consecuencia de la deficiencia y corrupción, en el ejercicio del poder, de los políticos en turno y otras por la desinformación de los ciudadanos en lo que respecta a las circunstancias que rodean a esta actividad humana; lo deseable no siempre es posible.

La presente novela tiene como propósito invitar al lector a la reflexión sobre la política como una obligación social para construir, en libertad, el andamiaje necesario para lograr en bien común: oportunidad de crecimiento para todos, paz, justicia, mayor producción de riqueza y mejor distribución de la misma; y entender que la política es cosa de seres humanos con sus limitaciones y circunstancias.

El protagonista es un personaje ficticio nacido en San José de Gracia, que relata, en primera persona, la odisea de su vida, desde su niñez hasta que, ya adulto, trata de reencontrarse consigo mismo; motivo por el cual regresa a su ciudad, donde tiene una diálogo con otros dos amigos, buscando conocer el derrotero de la política local, lo que da lugar a la narración de una microhistoria del PAN, en San José de Gracia; desde su organización formal, hasta el año 2014, año en el que se pensó su publicación.

Este diálogo pretende ilustrar el camino recorrido, en las últimas décadas, por nuestras pequeñas comunidades, en su lucha por alcanzar un régimen democrático, sujeto a la ley y transparente en el ejercicio del poder y la oposición del viejo régimen, que cambia de piel, pero no de intenciones.

CAPÍTULO I
DEJANDO LAS CADENAS

Mis pasos consumieron el espacio que separa la celda de la primera aduana de seguridad.

Estoy decidido a todo; y cuando digo "a todo" es a todo.

Quiero recuperar mi identidad; los tiempos han cambiado; mi prestigio, al igual que mi edad, va en decadencia. El personal del centro de readaptación ya no me ve con miedo, mucho menos con admiración, como en otros tiempos; estoy pasando a ser un don nadie, y eso, en estos lugares, es peligroso.

Llego a la primera aduana y ordeno secamente: "ábranme"

Los guardias ponen una cara de bobos. Estoy a punto de explotar. Por fortuna aparece el comandante Melesio, es el decano de los guardias; bajito, moreno y rechoncho; no cuenta con estudios académicos, pero todos lo respetan por su experiencia e intuición. Los años laborados en la institución lo han dotado de un sexto sentido que le permite detectar, con oportunidad, los problemas y ofrecer las soluciones apropiadas; para él no existen secretos en la prisión, de la que conoce hasta el último rincón; nadie mejor que él para dominar el protocolo de este centro de readaptación. Su conocimiento y experiencia le permiten estar por encima de los reglamentos. Nadie objeta sus decisiones, porque su vida es, ha sido y será, servir a la Patria encargándose de la operatividad de esta institución.

— Ahora le abren, jefe; estos jóvenes no le conocen.

De mala gana un jovenzuelo, caricatura del agente 777, abre la reja con enfado, mientras el propio Melesio se adelanta para franquear la segunda y la tercera aduana.

— ¡Listo, mi jefe!, que tenga buena suerte.

Melesio sabe que mis, cada vez más esporádicas, salidas, conllevan una buena dosis de adrenalina. Nunca me ha preguntado por qué, aparentemente, puedo salir y entrar a la prisión cuando me da la gana, ni por qué, la mayoría de los viejos comandantes, me dicen "jefe"; pero él lo intuye. Ocasionalmente, a mi regreso, cuando la misión ha resultado especialmente favorable, suelo ser generoso; tal vez esa esperanza sea el motivo de su buen deseo: "que tenga suerte, jefe".

Al oír nuevamente la palabra "jefe", se acelera mi corazón, y mi alma endurecida la recibe como oloroso bálsamo. Mas no respondo; con la mirada fija al frente encamino mis pasos a la dirección.

La sala de espera es repugnante, en un largo sillón de color verde se apretujan cinco obesas señoras, mientras dos varones cuchichean, escondiendo su miedo bajo las hojas de un anturio , al que no le han puesto agua en varios días; frente a ellos, un señor mueve la cabeza en círculos, mientras dice:

— Todo va a salir bien; agarramos un buen licenciado; es "un perro", me lo dijo el propio juez, el otro día.

Me dirijo al escritorio de la secretaria, quien se está viendo en un pequeño espejo. Sin voltear pregunta:

— ¿A quién busca?

Su voz destemplada me irrita

— Al director

— Primero van los señores.

El instinto de Melesio le movió a seguirme; con delicadeza se dirige a la secretaria:

— Señorita: los señores esperan a su licenciado; avísele al director que un 11—23 le desea ver.

— ¿Un qué?

Melesio deja las buenas formas y abre él mismo la puerta, invitándome a pasar.

El director se sorprende, mas, la presencia de Melesio lo tranquiliza. Melesio ha desarrollado un sexto sentido que le permite prever y solucionar problemas. Cuando él está presente la institución camina y los obstáculos son superados.

Melesio se acerca al director y le susurra algo al oído; el miedo vuelve a la cara enjuta del director, sus ojos se agigantan. Me invita a tomar asiento.

Voy al grano:

— Señor director he recibido instrucciones de realizar un "trabajo".

El director vuelve su mirada a Melesio, quien asiente con la cabeza.

— No hay inconveniente, dice el director: haga lo que tenga que hacer.

Su nerviosismo me contagia; no me gusta mentir y siento que mi rostro está a punto de reflejarlo. Respiro profundamente y continúo:

— El "trabajo" parece delicado, por lo que, antes de irme, quisiera conocer el expediente de quien, oficialmente, ocupa mi celda.

— No le entiendo; me contesta. Melesio le susurra algo al oído.

Continúo:

— Si señor; mi celda, oficialmente, la ocupa Juan Arquímedes Martínez Ceballos. Yo paso lista al nombre de Juan Arquímedes Martínez Ceballos. Deseo conocer ese expediente.

— No le veo objeto, argumenta el director, pero permítame.

El hombre está asustado, no desea incomodarme. Se levanta y, echando el brazo sobre el hombro de Melesio, lo jala hacia un privado contiguo.

Estoy nervioso, cada minuto que pasa me acerca o me aleja de mi plan. En la vida no hay tiempos muertos, o se avanza o se retrocede. Yo he decidido no retroceder.

No sé cuántos minutos han pasado desde que el director desapareció con Melesio en el privado. No aguanto más; elevo la voz para que me escuche:

— Señor director ¿por qué no llama a la dirección general?, necesito ver ese expediente antes de partir y, por otro lado, la misión requiere que salga hoy mismo.

— Un momento, señor, responde el director, ya vamos.

Salen, y personalmente el director marca el teléfono. Melesio observa.

— Con el licenciado Aguayo, por favor.

Una voz educada le responde:

— En este momento el licenciado está ocupado en otra llamada; ¿desea dejarle algún recado, o desea que se lo reporte cuando esté disponible?

Lo he escuchado todo. Tengo un oído finísimo.

— Me informan que el licenciado no me puede atender en este momento, ¿qué hacemos?, me dice el director.

Despreocupadamente, pero con seguridad, le señalo un teléfono rojo.

— Hable por ese teléfono, le digo. El director duda, pero accede. Yo aparento jugar con un pisapapeles de mármol negro.

Rápido le contestan.

— ¿Qué se le ofrece, señor director?

El director pasa saliva y luego, casi tartamudeando, responde:

— Licenciado: está aquí conmigo un 11— 23, a quien le han encomendado un trabajo especial.

— ¿Un 11— 23?

— Sí, licenciado.

— Me dijeron que esos bueyes ya no existían.

— El caso es, licenciado, que el 11— 23 desea conocer el expediente de su alias.

— ¿Lo tienes?

— Lo desconozco, señor.

— Si lo tienes, dáselo al cabrón, y ¡ojalá! Le partan la madre... un residuo del viejo régimen.

— De acuerdo, licenciado.

El director cuelga el teléfono, mientras me dice:

— Personalmente voy a ver lo de su expediente; tengo luz verde para entregárselo.

Sale de la oficina con paso recio. Minutos después regresa con la respiración agitada, siempre acompañado del tranquilo e institucional Melesio.

— Señor, me dice el director, parece que tenemos una grave omisión, no encontramos el expediente de su alias.

— Mejor dígame que no existe, contesté, aparentando molestia.

— Posiblemente, señor; pero no me culpe, usted sabe que apenas llevo unos meses en el cargo y, para serle sincero, desconocía que usted se encontrase entre el personal recluido.

Siento rabia, en estos casi 40 años, ¿cuántas veces habré cubierto a personas inexistentes sin saberlo?, tal situación me hacía vulnerable ante mis perseguidores. Su promesa (y mi compromiso) era servir a la Patria cubriendo el buen nombre de los "héroes" que, por alguna jugada del destino, se hallaren en situación comprometedora ante la ley, o que, habiendo realizado alguna acción en pro de la República, tal acción ameritase un castigo, en términos de una política correcta ante los ojos de los ciudadanos, incapaces de entender la "misión" y el "sacrificio" de los líderes que siempre velaban por la grandeza del país y que, algunas veces, tenían que recurrir a los "crímenes de estado" para evitar males mayores a la Patria.

Sabía que yo, ante la ley, había muerto, y que, vivía por y para servir a la República; pero, hasta hace unos años, me entró la duda de si mis vidas prestadas servían para defender el buen nombre de "héroes patrios", o más bien el nombre de parásitos influyentes, a quienes el sistema regalaba impunidad.

La Patria, a la que yo servía, tenía nombre y apellidos, y yo no lo veía. Ellos alimentaban mi ego para mantener mi compromiso. Hoy ya no me quedaba duda, la Patria, lugar de origen, asiento de ciudadanos que comparten, historia, cultura y tradiciones, a la que yo decía servir, sólo era una realidad conceptual en el corazón de los más, pero no en la mente de quienes ostentan el poder fáctico; éstos supeditan el bien de la República al vaivén de los intereses económicos y a la ambición de conservar el poder.

Los tres últimos gobernantes de la nación, anteriores al actual, lucharon por anteponer los intereses de la patria a los del poder y el dinero, mas no lograron domeñar a estos últimos, como debe ser. La labor de zapa de nostálgicos y beneficiarios del viejo régimen, las verdades a medias, los rumores, y sobre todo los caballos de Troya que se lograron infiltrar han empezado a minar el incipiente buen paso de la República. De aumentar su labor de zapa volveremos a aquel pasado que predicaba una cosa y realizaba lo contrario, que decía defender la justicia y la democracia y en la práctica se sometía al capricho y voluntad de los integrantes de un régimen autoritario y decrépito.

Esa dualidad de predicar una cosa y hacer lo contrario, de ostentarse como demócratas y comportarse como sectarios, mantuvo, hasta hace unos años, un relativo orden, pero nunca se dio el paso, como los tiempos lo requerían, a la construcción de una Patria sujeta al imperio de la ley, generadora de justicia y oportunidades para todos. En el concierto de las naciones, la nación Azteca ha quedado rezagada; Los tres gobiernos anteriores, sin aspavientos, ni rupturas, enmendaron el camino, pero, así lo creo, muy despacio. No lograron impactar en la piedra angular sobre la que se construyen los cambios duraderos: una educación libre y de calidad. En este sector aún prevalece una educación deficiente y sectaria, manejada por líderes vividores y rapaces que aplastan a los verdaderos maestros.

La democracia, sistema en el que, en los últimos años, se ha avanzado bastante, pende de alfileres, pues los resultados en términos económicos, para los más, no se han sentido lo suficiente y para los poderes fácticos es un estorbo que impide mantener ocultas sus triquiñuelas. La democracia, en un pueblo sin la educación adecuada, es una espada de dos filos, y este tipo de espadas los vividores las manejan muy bien.

He vivido mucho tiempo en la clandestinidad, pero no dejo de estar al tanto de la política nacional a través de los medios.

El gozo de un obstáculo menos venció a mi soberbia de sentirme utilizando y traté de sonreír.

"La tarea" que me he propuesto, no ha sido decidida por el poder, me la he propuesto yo. El reto: llevarla a cabo, sin que el poder me aplaste en mi intento.

— Bueno, señor director, me voy.

El "me voy" lo dije con el tono de triunfo que, imagino, escaparía del pecho del gladiador romano que ganaba su libertad. Las cadenas de la obscuridad habían sido rotas por la luz sublime de quien toma conciencia de su libre albedrío.

El director no reparó en el tono e intención de mi voz; el "me voy" le trajo alivio y con visible alegría, me deseo suerte.

Salí a la calle, aún no daban las once de la mañana. Un viento fresco y fuerte golpeó mi rostro; no pensaba regresar jamás. Detrás de las rejas quedaban el miedo, la amargura, el rencor y el odio; dejaba una vida que no era la mía, una vida que había tomado prestada, cuando la propia perdió sentido.

Crucé la avenida que separaba la prisión de las primeras casas de la ciudad, ahí ya era "territorio libre"; ahí iniciaba la vida confiada de quienes viven protegidos por las leyes, por lo menos así lo creía yo.

Tomo un taxi que me lleva al centro comercial más cercano: una gran explanada rodeada de tiendas y salas de cine, donde multitud de gente va y viene, se oye música, risas, ruidos de carros y de escaleras eléctricas; al entrar al pabellón central me topo con un clima frío y con el suave olor de diferentes fragancias, el ambiente es agradable. Me introduzco en la primera gran tienda que encuentro;

de esas tiendas que nos ofrecen ofertas y comodidades y muchos espejismos. Deseo comprar unos zapatos, útiles de aseo y algunas mudas de ropa, así como algunos alimentos y bebidas. Quiero hacer mis compras despacio, viendo a la gente, comparando precios, estilos y colores, mas no puedo; de pronto mi cabeza gira buscando al enemigo. Tengo que hacer un gran esfuerzo para convencerme de que hoy vuelvo a la vida, que he dejado de ser el perro de caza, siempre agazapado y dispuesto a saltar sobre la presa, todo por el bien de la patria.

Había decidido romper con el pasado y estaba dispuesto a lograrlo. Pero ¿lo permitiría el poder?, ¿era cierto eso de que los 11— 23 ya no existíamos, como institución?, ¿el nuevo régimen había despreciado a los perros de caza, a las hienas, que, por despreciables que parecieran, manteníamos el orden?, ¿de verdad buscaban que la nación viviera sujeta al imperio de la ley y no a la "visión" del gobernante en turno?, ¿o aparentaban habernos olvidado, sólo mientras aprendían el juego del poder?

El primer presidente del nuevo régimen, el que iba a aplastar a las víboras prietas; intentó barrer la casa, pero lo hizo con las viejas escobas desgastadas y mañosas del régimen anterior.

El último presidente tricolor, antes del peinadito de ahora, fue buen administrador, más desconocía los laberintos del poder y, si bien, manejó aceptablemente la economía, dejó al garete a los grillos que vivían de la política, y éstos, sueltos, buscaron acomodo; pensaron que el barco se hundía. Los más ofrecieron sus servicios a los amarillos y, algunos pocos, a los azules; el resto, los fieles, para recuperar el poder, apostaron a la compra de voluntades, y ayudados por muchos de los que había emigrado a los amarillos, cuya labor fue un verdadero caballo de Troya, le dieron golpe, casi mortal, a los amarillos, y, luego, lograron vencer en las elecciones a los azules, quienes empezaban a construir un nuevo camino de mayor trasparencia y honestidad para la República.

Golpe de dos bandas: matracazo a la izquierda, que empezaba a dibujar un camino diferente, de mayor democracia y compromiso social, borrando sus raíces tricolores y matracazo a los azules de sólida doctrina humanista y brillante historia democrática, quienes habían logrado romper la dictadura perfecta con el carisma del vaquero que había ofrecido un cambio profundo.

El vaquero, ya en el poder, había optado por el camino de la concordia, realizando un cambio lento que no provocara ruptura: vitalizó la economía y la inversión en infraestructura, dio transparencia al ejercicio del poder y respetó la autonomía de los órganos electorales, mas no metió el bisturí a fondo, o al menos, así lo percibió la sociedad, para extirpar la corrupción y la impunidad, cánceres que impiden el sano crecimiento de la República.

Nosotros los héroes callados de la patria, que manteníamos el fiel de la balanza para que la cizaña no ahogara el trigo, nosotros que manteníamos el rumbo de la nave en el mar proceloso de las luchas por el poder, ¿habíamos sido olvidados?

Después del vaquero, llegó otro presidente azul, el purépecha, quien hizo sentir con mayor fuerza el cambio, topándose con dos grandes peñascos: los vividores afectados del viejo régimen y el crimen organizado.

El vaquero había trazado la línea de una nueva forma del ejercicio del poder: transparencia y eficiencia, línea que la sociedad apenas percibía, pues el andamio del viejo régimen y las redes de mandos medios seguían intactas. El purépecha empezó a meter bisturí y el viejo régimen comenzó a aglutinar a los desplazados y a pactar con los parásitos políticos que extrañaban sus prebendas. Por otro lado, el crimen organizado, que se regía por reglas no escritas, pero si funcionales para ellos y el poder, al caer el viejo régimen, quedó suelto; venia en ascenso, pues poder y dinero, sin valores, son un cóctel explosivo. El vaquero no puso especial énfasis en el asunto, mas, el purépecha, consciente de la gravedad del problema, le entró con todo. No fue suficiente la voluntad firme de combatirlo y, posiblemente, la estrategia no fue la mejor, pues el personal encargado del área de seguridad se había forjado en el antiguo régimen, estaba infiltrado y los mandos no hicieron equipo.

Pero, aun así, el crimen organizado se estaba replegando; el gato volvía a controlar a los ratones y éstos, para actuar, tenían que buscar las sombras y limitar sus acciones. Pero llegó el peinadito y dio marcha atrás, resurgiendo el moribundo con mayor fuerza.

¿Dónde estaban los 11— 23, los sabuesos de la patria? Yo pertenecía a su apéndice más negro, la mano obscura y repugnante del poder, pero ellos eran los recios centinelas que mantenían la seguridad interior y exterior de la Patria. Yo era una excepción, como 11— 23 había muerto, pero entendía que mi labor, aunque repugnante, era necesaria. Ahora con el despertar de la democracia en la vida de la república, ¿pasaré a ser parte de una historia obscura, sin paternidad, algo que nunca debió ser? pues ante la luz de la justicia, los crímenes de estado, ésos que dicen justificarse por "el bien de la patria", no son sino crímenes del poder para defender sus prebendas.

Ya hace muchos años, que no han requerido de mis servicios, no obstante, puntualmente aparece la quincena abonada en mi cuenta. Y cuando manifiesto alguna inquietud a mis jefes sin rostro, me responden: ¡tranquilo!, no queremos que tengas problemas, estamos estudiando nuevos caminos para hacerte llegar nuestras instrucciones y hasta la nómina; hay nuevas formas a las que tenemos que adaptarnos: el IFAI, el poder legislativo un poco más independiente y actuante, cancelación de la partida secreta que ejercía el ejecutivo, el control sobre bienes incautados, etc., retos que trae la democracia. Mas, eso sí, la relación de la Patria con ustedes sus guardianes, columnas de granito que sostienen nuestra soberanía, no deben cambiar en el fondo, pero sí en la forma, ya que no todos las entenderían.

Hace tiempo que dejé de creerles; para mí todos esos conceptos, ya no tienen contenido, son señuelos con los que adormecieron nuestros ideales juveniles de contar con una patria fuerte, justa y solidaria donde imperara la ley y no los caprichos del gobernante en turno. Poco a poco mi vida retomaba color; los largos años de inactividad, de silencio, me había dado el espacio y la oportunidad de volver a pensar en mí, en que yo existo y soy el único dueño de mi destino.

Una menudita empleada del área de zapatería, interrumpió mis pensamientos.

— ¿En qué puedo apoyarle, señor? Nos acaban de llegar los nuevos modelos de la línea de caballeros; calzado de vanguardia, cómodo y elegante.

Mientras hablaba, iba y venía por la pequeña alfombra, como lo hacen, al recitar, algunos alumnos de primaria. Apenas me acerco a algún modelo que me llama la atención, la empleada se deshace en elogios:

— Buena elección, señor; ese modelo lo piden mucho, es el primero que se agota.

No le hago el menor caso. Ella vuelve a la carga:

— ¿Le gustan?

Respondo mecánicamente:

— Creo que sí; y los acerco a mi cara. No aprecio el estilo, ni el color, me cautivó el olor; era el olor que, en mis años infantiles, inundaba mi corazón de alegría: olor a "estreno". Los acerque a mi nariz una y otra vez, sí, era el olor fuerte, pero agradable de aquellos zapatos marca "Canadá" que tanto orgullo dieron al calzado nacional y que por ser empresa exitosa llamó la atención del poder, y como se negó a cobijarse bajo su sombra, el poder la devoró hasta hacerla desaparecer.

— Me quedo con ellos, señorita

— ¿No quiere probárselos, caballero?

— No, gracias, son de mi número y ¡huelen hermoso!

Los ojillos diminutos de la frágil empleada se abrieron brillantes; sonrió, tomó los zapatos y los llevó a la caja. Pago y me marcho; el ir y venir de la gente empezaba a ponerme nervioso. No había pasado ni una hora de mi llegada al centro comercial y yo, al igual que los fumadores que esperan con ansia el término de la reunión para fumarse un cigarrillo, así yo ansiaba mi espacio de soledad.

Apresuré mis compras y me dirigí a un hotel.

— se registra, por favor; ¿nombre?: Juan Pérez; es el primer nombre que se me viene a la mente; ¿lugar de origen?: San Luis Potosí; forma de pago: efectivo…

Ya en mi habitación, llené la bañera y me sumergí en ella, mientras degustaba un Martini seco acompañado de un generoso trozo de queso Cotija.

Una paloma cruzó frente a la ventana de la habitación, rozando con sus alas el frágil vidrio, que al débil contacto se estremeció. ¡presto! Salté de la bañera, dispuesto a repeler el ataque. Mi abrupta salida dejó la tina semivacía, cubriendo el piso del baño con abundante espuma.

Volví a abrir el grifo del agua caliente mientras reacomodaba mis pensamientos; si quiero ser libre, me dije; debo cerrar ese largo paréntesis de mi vida "al servicio único de la patria" y retomar la alegría de ser un ciudadano común; más, las dudas y los temores volvían: ¿lo permitirá el poder? Intenté animarme, lo he decidido y quiera o no el poder, lo voy a lograr. Voy a servir a la patria como yo quiero y no como me dicta el régimen. Una y otra vez aparecía la sombra de la duda, parecía escuchar a mi conciencia diciendo: "Prometiste servir al orden a cambio de permanecer vivo", y yo respondía: "no lo hice para permanecer vivo, sino para servir a la patria, pero confundí la patria con su gobierno". Yo no falté a mi palabra, fue el poder el que utilizó mi amor por la república para su propio beneficio. Los últimos años de soledad habían traído luz a mi duro corazón. Nadie me puede impedir construir una nueva esperanza.

Con estos pensamientos me hundí de nuevo en la suave calidez de las burbujas que ya se vertían sobre la bañera.

Hoy no saldré del hotel, me dije; limpiaré mi cuerpo, acomodaré mis pensamientos y trazaré mi nueva ruta que me permita ser, con hechos y palabras, yo.

CAPÍTULO II
MI NIÑEZ

Perdón debo presentarme; el filósofo español José Ortega y Gasset nos dejó la frase: "yo soy yo y mis circunstancias", frase que traduzco como: "cualquier yo tiene una historia que lo explica y lo define"

Nací en San José de Gracia, pequeña población asentada en el occidente michoacano, surgida, a la historia, en el año 1888, por voluntad libre y solidaria de los rancheros, habitantes de la región, llamada, entonces, "Llano de la Cruz".

La historia de esta población, así como la vivencia de sus valores, costumbres y tradiciones, está ampliamente documentada en varios libros de autores diversos; el más puntual, extenso, documentado, y además escrito con agradable sencillez es el que lleva el título de "Pueblo en vilo" del doctor Luis González y González, editado por el Colegio de Michoacán.

Todos ellos nos hablan de un pueblo libre, solidario, religioso y trabajador.

Recomiendo la lectura de dos pasajes de su historia, que así lo acreditan:

La defensa que trece valientes Josefinos,(doce integrantes de la guarnición civil y una mujer que le ayudó a su padre a cargar su carabina) hicieron de su comunidad, ante el artero ataque del sanguinario bandolero Inés Chávez García. Y el episodio que da cuenta de la generosa y valiente participación de los Josefinos en la guerra cristera.

De estos sucesos, conservo cuatro, cuasi corridos, que nos consignan las historias escritas que conozco.

A LA GUARNICIÓN CIVIL DE 1918

Que si fueron quince,
La gente decía,
Que si fueron trece,
La historia reconocía
Inés atacaba,
El dolor rugía,
Por los empedrados,
La sangre corría.

Los trece valientes,
Ni un paso cedían,
Los mil bandoleros,
Nomás no podían.

Por el norte, Ignacio y Manuel,
La tenaza mordían,
Por el sureste, Jesús y Elías
Lo mismo hacían.

José y Agustín, Alberto e Ismael,
El centro defendían,
Las hordas audaces
Nomás no podían.

El jefe Apolinar
Los puestos recorría,
Aquí animaba,
Allá se batía.

Las balas se agotan,
Chávez lo sabía;
Higinio, Valiente,
El sur defendía.

Ante las hordas,
Nadie se rendía;
Puñal en la mano,
Higinio caía.

Uno a uno
Los defensores morían,
Corceles, sin jinete,
Por todos lados corrían.

No quedan balas,
Anatolio decía,
Antonio, herido,
Ya no le oía.

Retirada, Anatolio,
El jefe decía;
Pues por todos lados
El pueblo ardía.

Apolinar se la juega
Intentando una osadía,
Burlar a la horda
Que a su caza venía.
No logra salvarse,
Valiente moría,
Bajo su caballo

Aún se batía.
¿Cuántos defensores quedan?
Más de alguno se decía.
Sólo Anatolio Partida
Que apareció con los días.

Y Amalia, la heroína,
Que por la calle corría
Con una daga en la mano
Y su virginidad bravía.

El bandolero borracho
Sus bajas reconocía:
Noventa y siete soldados
Ya no le aparecían.

El valor de los defensores
Reconocer se debía,
El general Samaniego
A su jefe le decía.

Trece valientes
Con honor y gallardía
Pararon a mil guerreros
Que sólo robar querían.

Inés el que no creció,
Hasta el alma le dolía,
¿Cómo que trece muchachos
Le enseñaron valentía?

Samaniego le amonesta:
Jefe Inés, así decía,
Si a tu lado me queréis
Ya no hagas más felonías.

A LOS CRISTEROS DE SAN JOSÉ:

Junio del 26,
El gobierno federal
quiso ponerle candados

a la fe y la libertad.

Calles, el recio comanche,
aquí sí que la regó,
quiso sentirse patriarca
y el derecho pisoteó

Sus huestes se alebrestaron,
y una tarde de verano,
comandados por Chiscuaza,
hasta san José llegaron.
Los Josefinos son recios,
honorables y valientes.
pronto las armas tomaron
pa' defender a su gente.

¡Que son miles los soldados!
los timoratos decían,
más, la fe con valor no sabe
nadita de cobardías.

en Jiquilpan se enfrentaron
a más de cien federales,
que corrieron asustados
por los hermosos maizales.

Plutarco ordenó a la tropa
de Zamora Michoacán,
recuperar esa plaza
de donde era un general

Mil soldados arribaron
armados hasta los dientes;
once cristeros murieron,
todos de gente valiente.
Quemado quedó el Registro,
todos así lo dijeron.
Mas once alcatraces blancos
sobre el tizne aparecieron.

Cristeros de San José,
Sahuayo y Cojumatlán,
limpiaron toda la zona
de gobierno federal.

Después, volaron valientes
a defender a otros más,
venciendo a los federales
primero en Teocuitatlán
y luego en Tecalitlán

El general Izaguirre
aprovechó la ocasión,
sin defensores enfrente
atacó a la población.

Quemó la iglesia, las casas
y el ganado se llevó,
pero cuando oyó que venían
prontitito se escapó.

Luis Ibarra, Anatolio,
Faustino y Salvador
Juan Gudiño y los Pulido
se batieron con honor.

Honorato y Agustín,
los Sánchez David y León,
los Ávila y los Chávez,
todos de gran corazón.

Federico, el padre recio,
los Cárdenas y González,
los Manjarrez y Mancilla,
todos le pusieron ganas.

Demetrio Bautista
los Buenrostro y muchos más,
lucharon siempre de frente,
nunca voltearon pa'tras.

Esta historia yo les cuento,
no pa´que les lleven flores,
sino pa'honrar su memoria,
defendiendo sus valores.

A FAUSTINO Y SALVADOR VILLANUEVA

18 tenía Faustino,
17 Salvador,
los dos eran Josefinos,
hermanos de gran valor.

De la tinaja partieron
una tarde, sí señor,
con lágrimas en los ojos,
más fuego en el corazón.

Su padre los vio alejarse
y les dio su bendición,
defiendan su libertad
y la fe en su creador.

Al día siguiente en la ceja
se batieron con honor:
diez federales cayeron
por tiros de Salvador.

Faustino en Cojumatlán
tuvo su baño de fuego,
ante las armas cristeras,
cien federales huyeron.

El gobierno se espantó
ante el valor ciudadano,
y al tío Sam acudió
pa' que le echara la mano.
Tres años duró la friega,
y Faustino y Salvador
lucharon en muchos frentes,
dando todo el corazón.

A su Señor ofrecieron
la vida sin pretensión,
y Dios quiso que vivieran,
sólo tomó la intensión.

Honor a los que cayeron,
Dios los tenga ya en su gloria.
Reconocimiento a todos,
y un recuerdo en la memoria.

A GAUDENCIO GONZÁLEZ CÁRDENAS

Las piedras lajas
del jardín te lloran,
ésas que tú colocaste
siendo jefe de tenencia.

Las mismas que un día grabaron,
por nuestra actitud omisa,
las huellas, dulce reproche,
de la Sagrada Familia.

Ya pasaron muchos años,
más tu recuerdo perdura,
Gaudencio era tu nombre,
alegría en la bravura.

Valiente fuiste al combate,
defendiendo la verdad,
con una fe inquebrantable,
decisión y libertad.

Aquella aciaga mañana
te dejaron sin montura,
y feroces federales
te aprendieron con premura.

Tu pudiste claudicar,
 y así salvar tu vida,
más preferiste el honor
de ser fiel a tu Señor.

A la proclama oficial
de "viva el supremo gobierno",
respondiste, con valor,
"¡Viva Cristo Rey!", no temo.

Mi nombre: José Morelos Iturbide; tal vez mis apellidos no son los correctos para quienes detectan el poder, pero uno no escoge a sus padres. Podría cambiar mis apellidos, pero no mis genes. Además, estoy orgulloso de ambos; por lo que soy, y quiero ser, José Morelos Iturbide, Josefino de nacimiento, ciudadano del mundo por voluntad. Vi la luz primera hace 64 años. Cuando apenas contaba con 6 años de vida, mis padres murieron en un lamentable accidente carretero:

Que si el camión "verde" perdió el control por ir jugando carreras… que si el autobús "rojo" se quedó sin frenos… la realidad fue que el autobús donde viajaban mis padres chocó con otro que venía en sentido contrario, saliéndose de la cinta asfáltica, muy cerca de la ciudad de las jacarandas. Por desgracia, 8 personas perdieron la vida, entre ellas mis padres.

El accidente fue muy comentado; yo, desde entonces, siento un miedo extraño en el estómago, al tener que abordar cualquier autobús.

No recuerdo más detalles de la partida de mis padres.

Fuera de ese aciago día, los recuerdos de esos 6 años, que no sé si los viví o los soñé, son de luz, alegría, colores, risas y paz; siempre bajo la protección y disfruté del cariño de mi madre, laboriosa, prudente y apegada a Dios, y de mi padre, hombre de palabra, leal y de una fe inquebrantable en la Providencia.

A su muerte quedé bajo el cuidado de mi tía Carmela, quien, a sus 35 años, no se resignaba a la soltería y buscaba, afanosamente, su propio barco. Dos años después de fallecidos mis padres, mi tía encontró su trasatlántico y con él partió a la capital. Yo me negué a vivir de polizonte y me quedé en el pueblo a "terminar el año escolar".

Mi tía lo consultó con el padre Federico, sacerdote, originario de la localidad, quien después de la revolución cristera; en la que había participado con enjundia y liderazgo; se había convertido, por méritos propios: de visión, actividad y tacto, y, ¿por qué no decirlo?, con la nada despreciable ayuda del sistema posrevolucionario, en el líder político, social y religioso más importante de la pequeña población. Admirado y respetado por la mayoría, detestado por algunos, cuando el padre decía que algo estaba bien, estaba bien. En esta ocasión al padre le pareció que dejarme terminar el año escolar era oportuno, pues sería por breve tiempo. Así mi tía partió con su conciencia tranquila. Yo me libré de su autoridad y ella de una responsabilidad que limitaba su vida.

El "te quedas a terminar el año", se prolongó, con el secreto beneplácito de ambos, por tres años más, durante los cuales concluí mi primaria en la escuela Morelos.

La escuela Morelos no existía para el gobierno, pues no contaba con permiso oficial alguno, aunque sí tenía el visto bueno del padre Federico, y si tenía la aprobación del padre, tenía implícitamente el beneplácito del gobierno, pues el liderazgo del padre se cobijaba en la sombra del poderoso general Cárdenas.

Ciertamente la escuela no necesitaba de permisos oficiales para ser forjadora de buenos ciudadanos. La materia prima estaba: un maestro, con vocación, no mercenario, niños con ganas de aprender y unos papás siempre al tanto de que la asistencia a la escuela no fuera en balde. La autonombrábamos "escuela Morelos"; se ubicaba donde hoy se asienta la casa de la cultura. Tenía varias aulas, pero sólo una estaba habilitada con piso "de mosaico", las demás su piso era de tierra. Don Enrique Villanueva González, nieto de uno de los fundadores del pueblo, era el único maestro, director, prefecto, conserje y profesor multidisciplinario, de formación Lasallista; impartía clases a unos 40 (a veces más, a veces menos) muchachos de diferentes niveles académicos, que iban desde primero de primaria al sexto grado; las clases iniciaban a las nueve de la mañana. En la escuela oficial y en el colegio Guadalupe de las religiosas HPSSC, iniciaban a las ocho. Salíamos a las doce y regresábamos por la tarde a las tres, para salir a las cinco. En el turno matutino aprendíamos gramática española y matemáticas; en el vespertino se incursionaba en la historia, geografía, dibujo y sobre todo civismo. Esta clase siempre se convertía en historia del municipio y debate de la vida pública local.

No obstante que el método persuasivo de educación más socorrido era una delgada vara de membrillo que, por su uso frecuente, debía ser sustituida hasta tres veces por día, pertenecer a la escuela "Morelos" era motivo de orgullo, pues a pesar de todas las limitaciones materiales, nos unía la mística de ser parte de una escuela donde no se recibían consignas del gobierno y se enseñaba libremente, sin la obligación de seguir un texto único; eso es "castrante", decía el maestro; escuela en la que podías hacer tus estudios por la vía rápida, de acuerdo al esfuerzo y avance en los conocimientos académicos o en "ruta lenta", si la necesidad del trabajo en el campo no te permitía asistir a clase con regularidad, o simplemente porque tu esfuerzo no era el indicado y reprobabas un año si y el otro también. Ninguna de las dos vías traumaba a nadie, pero si nos estimulaba, y enseñaba que todo esfuerzo tiene su recompensa, así como toda omisión se paga. Como había quienes hacían su primaria en tres años, los había que duraban ocho o nueve.

Teníamos más motivos de orgullo: en matemáticas y español la escuela oficial, que contaba con un excelente director: Daniel González, pero no con la disciplina de la nuestra, no nos llegaba a los talones, sobre todo en matemáticas; en esta materia, al finalizar el sexto grado, teníamos el nivel de los que entonces cursaban el tercero de secundaria (estudios que se realizaban en otras ciudades, pues la población no contaba con esos grados de estudio). Nos unía pues una mística de equipo que nos motivaba a echarnos la mano en cualquier parte: futbol, juegos, peleas, etc. Situación que nos fue de gran ayuda para recorrer la nueva etapa que se acercaba a nuestras vidas: dejar el terruño para partir a la ciudad, los más a trabajar; los pocos que tenían recursos y contactos a estudiar; por los años cincuenta y sesenta, una tercera opción se ofrecía a pobres y ricos: estudiar en los seminarios. Esta fue la alternativa que más se acomodó a mi estilo y posibilidad de vida.

CAPÍTULO III
VOLVIENDO A LOS ORÍGENES

Ensimismado en mis recuerdos y relajado por la calidez del agua, casi me duermo. El reloj de un templo cercano, sonó con fuerza, una dos y tres; tres campanadas que me estremecieron y, meditabundo como estaba, les di sentido: ya viví dos etapas, me queda la tercera y definitiva: ser yo. La primera la había definido la inercia, la segunda el desencanto y el resentimiento, ahora tendría que ser mi voluntad libre e ilustrada la que definiera mi camino. Tiemblo; agoto lo que resta del Martini y decido "que me echen al gato". Serví al poder, pero ahora he decidido ser libre. En otros tiempos, quienes se atrevían a decir no, el poder los aniquilaba, hoy... pronto lo sabré.

Si quiero definir el rumbo del último tramo de mi vida, es indispensable que me enfrente a mis fantasmas.

Vuelven a sonar las tres campanadas, y en lo profundo de mi corazón, me parece escuchar: "las tres divinas personas de un solo Dios verdadero, por quien se vive y se es". Mi mente altiva responde: no, no puede ser, Dios no existe; lo digo en voz alta, como queriendo acallar a mi subconsciente. Sé que el principal fantasma que debo enfrentar es su existencia, pues si existe, no es ajeno a mi vida, crea o no crea en Él.

De pequeño me era lo más natural creer en Dios, en ese Dios Creador y Padre; en ese Dios que, por amor, nació en Belén, ese Dios amoroso y cercano que mi madre arrullaba cada 24 de diciembre, y después de dármelo a besar, lo colocaba en el pesebre entre ángeles y pastores.

Ciertamente ese Dios me había calado más que el Dios severo de la cuaresma que presentaban los predicadores desde el púlpito: muerte, infierno o gloria, eran palabras que hacía estremecer a los parroquianos y a mí, lo único que me inspiraban, era miedo.

Siempre fui respetuoso de las creencias de los demás; respetaba y respeto a los creyentes y no creyentes. Si hay algo que me encabrona es la prepotencia, la injusticia y el que los gobiernos pretendan inmiscuirse en las creencias religiosas de los ciudadanos. Para mí ningún gobierno tiene autoridad para obligar a creer o no creer en religión alguna; simple y sencillamente no es asunto de su competencia. Los gobiernos se crearon para proveer seguridad y defender los derechos de los ciudadanos, así como para conjugar la libertad individual con los deberes sociales.

Cuando yo tenía 18 o 19 años, veía un mundo lleno de oportunidades, competencias, ruido, me sentía pleno, el aquí y el ahora eran mis prioridades, la muerte estaba muy lejos, así que la voz de Dios se fue apagando, el concepto de Dios en mi mente se fue desvaneciendo; no hubo ruptura, simplemente mi fe se consumió, como se consume una vela; la fuerza vital que bullía en mí y en mi alrededor, atraían fuertemente mis pensamientos. Mas hace tres años apareció de nuevo la necesidad de Dios, como un fantasma inquietando mis noches. Yo huía de su presencia, no quería enfrentarlo, el mar proceloso de la vida me llamaba a no descuidar la barca por atender sombras y quimeras; más de una vez vino a mi mente el pasaje evangélico de Mateo, capítulo 14, versículos 25 y siguientes, donde los apóstoles ven venir a Jesús sobre las aguas y gritan de miedo, pensando que es un fantasma, "ánimo, soy yo, no tengan miedo", dice Jesús, y Pedro le responde: "Señor, si eres tú mándame ir a ti sobre las aguas", y Jesús le ordena "ven".

Tal vez yo no temía al fantasma, sino a la voz de Jesús "ven".

En la prisión, todos los jueves, algún cura celebraba la misa, pero yo jamás asistía. Un día escuche, casualmente, a uno de los internos invitar a sus compañeros a misa: "vamos cabrones, ya llegó el cura, y si alguien se quiere confesar, estará confesando por veinte minutos"; "no", le corrigió otro, "va a confesar durante toda la misa, viene un cura legionario con él, y es quien celebrará la misa".

¿Un cura legionario?, me pregunté; ¿quién será?, ¿lo conoceré?, ¿será de mi época? Me acerqué y, sin pretenderlo, me topé con él. No, no era conocido, era muy joven, más su presencia me llenó de nostalgia por tiempos pasados, y me quedé a escuchar la Eucaristía. El Evangelio narraba la parábola del hijo pródigo, cuando el cura empezó a explicarla, me sentí incómodo y me marché. Desde ese día siguen llamando a mi puerta y no he tenido el coraje para abrirla, ¿lo tendré hoy, hoy que he decidido alejarme del pasado?

No lo pienso más, salgo de la bañera, me coloco una bata, me pongo de rodillas e imploro con humildad: si existes, Señor, mándame ir a ti. Los rayos del sol incendian la habitación, extraño la paz y la alegría de mi niñez, después de un rato, me levanto, me siento y dejo que el sol bañe mi espalda, mientras, poco a poco, baja su intensidad y se aleja en el horizonte. De pronto me llama la atención que los últimos rayos se quiebran en el cristal de una jarra, pintando de colores el agua. Dios me ha contestado; los colores, producto de la refracción de la luz, llenan mi corazón; me asomo por la ventana y veo los variados e intensos colores de las bugambilias que cubren parte de la barda del hotel. Los colores me hablan de Dios; lejos, muy lejos, mi soberbia grita: es la grandeza de la naturaleza; más, el brillo de los colores y la sencilla belleza de las flores me hablan de un creador. Pensaba reflexionar sobre algunos puntos que Santo Tomás argumenta como pruebas de la existencia de Dios, mas no fue necesario, la vía corta de la intuición que da la fe, me hizo sentir fuerte, y sin ninguna duda, la presencia de Dios. Dios causa de las causas, como afirmaba el gran Cicerón. El último grito de mi soberbia fue: todo es evolución y cambio, la materia no se crea, ni se destruye, es eterna.

Tal afirmación, que en otro tiempo me confundía, hoy halló pronta respuesta. Si la materia es eterna, y está en continuo cambio, ya tenía que haber pasado por todos los cambios posibles, pues no tuvo principio, es eterna. No, me dije, la materia tiene historia porque tiene principio, lo contrario, en nuestra temporalidad, cae en el absurdo.

Ya no siento zozobra, Dios ha inundado de serenidad mi corazón. Sé que debo cuidarme, pues el poder vendrá tras de mí, mas, el ánimo invade mi corazón y mi voluntad se ha fortalecido.

Me visto y voy en busca de la iglesia cuyas campanas me había despertado; no temo que los perros de caza, puedan andar tras de mí. Son las seis veinte, la iglesia se encuentra a unos trecientos metros del hotel; es pequeña, sólo tiene una torre, la puerta de entrada es grande, de madera ya carcomida y mira hacia el norte, donde se ubica un jardín húmedo y sombrío. Hay bastante gente, se trata de una misa de difunto, llantos, vestimentas negras, cuchicheos y lágrimas se esparcen por el pequeño atrio; un hombre de baja estatura, delgado y de amplia frente sostiene, a la entrada de la iglesia, una cajita dorada con las cenizas de algún familiar. Inclino la cabeza, en señal de saludo y camino hasta adelante de la pequeña iglesia; un cura, más viejo que el templo, se asoma por la puerta de la sacristía y decide salir; está ataviado con una casulla morada, adornada con una cruz blanca en la parte delantera y otra en la parte que cubre la espalda. El sacristán indica al hombre de la cajita que avance, pues el cura tiene problemas para caminar, el hombre de la cajita dorada camina por el centro de la iglesia, su rostro refleja tranquilidad, le sigue un grupo numeroso y desordenado de mujeres y algunos hombres. Después de un minuto de carraspera, el cura inicia la misa.

La ofrezco por el difunto y, sobre todo, para agradecer al Señor, el que me haya permitido volver a casa, su iglesia, de donde nunca debí haber salido. Serenidad, paz, alegría, confianza, estos sentimientos inundan mi alma.

Estoy dispuesto a dar el siguiente paso: "Señor he pecado contra el cielo y contra ti, trátame como a uno de tus servidores".

Sin darme cuenta la misa ha terminado, y toda la gente se ha ido; el sacristán revolotea en el altar para que me dé cuenta que sólo espera mi salida para cerrar la iglesia. Me levanto y me dirijo a la sacristía, el sacristán se me acerca y, en voz baja, me dice que el padre se ha retirado, que, si deseo hablar con él, vuelva al día siguiente; voy a acatar su sugerencia cuando escucho la voz del anciano sacerdote: "pasa, hijo, ¿qué se te ofrece?

— Deseo confesarme, padre.

El cura está sentado, como si me estuviera esperando.

— Eh, tú, le dice al sacristán, cierra la puerta, ya te puedes ir, el señor que salga por la puerta del curato.

— ¡Vamos hijo!, dime tus pecados.

— No sé por dónde empezar; hace muchos años que no me confieso y, prácticamente, he faltado a todos los mandamientos.

— ¿Estás arrepentido?

— Lamento haber quebrantado los mandamientos del Señor.

Cuarenta minutos después, el costal se ha vaciado, llegó la paz.

— Reza de penitencia un Padre Nuestro y una Ave María.

— ¿Sólo eso, padre?

— Sólo eso, por obligación, púes ofender a Dios no tiene precio. Ofrécele tú lo que consideres oportuno.

Salgo del curato lleno de alegría, levanto la vista y contemplo las estrellas que me parecen más numerosas y brillantes que nunca.

Si los sabuesos aparecen, si el poder me cerca, no temo. Despacio me dirijo al mercado y, como pocas veces, disfruto mi cena. Estoy pleno, Dios ha vuelto a mi vida y siento una paz indescriptible.

Regreso al hotel, me dejo caer sobre la cama y retornan de nuevo los recuerdos de la niñez y adolescencia

El poder está perdiendo a uno de sus alfiles.

CAPÍTULO IV
DEJANDO EL TERRUÑO

Un día del año 1962 se presentó en la escuela un cura menudito, ojos cenizos, escondidos detrás de gruesas gafas de cristales verdosos, dorado cabello e inocente sonrisa, Carlos Mora Reyes de la congregación de los Legionarios de Cristo, quien venía en busca de vocaciones; su sencillez y alegría nos cautivaron; nueve mozalbetes: Antonio Torres, Daniel Ruiz, José González, Santiago González, Luis Guillermo Villanueva, Javier López, José Chávez, Abelardo González y yo, nos anotamos para seguirlo. Ya antes habían lanzado la red, un sacerdote salesiano, quien intentó atraernos con excelentes trucos de magia, después vino un parsimonioso sacerdote de la congregación del Espíritu Santo. Los dos sacaron su red vacía, los sentimos lejanos. El curita legionario era otra cosa, nos hablaba de estudios, de deporte, de paseos, de aventuras, no de disciplina y rezos. Aunque fue el único que nos puso a rezar el rosario, cosa que, a nuestra corta edad, hicimos con gusto.

Así el 23 de septiembre de 1962, cargados de ilusiones, partimos, apretujados en un VW, hacia la soñada ciudad de los palacios, concretamente a la entonces colonia de Tlalpan, calle río número dos, donde se encontraba la Quinta Pacelli, sede de la Apostólica de los Legionarios de Cristo. Ahí ya se encontraban otros Josefinos, cosecha del año anterior. Diez habían salido del terruño una mañana de otoño de 1961. Uno, José Torres, sin explicación alguna, fue regresado apenas llegar a la ciudad de las jacarandas. El seminario pasaba, entonces, por una situación económica difícil y, a lo mejor, la pesca había sido demasiada, vaya usted a saber; lo cierto es que José Torres, el más grande de ese grupo, tuvo que regresar a casa, sin saber qué razón darle a sus padres.

Cuando llegamos nosotros, de ese grupo sólo quedaban cinco: Rosalío y Eugenio Elizondo Cárdenas, Isaías Elizondo Fonseca, buenos para las artes manuales, y Juan Manuel Villanueva Pérez y Antonio González Zamora. Estos últimos habilidosos futbolistas y diestros en el manejo de la soga. Rafael Rojas Santillán, Moisés Torres Valdovinos, Alfonso Sánchez y Jesús Valdovinos, sólo había durado tres meses. El motivo de su salida tampoco tuvo otra explicación que la necesidad de cernir la abundante pesca o la nostalgia de algunos de ellos por haber dejado al terruño.

El padre Mora cosechaba en grande, pero los recursos del seminario eran escasos; además por aquel entonces, sólo una pequeña minoría de quienes teníamos la fortuna de ingresar con los legionarios aportaba algunos centavos. La inmensa mayoría recibíamos educación, alimentación y estancia, gratis. También se encontraba ahí otro Josefino, cosecha del año 1960, Carlos Villanueva González, "la tacita". Años atrás otros paisanos habían incursionado por esa esa congregación, aún en formación. El primero de todos, Jesús Villanueva Cárdenas, quien forjó una estrecha amistad con la familia del fundador, Padre Marcial Maciel Degollado; después pasaron por ahí Javier Toscano González (Picos), Leobardo Pulido Haro, Luis Rodríguez Buenrostro, José Luis González Gálvez, Javier Villanueva González, (chacharitas) y Faustino Villanueva Valdovinos, éste último, bueno para jugar futbol; con otro compañero llamado José Barragán, originario de Quitupan, Jalisco, formaron una dupla que dejaron huella.

La mística de unidad y pertenencia a un origen compartido de quienes llegábamos y de los paisanos que ya se encontraban ahí, nos permitió afrontar con éxito los problemas iniciales y plantar con solidez nuestra bandera, donde teníamos que convivir con muchas otras: la de Tenamaxtlán, , Unión de Tula, Atotonilco, , La Barca, Sahuayo, Tangancícuaro, Jacona, Zamora, Purépero, , Autlán, San Julián, Arandas, Cotija, Chavinda, Tepatitlán, Yahualica, Guadalajara, D.f., Morelia, etc.

Ahí pasó feliz nuestra adolescencia, entre latines y griegos, deportes, rezos, debates, sueños. Casi sin tomar conciencia del transcurso inexorable del tiempo que nos arrastraba a nuevas etapas de la vida.

Los dulces recuerdos de mi niñez y adolescencia me embriagaban de gozo. El sueño se ha ido, el reloj de la catedral da las doce campanadas, indicando que es media noche. No siento temor, ni sobresalto, soy consciente del paso que estoy dando; salir de las tinieblas de los hombres sin nombre y sin rostro, para caminar, erguido, a la luz del sol, sin temor a que me vean; hablar y disfrutar de la amistad; reír y llorar como cualquier ser humano.

No sé si el sistema aún nos contemple o si querrá enterrarnos, mas no me importa, he salido a la luz y en la luz quiero vivir; si el poder reclama mi vida, la daré sin reproches, pero a la luz del sol.

Por lo pronto, estoy cierto de que el director de la prisión no se preocupará por mí, no conoce, ni quiere conocer la vida en las alcantarillas. Muchos de los nuevos mandos no quieren enfrentarse al legado del pasado, así que, cómodos, nadan de muertito, dejando que los viejos zorros se encarguen de lo tenebroso.

Melesio no preguntará por mí, sino hasta que hayan pasado más de cuatro o cinco meses; ¡claro! Si en este tiempo no surge alguna nueva disposición.

Estoy feliz, he cerrado la puerta de la alcantarilla, pero amo a mi país y me preocupa la seguridad de la patria, hacia afuera y hacia adentro. Las hienas del orden ya no encajamos en los tiempos modernos. Mas ¿con quiénes y cómo se llenará este vacío? Hago votos por que sea la aplicación de la ley la que se encargue de ello y no el crimen organizado, cuya patria es el dinero; esto último, tarde o temprano nos llevaría a una descomposición social letal para todos, incluidos ellos. Sólo la aplicación de la ley garantiza un presente y un futuro estable.

CAPÍTULO V
LA HERMANDAD DEL PULQUE

He despertado tarde, muy tarde para mi disciplina anterior; son las ocho y media; bajo al restaurant y, después de un sólido desayuno, sigo recogiendo mi ayer. Deseo que el hoy sea pleno, pues es lo único que existe, lo de atrás ya se fue y el futuro dependerá, en mucho, de mi hoy; más, para que el hoy sea pleno, debo revisar mis raíces, pues las acciones del ayer son las que me han traído a lo que ahora soy.

Plenamente inmerso en la vida del internado, me llegó la navidad del año 1964, en ese entonces contaba con 14 años y una fantasía desbordante.

La Navidad en la apostólica era un tiempo maravilloso: el belén o nacimiento que montaban los compañeros con más cualidades artísticas, dirigidos por un prefecto, eran verdaderas obras de arte, o al menos, así me parecían a mí; luces de colores inundaban todo el colegio, la procesión, después del rezo del rosario, pidiendo posada, todos en silencio, portando una velita roja, verde, amarilla, azul o rosa, las afinadas voces, claras y juveniles, de los coros, y luego las cenas regias, abundantes y variadas, todo el ambiente hacía que mi alma, aún de niño, volara a la antesala del cielo.

En esa Navidad del 64, la dirección del colegio planeó enriquecer la biblioteca; la estrategia fue reglar a cada interno un libro que, después de leerlo, lo intercambiaría con otro compañero, y así sucesivamente, para que, finalmente, los libros pasaran a formar parte del activo de la biblioteca. A mí me tocó el libro "La Jerusalén Libertada" de Torcuato Tasso, libro que exaltó aún más mi febril imaginación. Lo devoré en dos días, y su contenido lo esparcí entre mis compañeros durante semanas; era tal el fuego que ponía al narrarlo que pronto se formó un grupo de admiradores de los cruzados y caballeros andantes. Así una fría noche de febrero de 1965, después de la cena, cuando disponíamos de 20 minutos para asearnos y lavar nuestros calcetines, 15 compañeros, regla de plástico en mano, nos dirigimos al centro del colegio , donde se asentaba un pequeño lago artificial, cruzado por un hermoso puente; el lago era alimentado por el agua extraída de dos pozos profundos, y que antes de abrazarse con el lago serpenteaba entre rocas simuladas de cemento, formando pequeñas cascadas.

Ahí nos reunimos para empezar la batalla; unos éramos caballeros cruzados, defensores de Jerusalén, los otros árabes conquistadores. La batalla duró poco, pues las espadas no soportaron el fragor del combate. Los animosos gritos de los valientes guerreros atrajeron al prefecto de la comunidad de menores, quien, sin previa investigación, castigó de manera selectiva: "usted, usted, y usted", en total ocho, "después de las últimas oraciones, no pasan al dormitorio, se quedan castigados"

Los señalados fuimos: Ricardo Amezcua Villaseñor, de la inquieta ciudad de Sahuayo, Baltazar Valencia Díaz, de la ancestral ciudad de Cotija, cuna del fundador de los Legionarios de Cristo. Alejandro Mercado Chávez, de ciudad Esmeralda, Tangancícuaro. Ubaldo Laurean García, del apacible rincón de Tenamaxtlán, Rafael Morfín Arias de la alegre y tequilera ciudad de Arandas, Sergio Fonseca Padilla, de la región de los naranjos en flor , Atotonilco, Luis Villanueva, mi paisano, y un servidor de la heroica y muy noble ciudad del buen queso, San José de Gracia, Michoacán.

Noche fría, cielo estrellado sin luna, viento misterioso, sentimiento de ser objeto de injusticia, inquieta fantasía, prefecto despistado y cansado, un buen coctel para la conspiración.

Nueve de la noche; todos los internos pasan al dormitorio, excepto los ocho fallidos caballeros cruzados que, castigados, permanecemos en el corredor.

El prefecto, sin duda, sólo pretendía dejarnos castigados algunos minutos, pero extrañamente se olvidó de nosotros. El protocolo normal, diríamos ahora, era que el prefecto vigilaba que todos se acostaran, entraba a su cuarto, rezaba sus oraciones y regresaba, con aire de benefactor, para levantar el castigo, pero en esta ocasión, el cansancio, olvido, preocupaciones... vaya usted a saber, se olvidó de nosotros.

El paso del tiempo sin que llegara el "vayan a acostarse y no lo vuelvan a hacer", el silencio absoluto, el callado disgusto producido por el castigo, el presentir el suave, cálido y atrayente clima del dormitorio que en ese momento deseábamos y no podíamos disfrutar, hicieron que mi afiebrada fantasía volviera a las andadas.

Imaginé que Jerusalén había sido tomada por los sarracenos, y que obligación nuestra era rescatarla; quebrantando la norma del silencio, así se los hice saber a mis compañeros: los conduje por las calles estrechas de la ciudad y, cobijados por la obscuridad, llegamos a la ciudadela donde se refugiaba el sultán de Damasco, atravesamos silenciosos los corredores del palacio, apartamos, como el viento, las cortinas de encaje que adornaban las habitaciones reales y casi volando sobre las mullidas alfombras persas, tumbando guardias aquí y allá, capturamos al sultán. Apenas nos disponíamos a festejar la captura, cuando Alejandro Mercado, molesto y somnoliento, me paró en seco.

— Ya cállate, vamos todos a acostarnos, al prefecto ya nos le olvidamos.

La mayoría aceptó la moción, yo me negaba. Alejandro remató: "está emocionante la historia, mañana le sigues, ahora estoy helado y los ojos se me cierran.

No se dijo más, abandonamos el fresco corredor y entramos al dormitorio.

Al día siguiente hubo disculpas por parte del prefecto; tan apenado estaba que, en el recreo de la tarde, nos invitó un pastelito a cada uno de los castigados. Los pastelitos eran pequeños panes circulares, de conocida marca, que venían sobre un papel parafinado, adornados en su parte superior con betún y una gota de mermelada. A nuestra edad, y dada la frugalidad de la comida del internado, nos supieron a gloria.

El prefecto estaba perdonado. Esa tarde, cuando felices devorábamos el pastelillo, me pidieron que terminara la historia, mas, las musas ya se habían marchado, fue entonces que Alejandro Mercado propuso formar un escuadrón de caballeros para apoyarnos en todo; con entusiasmo fui el primero en aceptar y hasta propuse que nuestro lema fuese el de los tres mosqueteros: "uno para todos y todos para uno". Al inquieto Alejandro no le pareció oportuno el lema plagiado, proponiendo, a su vez, que nos llamáramos "la hermandad del pulque" y que el grito de guerra fuera: "nadie más, nadie menos, todos uno solo", su propuesta fue aprobada. Alejandro parecía tomar todo a broma, pero era inteligente y defendía muy bien sus puntos de vista, aunque a mí, con frecuencia, me parecían extravagantes; una cualidad más, entre las muchas que poseía el de ciudad Esmeralda, era la determinación y seguridad con la que exponía sus ideas, no se andaba con medias tintas, ni las escondía en eufemismos, era directo y claro, el no sufría para decir lo que sentía y hacer lo que se le antojaba. Así que su opinión pesaba.

La hermandad duró poco; eran tan variadas y diferentes las formas de ser de cada uno, que pronto, con tristeza de mi parte, cada quien siguió su camino y la hermandad del pulque pasó al olvido. Sólo Alejandro, cuando se dirigía a alguno de nosotros, su saludo era: "hermano Pulquín, ¿cómo anda?; hermano Pulquín "buenos días", etc. O si surgía alguna diferencia entre los compañeros, miembros de la hermandad del pulque, él intervenía para zanjarla, diciendo: "entre Pulquínes puede haber diferencias, pero no pleitos".

Los años de Apostólica pasaron felices; cinco años de estudio, sueños, rezos, juegos, paseos...

CAPÍTULO VI
1967 FIN DE UNA ETAPA

En la niñez se siembran los valores y es en la juventud cuando la nueva planta empieza a tomar figura propia. Es tiempo de plagas, vendavales, injertos, escasez o abundancia de agua… ¡cuán importante es! contar en esta etapa con un buen jardinero que sepa podar a tiempo, y que la inteligencia sea la que guíe nuestra libertad y no las inclinaciones y sentimientos.

En el año 1967 en el país azteca el tema principal de conversación pública y privada era el tema de las olimpíadas. El país azteca, por primera vez, Al año siguiente 1968, sería el anfitrión de muchos atletas que, bajo diferentes banderas, vendrían a competir por las medallas que les acreditarían como los mejores. Toda actividad gubernamental, estaba encaminada a preparar tan destacado evento; el país azteca, con orgullo, ponía lo mejor de sí; gobierno e importantes empresarios, caminaban de la mano. El pueblo, sobre todo del interior de la república, no acababa de entender el porqué de tanto regocijo. Pues bien, en este tiempo, vísperas del grandioso 1968, una nueva puerta se abría a nuestra vida: el noviciado. Algunos no quisieron cruzarla; de la hermandad del pulque: Ricardo, Alejandro y Sergio ya no siguieron. Yo di el paso sin saber a lo que iba; el camino seguía para allá y yo iba en ese camino; me atraía ciertamente la curiosidad por esa etapa, de la cual se contaban tantas cosas, todas tan interesantes que parecían leyendas. Los legionarios, en ese entonces, contaban con tres centros para la formación de los novicios: Dublín, Connecticut y Salamanca. La mayoría iba a Salamanca, y yo, como siempre estoy con la mayoría, pasé a Salamanca.

Nueva etapa, nueva vida: silencio, reflexión, trabajo, disciplina, un mundo para ascetas, demasiado exigente para mí tan apegado al ruido, la libertad y al "ahí se va". Yo buscaba aventuras, gritar, pelear contra la in justicia y que el país azteca fuera grande, libre y uno, como proclamaban los españoles de su patria al terminar de cantar el "cara al sol".

Abril de 1968, ni el silencio del noviciado, ni su aislamiento del mundo, impiden que lleguen a mis oídos noticias frescas. Yo me las ingenio para estar al día; antes que el rector y maestros tengan en sus manos los diarios "ABC" y "Ya", me he adelantado a recogerlos y revisarlos.

Francia es vecina de España y en Francia hay movimientos y manifestaciones de estudiantes, a diestra y siniestra. Charles de Gaulle, quien, en tiempos pasados, ante los reclamos conservadores por no reprimir a los comunistas, había dicho: " si el comunismo es enemigo de la libertad, para combatirlo, nada mejor que la libertad", veía con preocupación que los movimientos de protesta, pintados algo de rojo, se extendían cada vez más y, como militar, sabía que la ley es para aplicarse y que su cumplimiento es garantía para que la libertad prevalezca; así que cuando consideró se habían rebasado los límites de la tolerancia, echó mano de la legión extranjera, y una mañana París amaneció con cientos de legionarios diseminados por las áreas más vulnerables. Con la mirada fría, caminar seguro y el dedo en el gatillo de la metralla, los legionarios husmeaban, como perros de caza, en calles y tabernas. Los inconformes leyeron el mensaje y se agazaparon en sus cuevas; muchos emigraron, especialmente hacia el país azteca.

En España se murmuraba y se comentaba, sobre todo en bares y tabernas, lugares donde el tema favorito, después del futbol, es la política, que los inconformes no eran estudiantes verdaderos, que más bien eran hijos de papi jugando a ser comunistas, intelectuales sin reconocimiento, políticos sin hueso, gente pudiente sin quehacer. Franco, el zorro gallego, que, como dictador, conducía los destinos de la alegre España, sólo observaba; sabía que a los españoles aún les protegía la dolorosa vacuna de la cruenta guerra civil del 36. Las heridas aún estaban frescas, y fuera de algunos exaltados rojillos o descendientes de rojos, la gran mayoría de los españoles, aunque vivían con relativa escasez y libertad acotada, preferían ese estatus al violento e impredecible de la guerra.

Las noticias sobre el país azteca en los dos diarios nacionales españoles, a los que tengo acceso, no son buenas: "Peligran las olimpíadas", "Policía reprime a estudiantes aztecas", "Cuba atiza el descontento estudiantil", "Izquierdistas europeos se infiltran en las protestas", etc.

Mi amor patrio se enciende; y así un día del mes de mayo, me planto, seguro, ante el padre instructor:

— Padre, me regreso al país azteca.

— Que le vaya bien. Responde con calma el padre instructor.

— Lo digo en serio; ya no deseo ser legionario, quiero regresar al país azteca.

— Yo también se lo digo en serio, que le vaya bien; es más, ahora que se vaya, al pie de las gradas que dan al templo de su pueblo, se pone a vender camote con leche; le va a ir muy bien económicamente.

Le doy la espalda e intento salir. El instructor me dice; "sólo una pregunta hermano, ¿por qué está decidiendo dejar su vocación? Respondo con firmeza:

— Porque mi vocación es salvar a la patria del comunismo, y me he enterado que en el país azteca, los comunistas están causando problemas.

— A ver hermano, siéntese. Sé, y comprendo, que ame a su país, pero ponga los pies en la tierra; es cierto, hay problemas en su patria; pero usted ¿qué puede hacer?, desconoce quiénes y por qué han armado esa problemática; usted, por su edad y formación, no tiene, ni la menor idea, de lo que representan los intereses del poder. Los problemas del país azteca que consigna la prensa son con los estudiantes que, como buenos jóvenes, quieren cambios en su país y no comparten las actitudes prepotentes de las autoridades. No se trata de un movimiento comunista. Póngase a rezar pidiendo al Señor la paz para su país y el entendimiento y sabiduría, necesarios, para sus autoridades, para que éstas busquen el bien común , antes que el interés propio .

Yo, ciego, rechacé una y otra vez los argumentos del padre instructor. Después de una hora prevaleció el "me voy y me voy".

— De acuerdo, dice el padre, pasado mañana sale a las diez para la ciudad de Alicante donde tomará el barco; arregle su ropa, el padre asistente le dará indicaciones. ¡ah!, añadió, ya que usted se empeña en salir, nosotros no mataremos sus sueños, aunque sólo sean eso "sueños", le daré un consejo de amigo: ahora que esté fuera no vaya a enamorarse de la primera escoba con faldas que encuentre, y si entra a la política, todos los días recuerde qué le motivó a hacerlo y no se encandile con el poder.

Sabios consejos que, por ser sabios, mi necedad juvenil, los guardo en el baúl de los recuerdos.

Estoy emocionado; qué lejanos me parecen esos recuerdos. Ya son las dos de la tarde, creo que, por ratos, me habré dormido; ahora estoy muy despierto y el río del pasado lo veo correr ante mis ojos. No obstan, estoy también cuidando el presente. Bajo al estacionamiento del hotel y salgo a husmear por sus alrededores. Todo en calma; ninguna novedad. Así que vuelvo a correr la película de mi pasado

CAPITULO VII
NO ERA ESCOBA, PERO TRAÍA FALDAS

Dos días después, del diálogo con el instructor, a la diez de la mañana, abordé el viejo Renault del colegio rumbo a la terminal de autobuses. Unas lágrimas se me escaparon al dejar para siempre la hermosa casa de formación de los legionarios en Salamanca. Sus bellos jardines llenos de olorosas y coloridas rosas de castilla, sus verdes y frescos chopos, sus belenes, el campo de futbol, (arena de mil batallas), su capilla limpia y austera… en cada rincón del colegio dejaba un recuerdo.

Llevaba dos días ambientándome con la vida del barco, cuando tuve el primer encuentro con el amor. Salía del comedor a eso de las nueve de la mañana, después de un frugal desayuno compuesto de papas, huevo y un café casi frío, cuando, al subir a cubierta para gozar del calor y la brisa del mar, me topo con una chica de ojos azules, transparentes, sencillos, tristes y dulces, su rostro de juvenil inocencia, su piel blanca, cabello dorado que caía en cascada de bucles luminosos hasta la parte media de la espalda. Me miró y yo le regresé la mirada, sentí que sus ojos me abrían las puertas de su alma; me sentí pleno al quedar enganchado en su mirada; avanzó con paso juguetón y volvió de nuevo sus acogedores ojos, sonriendo coqueta; mi corazón empezó a palpitar aceleradamente; mis ojos habían quedado engarzados en su silueta. Vestía una blusa blanca de encaje y una falda verde claro, con bordes dorados que le bajaba hasta la mitad de la pierna; la falda se mecía inquietante al gusto del viento del mar. Un señor, ya maduro, mirada obscura, regordete y vivaracho, acompañado de una dama de mayor edad, rostro venerable, que cubría su cabeza con una elegante y colorida pañoleta, le recibieron con gusto.

— Judith, dijo la señora, se me olvidaron mis pastillas en el camarote, ¿puedes traérmelas? Y aprovechas para acomodar mi ropa.

El señor, un tanto molesto, contestó:

— Siempre olvidas las cosas, bueno sería que tú fueras por ellas.

— Pero, Mario, replicó la señora, ves que mis piernas casi no me responden.

— Por eso, añadió el tal Mario, no deberías olvidar las cosas; acabamos de salir del camarote y olvidas lo principal "tus medicinas". Deja ir por ellas, y de paso veo que hay para desayunar. ¿Deseas algo?

— Sólo una soda. Sabes que primero tomo mis medicinas, y casi no acostumbro el desayuno.

El tal Mario se fue directo al comedor; no duró mucho, casi corriendo se dirigió al camarote, pero Judith ya estaba en cubierta con el encargo.

— Aquí está su medicina, señora.

A su paso volvimos a intercambiar miradas. Para mí no había duda, también ella se había enganchado; mi mundo tomaba nuevo brillo. Sí, la patria me esperaba para que la salvara, pero ahora mi compromiso tenía el aliciente de contar con alguien a mi lado. Me dirigí hacia donde Judith acomodaba a la señora en una silla reclinable, lo hice con el afán de ofrecer mi ayuda y provocar un encuentro mayor al de las miradas; inoportunamente apareció el señor Mario llevando tres tazas de café, Judith me sonrió y avanzó presurosa en ayuda de Don Mario, yo me quedé a unos metros de distancia, simulando otear el horizonte.

— No, pequeña, están muy calientes, dijo Don Mario.

— No importa, permítame, añadió Judith, al tiempo que recibía dos de las tres tazas de café.

La vi sentarse, recogiendo con modestia su falda, en el piso de la cubierta a los pies de la señora, como si fuera su hija; de vez en cuando, como movida por la brisa, Judith bamboleaba su cuerpo y, a espaldas de la señora, me deslizaba su dulce mirada. Desde ese momento me convertí en su sombra; ya no podía vivir sin contemplarla, y creí que a ella le pasaba lo mismo. Recordé el consejo del padre instructor "no te enamores de la primera escoba con faldas que veas", entendía su significado, pero, en el presente caso, así lo asumí, no era sólo una atracción hombre— mujer, sino que era algo profundo, el grito de Adán: "hueso de mis huesos", la parte que me faltaba para ser plenamente.

La monotonía de la travesía: dormir, comer, leer, perder la mirada en la profundidad del horizonte, se transformó para mí en un polvorín; apenas asomaba el sol, y yo ya deambulaba en cubierta, oteando con frecuencia los húmedos pasillos de los camarotes. Cuando Judith salía, los pasillos se llenaban de luz, luego ella tocaba con los nudillos de su mano la puerta del camarote de Don Mario y la señora y se ocultaba tras de la puerta por tiempo, para mí, interminable.

Por fin un día Don Mario bebió más de la cuenta y a la señora se le agravaron sus males, de suerte tal que se quedó en cama. Judith esplendorosa subió a la cubierta y me jaló con su mirada; eran las cuatro de la tarde; la abordé: ¿cómo te llamas?, ¿de dónde eres?, ¿Quiénes son los señores a quienes apoyas?, ¿cuáles son tus sueños? Como un venero de agua fresca y abundante brotaron mis palabras; deseaba saber todo lo relacionado con ella; mi mirada intensa abrazaba su silueta, ella no perdía la sonrisa. Cada pregunta de mi parte, ella la contestaba ampliamente, aunque con cierta timidez y recato; casi sin pensarlo, de mi boca brotaban nuevas inquietudes, quería adueñarme de su historia y de sus anhelos, buscando viajar hasta el último rincón de su vida . tres horas, que para mí fueron tres minutos, duró este primer encuentro. Judith, española, 17 años, estudiante de enfermería, becada por el señor Mario, petrolero Venezolano, hombre próspero, visionario, gran filántropo, en algún tiempo fue patrón de su padre, fallecido hacía cinco años. Ella, cuando sus estudios lo permitían, apoyaba como enfermera a la señora, quien padecía arterosclerosis múltiple y día a día veía agravar su mal. Concluida su carrera, estudiaría alguna especialidad en medicina.

Sí, me dejaba entrar en su vida. Yo, poco a poco, le abriría mi historia, hoy sólo quería adentrarme en sus sueños.

En ese rojo atardecer, en un horizonte sin límites, se acabó mi vida de soledad, Judith había llegado y era la compañera que, sin saberlo, siempre había anhelado.

— ¡Guau! son las siete y media, dijo ella sobresaltada y, siempre sonriendo, se despidió, perdiéndose en los húmedos pasillos, yo me tiré, tras un tonel de madera, feliz, esperando a las estrellas.

Las horas pasaron sin darme cuenta. Me despabiló el oír los pasos de Lalo, marinero que hacía las funciones de contramaestre. La sorpresa de que ya era casi media noche, me mantuvo oculto tras el tonel. Lalo, barriendo con la vista la cubierta, bajó al cuarto de máquinas, donde tenía su dormitorio. Repuesto de mi viaje sideral, pensaba regresar, con sigilo, a mi camarote, cuando, así como surgen las estrellas, brotaron siluetas de jóvenes en la cubierta; en los días que llevábamos de travesía no los había visto, eran como dieciocho; todos, como autómatas, se plegaron hacia la escalera que conducía al área de máquinas y ahí hablaron durante horas; no escuché lo que dijeron, ni me moví para intentarlo, percibí que la reunión estaba fuera de la ortodoxia. Dos oficiales, a quienes si había visto en mi travesía, y que decían pertenecer al ejército azteca, estaban con ellos. Como a las tres de la madrugada terminó el conciliábulo y se perdieron de nuevo como habían salido. Entonces dejé mi escondite y caminando en silencio llegué hasta mi dormitorio. La sonrisa de Judith me acompañaba.

Día siete del viaje: el cielo está nublado y el capitán del barco aconseja no subir a cubierta; el aire es fuerte y húmedo, las olas, con frecuencia, saltan los barandales , deslizándose por la superficie lisa y dura del barco, dejando en la cubierta rastros de sal y un fuerte olor a sargazo. Deseo ver a Judith; paso una y otra vez frente al camarote ocupado por Don Mario; Judith lleva horas que desapareció tras esa puerta. Por fin me atrevo: doy un golpe y luego otro, nadie responde; de pronto sale Judith presurosa, me emparejo, mientras le digo: — ¿puedo ayudar en algo?

— No, Gracias, sólo voy por la comida de la señora; y añade, te veo más tarde.

Ardo en deseos de conversar con ella, de estar a su lado, y pienso: ¿ella sentirá lo mismo?, ¿estará tan ocupada? Para consolarme me digo "tranquilo, como tú no haces nada, ella tiene su responsabilidad y que bien que la cumpla". Mi corazón late con fuerza, mientras mi cerebro busca motivos para para acelerar el encuentro. Por fin llega el ocaso, le espero en el comedor, su silueta aparece radiante, me saluda, — ¿cómo estás? y añade: — hoy no podré platicar contigo, sólo vengo por unas cervezas para Don Mario.

Imploro, — nada más tomemos un café.

— no, responde, la señora me necesita.

— ¿Te puedo ayudar en algo?, sólo permíteme estar unos momentos a tu lado.

Voltea, toca mi mejilla, yo su cintura.

— Tranquilo, me dice, y recogiendo las cervezas añade, coqueta: ¿qué, de pequeño no te amarraron las manos?

— Si, respondo, pero tú me las desamarras.

— Loquillo, mañana te veo después del desayuno.

Me derrito; su voz es suave y clara, sus ojos soñadores, su silueta, al caminar, es armonía.

Esperar hasta mañana, me parece un siglo.

Para calmar mis ansias busco inyectarme algo de adrenalina. Gastaré mi noche en investigar qué hacen y de qué hablan los dieciocho fantasmas y los dos oficiales aztecas.

El tonel de madera está vacío, en él guardan los mechones aceitosos con lo que limpian la cubierta. Le pregunto a Lalo, el contramaestre, que si lo puedo mover de sitio para tumbarme a contemplar el cielo un rato; cerca está una especie de mástil que me sirve de apoyo para no sentir tanto el bamboleo del barco.

— Sí, me dice, colócalo donde no estorbe, pero que quede seguro, no vaya a rodar con algún movimiento brusco de la embarcación; y, añadió: te recuerdo, sólo puedes estar sobre cubierta hasta las nueve y media de la noche, después no se permite, por seguridad de los pasajeros.

Llevo el tonel a un lado de la escalera que da al cuarto de máquinas, perforo la tapa e introduzco por el hoyo una cuerda haciendo después un nudo en uno de sus extremos, me introduzco en el tonel y amarro el otro extremo de la cuerda en un gancho que se encuentra incrustado en su fondo y sirve para sujetar los mechones, de tal forma que, si alguien quiere levantar la tapa, esta estará sujeta por la cuerda. Son las doce y los fantasmas no aparecen, de pronto, casi a la una de la madrugada, los veo venir, y, formando un círculo, se sientan muy cerca de mi escondite.

Habla uno de los oficiales:

— ¡Patria o muerte!, ¡Patria o muerte!, repiten los fantasmas.

— ¿Les quedó claro lo explicado el día de ayer?

— Sí, contestó a coro la mayoría; sólo uno objetó; un cuate flaco, espigado con grandes ojos, como de buey y voz grave.

— Yo no acabo de entender, dijo, pues nuestro destino era Alemania y resulta que el gobierno español nos detiene y repatria porque, según, íbamos a Corea.

La pregunta produjo un incómodo silencio; uno de los oficiales carraspeó, y con firmeza, levantando la voz dijo:

— Está en lo correcto, no íbamos a Alemania; nuestro destino era Corea. Ustedes no lo sabían, porque no convenían que lo supieran. Quiero que tomen en cuenta dos puntos: los estamos preparando para formar cuerpos de élite y segundo, por esta razón los llevábamos a Corea, porque nos interesa que ustedes conozcan, se familiaricen, hagan suya la estrategia de guerrillas, que es el verdadero enemigo al que se van a enfrentar.

— Entonces, replicó el ojos de buey, por qué España, gobernada por un anticomunista, nos ha detenido y nos está regresando a la nación azteca?

— Porque ellos, como gobierno, desconocen nuestros objetivos. Y, añadió, sin embargo no hemos sido encarcelados, y ¿saben por qué? Porque nuestros contactos con la guardia civil, hicieron su tarea, nuestra misión había sido descubierta por el servicio secreto ruso.

Ojos de buey movió la cabeza, manifestando duda; el oficial prosiguió:

— Si te quedan dudas, ahora que regresemos, pregunta al cura que te reclutó y te va a decir que es privilegio del jefe, por seguridad y estrategia, contar, él sólo, con la información completa.

Se hizo un silencio molesto que fue roto por el grito de "Patria o muerte".

La siguiente hora la aprovechó el oficial para hablar del ejemplo de la abeja... la abeja nunca corre, respeta, pero si es acosada, ataca; la abeja da su vida en defensa de la colmena, la abeja es obrera y es guerrera, la abeja produce y ayuda a fecundar las flores que después nos darán sus frutos; la abeja vive para servir a la reina, que es el símbolo de la patria, sin reina las abejas se confunden y perecen... el grito de ¡patria o muerte! Cerró la sesión de aquel día. Casi, de nueva cuenta eran las tres de la madrugada; un viento helado pasaba por la cubierta, al desaparecer los fantasmas, volvió el silencio y la soledad, sólo se oía el monótono chasquido de las olas al estrellarse en los costados del barco. Salgo del tonel y, de prisa, me sumerjo en mi camarote.

Los fantasmas han despertado mi curiosidad, mas, el rostro angelical de Judith me trae serenidad y alegría; soy feliz. "Loquillo mañana te veo después del desayuno", bálsamo puro de dicha y plenitud.

Seis de la mañana, ya estoy sobre cubierta, ella y sus protectores aparecen por el comedor, normalmente, rondando las diez de la mañana, pero estoy tan feliz que necesito compartir mi gozo con la inmensidad del mar. No recuerdo qué hice durante las cuatro largas horas de espera; sin saber cómo, ya me encuentro en el restaurant, el reloj apunta cinco minutos para las diez, mi corazón late con intensidad, de pronto aparece la claridad de su rostro, me apresuro a recibirla:

— ¿Y los señores?

— No van a venir.

— Eureka, digo para mis adentros..

— Lo lamento, deseo conocerlos mejor. ¿Qué gustas ordenar?

— Lo que hayas ordenado tú.

Su decisión me alegra; está frente a mí, su rostro es suave y blanco, su mirada azul tenue, el rojo de sus labios se refleja en sus mejillas; chocan nuestras miradas y su vista huye, mis ojos la persiguen y la obligan a volver. Hay un dejo de tristeza en su mirada, trato de abrazarla con mis palabras, pero algo me impide entrar en sus pensamientos. Vuelvo a la carga, deseo me diga: "te quiero".

edEn este escaso tiempo de haberla descubierto, se lo he dicho de mil maneras, más ella no da el paso, es más, siento que no quiere darlo. ¿por qué duda?, ¿qué la detiene? Siento que su alma se esconde. De pronto, buscando huir, me dice:

— Vamos a disfrutar del viento y del olor del mar, subamos a cubierta.

Siento que la puerta está a punto de ceder; ágil corre por cubierta y, por esas coincidencias raras del destino, se detiene junto al tonel de mi secreto sentándose risueña mientras acaricia su rostro. Yo, nervioso me pregunto por qué escogió ese lugar, me desconcierto, pero no es momento para distraerse, voy por la presa.

— Judith, ayer me dijiste "loquillo" y lo estoy por ti, quisiera… no me permitió expresar mi pensamiento.

— No sigas, me dice, presiento a dónde vas y quiero dejarte claro que sólo eres mi amigo, hasta ahí.

Me lo dice sin piedad, mientras sus ojos se pierden mirando vagamente.

— Espera, le digo, tu mirada no respalda tus palabras.

— No sigas, somos amigos y ya, falta mucho para que me enamore.

Me siento herido, pero sus ojos, que quieren huir del momento, fortalecen mi esperanza. Esa mirada es mía, sus ojos me quieren.

— Está bien, Judith, respondo, yo me clavé como un bobo, pero es que llenas mi corazón y no podré sacarte de mi vida.

Su rostro se endurece, mientras afirma

— Es tu problema, apenas hace unos días que nos conocimos.

— Así es, pero para mí, es como si ya te hubiera conocido antes; siento que te buscaba, sin saberlo y, al encontrarte, supe que eras tú lo que me faltaba.

— Sigue buscando, sé que encontrarás a tu media naranja, yo aún la estoy esperando y seguiré esperando.

— No me quites la posibilidad, dame una esperanza.

— No hay esperanza; y diciendo esto, se aleja, voltea, me mira coqueta y se aleja corriendo.

¿Es parte del juego?, ¿se burla de mí?, no, no puede ser, es muy noble. No creo que le sea indiferente; su mirada me lo dice, su caminar coqueto me lo confirma.

Este encuentro me deja hundido en un mar revuelto de coraje, duda y esperanza.

— Judith, acierto a gritarle, ella hace un ademán de adiós con la mano y desaparece. Siento rabia, tristeza, no puedo borrar su rostro, ni su sonrisa, no me resigno. Es parte del juego, me digo y me repito tratando de convencerme, mas mi alma está inquieta; Lalo, el contramaestre, viene en mi ayuda.

— ¿Qué pasa camarada, no cayó la paloma?, dale tiempo.

Lalo es un marino factótum, originario de Santander, apenas tiene veintiséis años de edad, pero lleva consigo la experiencia de diez años de andar surcando los mares. ¡marino!, ¡marino!, afirma él; su sueño es llegar a ser capitán de un barco; es generoso, trabajador, de amena charla; desde el primer día de la travesía hicimos amistad, es mi confidente y mecenas. Cuando le conté mi primer encuentro con Judith, me apoyó con holgura.

— Lanza tus redes arrincónala, lo que una mujer busca es un hombre a quien admirar y que le dé seguridad. Tú tienes labia, por dinero no pares, cuenta con lo que necesites, hazle pequeños regalos, se detallista, invítale una copa; me gusta ver feliz a la gente; impresiónala.

Los diez dólares que el prefecto me había dado, junto con el pasaje del barco, al salir del seminario, con la admonición: "cuídalos, en el barco no vas a necesitar nada, ya en el país azteca, con ellos podrás llegar a tu casa", Lalo me los había multiplicado, toda chamba extra que surgía en la embarcación era para mí; en estos días de travesía, ya había desempeñado cien oficios; en otras circunstancias habría pensado en quedarme de grumete, pero yo iba a salvar a la patria. ¡Cierto!, desde hacía cinco días, Judith marcaba mis sueños. Salvar a la patria, sí, pero con Judith. Si Judith no estuviera de acuerdo, ¡en qué predicamento me iba a poner!, pues ella llevaba mano, eso seguro.

Para olvidar el rato de amargura, transitorio, según Lalo, me sugirió que ayudara al barman, pues, cosa rara, hoy tenía algunos parroquianos. Normalmente el barman, además de desempeñar su oficio, la hacía de mesero, lava platos, mensajero, pues en este tipo de barcos pasajero— carguero, las comodidades no existían y los pasajeros con posibilidades de exigirlas, no las reclamaban.

Llego al rincón donde se ubicaba el bar y, con agrado, me percato que entre los clientes, están los dos oficiales aztecas. El barman se llama Isidoro, es un español de baja estatura, rojas mejillas, cejas pobladas y de acento español muy marcado. Me ofrezco a ayudarle.

— ¡Coño!, pero hoy no te pagaré nada, ha sido una mala semana.

— De acuerdo, sólo quiero enseñarme a preparar bebidas, tú lo haces muy bien, digo zalamero.

— Nada, hombre, responde Isidoro, que trabajé seis años en Alemania y ahí me doctoré en este oficio, probando y haciendo; nada más que tú no puedes probar; me tienen inventariado hasta el agua, ¡coño!.

Los oficiales aztecas hablan bajo, pero con intensidad, gesticulan, dan pequeños saltos en sus sillas, se ve que hay discusión.

Señalándolos, pregunto a Isidoro:

— ¿Cuántas llevan?, se ven alegres.

— Nada, hombre, sólo una botella de Rioja , pero se nota que les está calando. Ve y ofréceles más.

Los abordo.

— Buenos medios— días, paisanos, ¿qué tal el tinto español?, ¿les sirvo otra copa o ya se marearon?

— Oye a éste, para marearme necesito tomarme varias botellas, con tres copas apenas espanté el sueño; dijo uno de los oficiales y añadió ¿eres azteca? Sí, respondo, de la región purépecha.

— ¿Qué andas haciendo por acá?

— Vine a estudiar, pero se me acabaron los duros y voy de regreso. Me dicen que las cosas por allá se están poniendo interesantes, como hace unos días por acá en Francia.

El otro oficial, el de más baja estatura, movió negativamente la cabeza, mientras decía: "zafarrancho de estudiantes, nada de qué preocuparse".

— Oh, dije, como sorprendido, pensé que las cosas estaban graves, y añadí: a mí, mis padres ya no me quisieron apoyar, pensando en que me había involucrado en las protestas francesas.

Interviene el otro oficial, el más larguirucho de los dos y el más parlanchín, el mismo que dirigió la perorata a los fantasmas.

— ¿Participaste en alguna?

Dudo en responder; ardo en deseos de saber quiénes son y el porqué de su extraño comportamiento. Además, como decimos popularmente, no sé para dónde batean. Me decido y escojo el camino de afirmar que soy afín al movimiento estudiantil.

— Simpatizo con las protestas, pero en España, poco se puede hacer; me he limitado a escribirles a mis amigos, animándolos en su lucha. Pienso que alguno comentó algo con mis padres y esto les hizo pensar que yo andaba involucrado.

Emocionado y con simpleza el oficial echó las cartas.

— Yo también simpatizo con ellos, y añadió, es más, desearía ser uno de ellos.

— ¿Tú también estás de este lado?, pregunto al otro oficial azteca, quien se mostraba reservado y un tanto despreocupado.

Antes que contestara, interviene otra vez el larguirucho, señalando al otro oficial.

— Mi coronel no quiere arriesgar, su padre fue general y él va tras de esa meta. ¿o no mi buen?, el oficial aludido, coronel según veo, se limitó a mover la cabeza y a reír con cierta burla para concentrarse después en la etiqueta de la botella del vino tinto, simulando leerla.

Yo me atreví a lanzar otra pregunta.

— ¿Pero cómo van a estar de parte de los estudiantes, si dicen ser oficiales del ejército azteca?

De nuevo el larguirucho es el que responde.

— ¡Claro que lo somos!, pero en los hechos estamos con los muchachos; ¿o no, jefe?, dice esto mientras palmea la espalda del oficial socarrón, luego añadió:

— El mundo necesita un nuevo orden económico y del ejercicio del poder.

Trato de manifestar indiferencia e incredulidad. Yo soy partidario del orden y las instituciones creadas en un régimen democrático, pues son premisas elementales para preservar la libertad. El comunismo, ideología a la que involuntariamente sirven estos jóvenes, rompe con todo eso. Mas, ya di el paso de fingir simpatizar con el movimiento y debo completar el acto, solo que temo me estén tanteando estos oficiales. Uno se muestra muy parlanchín e ingenuo, el otro taciturno y socarrón.

Vuelvo a la actuación:

— Mis amigos dicen que en Francia el movimiento no es genuino, que está organizado por puro petimetre, por eso, cuando aparecieron los soldados de la Legión Extranjera, corrieron como gamos.

— Algo hay de eso, dijo el oficial, pero el corazón que da vida al movimiento somos nosotros los pobres que deseamos igualdad para todos.

El otro oficial sólo sonreía.

Me están tanteado, dije para mis adentros; seguiré el juego.

— ¿Ustedes pobres?, son oficiales, deben ganar buena plata.

— No, cuate, respondió el oficial, somos oficiales por los años de servicio, por el trabajo, pero oficiales de segunda; bueno, yo, acotó, pues mi coronel, que es a toda madre, ha seguido diferente camino, el del colegio militar, ahí van, con perdón de mi coronel, los hijos de papi, esos tienen su camino asegurado. Mi coronel es pieza aparte, es hijo de un general, pero tiene muchas agallas, no encaja entre los mimados, es como yo, nos partimos el alma en el servicio activo; los oficiales egresados del colegio militar, sólo están para los desfiles, pues el que no es hijo de papá con dinero, es sobrino o pariente de alguno de los jefes o generales.

Me animo, parece hablar en serio y cree que comparto sus ideales. Es mi oportunidad para saber si son traidores, debo estar atento; yo voy a salvar a la patria. Guardo silencio, el larguirucho interrumpe mis pensamientos.

— ¿Estás con nosotros o con el gobierno No sé qué contestar, me arrepiento de haber dicho que soy afín al movimiento. Por fortuna el oficial de marras no espera mi respuesta.

— Tú estuviste en Francia, a mí no me engañas; sabemos que los hijos de papi volvieron a sus casas, pero a los auténticos revolucionarios, el gobierno francés les está abriendo la puerta de Latinoamérica; no son tontos, a cambio de que no rompan el estatus quo de Francia, los empuja al tercer mundo, allá es donde necesitan redentores.

El vino da cuerda a la mente y afloja la lengua, el oficial no para de hablar: — involuntariamente, porque por buenos no lo hacen, nos están mandando a algunos buenos cerebros que darán impulso a nuestra lucha. Y, prosigue, confía en nosotros, ¿tienes contacto con algunos de los líderes?, ¿te han mandado de regreso al país azteca para apoyar el movimiento? Siento sonrojarme, nada más lejano a mi realidad. Ya me metí y no sé cómo salir de esta situación.

— No, ya les dije que sólo simpatizo y que, ciertamente, tengo amigos que sí andan en eso.

— ¿De veras?, ¿ quiénes son tus amigos que andan en eso?, ¿amigos franceses o aztecas?

De nuevo me invade el temor y la duda; ¿quieren nombres para ficharlos?

Pero a quién van a fichar, me digo, si todo lo que estoy diciendo es mentira; con calma trato de armar, lo mejor posible, mi cuento, y doy' nombres inventados como demostración de que no oculto nada:

— Son unos pocos amigos que estudian en Francia: Ubaldo Ríos, estudia petroquímica, Juan Gutiérrez, lenguas, Alfonso Pérez, historia, Baltazar Díaz, economía. Me pongo nervioso,

repaso el casete, pues noto que el oficial socarrón me ve con extrañeza. Trato de aparentar seguridad, y prosigo, a todo los conocí en un verano que pasaron en la ciudad de Salamanca, donde yo estudiaba.

— Oye, dice el larguirucho, ¿podrás ponernos en contacto con alguno de ellos?

— Sólo guardo por ahí algún domicilio, desconozco si aún viven ahí.

— ¿Cuál es ese domicilio?

— Ahora no lo recuerdo, tendría que buscarlo, pero viven en la ciudad de Reims, rue Voltaire o Balzac, no me acuerdo bien.

Como agua en sequía, viene Isidoro a rescatarme:

— ¡Coño!, te mandé a ver que necesitaban los amigos, no a charlar. Nervioso, traté de salir del paso—

— Isidoro ponles otra botella del rioja, yo la invito.

— Haz de traer muchos duros, azteca; tráela tú, ¿qué, no viniste a ayudarme? Me levanto y regreso con la botella, yo mismo les sirvo. Me agradecen y me miran como si ya fuese su compinche . Son las cuatro de la tarde, la mayoría de los pasajeros han pasado a comer. El señor Mario, su señora y Judith no han salido de su camarote. ¿Qué habrá pasado?, ¿estará delicada la señora? Me animo:

— Isidoro, que crezca mi cuenta, dame unas cervezas para llevárselas al señor Mario.

— ¡Coño! Llegas tarde, lo que quieres es ver a la Judith, pero mientras charlabas con los aztecas, vino la princesa y ordenó todo para comer y lo llevó a sus patrones.

— ¿Cómo?, ¿vino a aquí?

— ¡Claro, coño!, ¿o ves que hay teléfono para los camarotes?

— Y no me di cuenta, carajo.

— Tranquilo hombre, que la Judith se llevó todo de prisa, pero mientras le atendían, no dejó de mirarte. ¡Por tu madre! Que se entienden.

— Te burlas, Isidoro

— ¡Va, coño!, ahora soy mentiroso, que te vio y tú embobado con los aztecas.

Decido salir, mientras Isidoro me amonesta: — Tendrás que meterle duro al trabajo, tu cuenta ya rebasa los 150 duros y ¡por tu madre! que me los pagas.

Estoy confundido, por un lado el misterio de los aztecas: ¿fingen ser comunistas?, ¿qué pretenden?, ¿dónde se esconden los fantasmas durante el día?

Por otro lado, las palabras de Judith aún hieren mi confianza, "se que encontrarás a tu media naranja, yo aún la estoy esperando". Me pregunto, ¿me lo dijo en serio?, ¿no le importo lo más mínimo?

El hecho de que Judith haya venido al comedor para llevarse la comida, me indica que la señora debe estar indispuesta, por lo que esperar que Judith salga esta tarde, está en griego.

Abandonada la esperanza de ver a Judith esa tarde, concentré mis energías en el misterio de los fantasmas aztecas.

Después de otear, como ningún otro día, el largo y ancho del barco, asegurándome que nadie me viese, me refugié en el tonel a esperar la noche. Los fantasmas solían llegar alrededor de las doce; yo me encerré en mi escondite desde las ocho horas, no podía correr riesgos. A las diez, por una hendidura del tonel distingo una figura que me parece conocida; si, si, es el señor Mario, se dirige a la baranda, aparece Lalo, el contramaestre.

— Don Mario, ¿se le ofrece algo?, no es muy recomendable estar sobre cubierta sólo y en la noche.

— No hay problema, Lalo, avisé al capitán, y sólo estaré unos minutos; es hermoso contemplar la majestuosidad del mar y el cielo a estas horas.

— Correcto, Don Mario, le dejo; y se aleja. No bien se había marchado Lalo, cuando apareció Judith y se dirigió a la baranda. ¿Puso su mano sobre la de Don Mario?, mi corazón se agita; desde mi observatorio no es posible ver con claridad, pero, ¡oh Dios! Se toman de la mano y vienen hacia donde yo estoy; las dos sombras se acurrucan en la segunda grada de la escalera que va al cuarto de máquinas, apenas a dos metros de donde me encuentro; veo y oigo todo; jadeo con fuerza; no puedo contenerme; me van a descubrir. Judith y Don Mario están al resguardo de cualquier mirada, excepto de la mía; la hendidura del tonel me permite contemplar la escena.

Don Mario: — te amo princesa, y la besa apasionadamente.

— Yo también te quiero mi califa, responde Judith, abriéndose a sus caricias.

No oigo todo, o no quiero oír, mi mente está por explotar.

— Desde que llegaste a mi vida, capullo, mis sueños se han acrecentado, decía Don Mario.

Ella, coqueta, le respondía con caricias, mientras le susurraba:

— Mi califa, cuando falte la señora, ¿me harás tu esposa?

— Si mi princesa. No deseo la muerte de Rebeca, pero ansío que seas mía para siempre.

De pronto, Don Mario, aparenta molestia, y tomando a Judith por los hombros le dice:

— No me gusta que te acerques al azteca, es un león hambriento. Su juventud y mi madurez despiertan mis celos.

Riendo, siempre coqueta, Judith le abraza por el cuello

— Mi califa no sea tonto, el azteca es un león sin dientes, acaba de salir de un seminario, cree que puede vivir comiendo polvo de las estrellas, pero si así lo quieres, no lo volveré a tratar.

— Judith, no me engañes, replica Don Mario, ¿sientes algo por él?, lo comprendería.

— No, mi califa, tú eres mi ilusión. Él se me acercó y lo vi tan ingenuo que, lo confieso, quise divertirme; no volveré acercarme a él.

— No importa que lo hagas, revira Don Mario; pensándolo bien, me sirve para confundir a Rebeca, ella, como buena mujer, presiente algo. Sólo te pido que seas sincera conmigo.

— Confía en mí siempre, mi califa.

Dicho esto, se fundieron en un prolongado abrazo.

No puedo moverme, mi cabeza gira y un intenso hormigueo recorre todo mi cuerpo, mis ojos lloran y lloran, sin consuelo alguno y recordando aquella canción de los Dos Oros "la vi estrenando novio", me convertí en un zombi. Nunca representé algo para ella, sólo fui un "león sin dientes", un don nadie, y yo que la había colocado en un pedestal superior al de la patria.

La escena se interrumpió porque empezaron a surgir los fantasmas; Don Mario y Judith abandonaron presurosos su escondite. Yo no pude hacerlo, estaba exhausto, no podía moverme, mi mente se hallaba completamente desorientada.

"Patria o muerte", "Patria o muerte", la consigna se mezclaba con el bramar de las olas. Yo hubiera querido gritar: "muerte", "muerte", pero mis mandíbulas se hallaban trabadas.

Pronto inició el adoctrinamiento. Hoy el azteca no habló de la abeja; habló del amor a la Patria, de la fidelidad a los ideales, de la entrega necesaria para hacer de este mundo, un mundo más igualitario. El ojos de buey no estuvo de acuerdo, al oficial azteca se le hizo bolas el engrudo al tratar de convencerlo, al final remató con la misma sentencia del otro día: "si no estás de acuerdo, regresando al país azteca, que el cura que te reclutó te aclare tus dudas".

La plática terminó rápido, pues querían celebrar el 5 y el 10 de mayo, fiestas muy aztecas, que hacía unos días habían pasado sin celebración.

— Vino para todos, sin límites, dijo el oficial larguirucho, la ocasión lo amerita. Todos, excepto ojos de buey y un chaparrito cabezón, se dispersaron por cubierta. El capitán del barco festejaba con ellos.

— Juan Carlos, que así se llamaba el chaparrito cabezón, algo anda mal, dijo ojos de buey. Nos reclutaron para ir a Alemania y nos llevaban a Corea; nos detiene la guardia civil por "comunistas" y no contar con permiso para transitar por España. El capitán del barco, yo lo escuché, añadió ojos de buey, es rojillo y se entiende de maravilla con los oficiales aztecas; yo regresando al país me devuelvo a mi pueblo.

— ¿Y qué le vas a decir al cura?, preguntó Juan Carlos.

— Desconfío, también de él. ¿Te acuerdas cómo les tiraba a los ricos?, y esas escapadas a la universidad para realizar diplomados en sociología; "es que quiero entender mejor al pueblo", decía.

— Mi madre nunca lo tragó, decía que le importaba más la política que las almas.

— ¿Estás de acuerdo? Llegando al país nos regresamos al pueblo y ahí, acabaran mis sueños de una Patria libre y solidaria.

— Sí, no quiero seguir en esto. Ahora nos sale el oficial con que algunos de nosotros debemos infiltrarnos entre los estudiantes y fingir que estamos con ellos para que, dice, "entendamos sus razones".

— Yo con los comunistas ni a misa. Mi abuelo nos decía que hay que pelear de frente, nada de engaños y secretos, y los comunistas se alimentan de la mentira.

— ¿No quieres algo de vino?, vamos a que nos den un jalón, dijo Juan Carlos, rematando la conversación.

Salgo de mi escondite; se me han secado las lágrimas, pero mi corazón se ha llenado de un coraje sin límites; lleno de rabia me dirijo hacia los fantasmas, no me importa lo que pase; el oficial larguirucho, al verme, se sobresalta.

— ¿Qué celebran que no invitan? Digo retador.

El oficial muy serio me dice: ¿de dónde saliste?

Viene el capitán y con severidad me reprende: — ¿por qué subió a cubierta? Sabe que por la noche no está permitido hacerlo. Le iba a contestar, ¿entonces por qué están ustedes aquí?, cuando , para mi buena fortuna, interviene el larguirucho.

— Es nuestro amigo y además paisano, capitán, tiene derecho a celebrar; y, echándome el brazo al hombro, añade, dirigiéndose a mí:

— ¿Qué celebramos el cinco de mayo?, la batalla de Puebla, respondo. No, dice el oficial, no la batalla sino la victoria.

Al capitán no le hace gracia la, para mi oportuna, intervención del oficial y, visiblemente molesto, se retira. El larguirucho me aparta del grupo, mientras me dice: lo que estás viendo no se debe saber; ¿por qué estabas en la cubierta a estas horas?, ¿por dónde subiste? Si tengo vigilado el acceso.

Me hago el importante:

— Soy pasajero, pero tengo mis contactos en el barco. La tripulación sabe que en el barco va gente deportada. Y añado "ingenuos que eran llevados a Corea, cuando pensaban que su meta era Alemania".

El oficial se encrespa y me jala aún más lejos del grupo que, con alegría, sigue la celebración.

— Tú eres comunista, no lo niegues; si no ¿cómo sabías a donde llevábamos a los muchachos?, ¿estás cerca de los jefes? E imprudente me dice: ¿te han comentado de nosotros?

Respondo: — Algo, no mucho.

Se siente ninguneado y me ilustra su importancia, convencido de que yo soy comunista y estoy cerca de los que manejan los hilos.

— Nosotros, dice, somos claves en la organización, somos bisagras que sirviendo en el ejército, acompañamos y defendemos a los camaradas para que, sin romper con el gobierno, se incrusten en él. Nosotros los salvamos a ustedes para que no los liquiden, mientras son minoría.

Yo también me hago el importante: — ¿Nosotros minoría?, la raza, los estudiantes, los pobres, que son mayoría, están con nosotros.

— Sí, pero las armas las tenemos nosotros; ¿y la estructura?, nosotros, ¿los permisos para movilizarse, sin inconvenientes? Nosotros. ¿Qué podrían hacer si no tuvieran padrinos en el área de seguridad?

— Nosotros, contesto, aparentando superioridad, tenemos las ideas y las ideas mueven montañas.

— Ideas, sin poder, son sueños.

— No oficial, las ideas son fuerza y ánimo. A las ideas puestas en acción, el poder les hace los mandados.

Se acerca el oficial chaparrito, el socarrón, a quien, en un principio, juzgué de menor rango, y jala al larguirucho. Éste voltea y me dice, ya más calmado, después te veo.

A unos metros de donde me encuentro, el socarrón y el larguirucho discuten en voz baja por buen rato; después el larguirucho se retira mezclándose con los fantasmas. Pienso, aún con rabia, alejarme de ahí, cuando aparece Lalo, quien se acerca al oficial chaparro ; algo le comenta y se viene hacia donde me encuentro. Sin preámbulos me espeta:

— ¿Qué pasó?, ¿por qué subiste a cubierta?, el haber visto a los deportados, te vuelve vulnerable ante el capitán del barco y me va a dificultar ayudarte.

— ¿Yo qué sabía de deportados?, respondo, vi subir a Don Mario y a Judith a cubierta y les seguí.

— ¿A qué hora les viste?, Don Mario me dijo que sólo estaría unos minutos, y ni tú, ni Judith, estaban por ahí.

— Lalo, le dije, ¿te acuerdas del tonel que te pregunté si podía cambiarlo de lugar?

— Sí.

— Pues es mi escondite. El día que te pedí permiso para estar un rato en cubierta contemplando las estrellas, me dormí hasta que aparecieron los deportados y tuve que esconderme, desde ese día me propuse saber quiénes eran.

— ¿Ya te enteraste?

— Sí, son aztecas; los dirigen los dos oficiales, pero no sé dónde se esconden durante el día, y no me queda claro si son comunistas o del ejército. Les oí decir que les engañaron.

— Mira, dijo Lalo, ya no investigues más. Te contaré algo, pero te alejas de todo esto porque te puede meter en líos. Los deportados son aztecas anticomunistas que fueron reclutados por el ejército para formar un grupo paramilitar; pero los están usando de señuelo para descubrir a oficiales del ejército que se inclinan a apoyar a los comunistas.

Le interrumpo: — Con razón el oficial larguirucho me dijo que simpatizaba con ellos.

— ¿Tú qué les dijiste?

— Que yo también.

— ¡Aguas! No te vayan a fichar. El otro oficial es coronel del ejército y es quien sigue la pista; el larguirucho, como tú le dices, es teniente y, sí, es rojo. El coronel lo sabe y le suelta cuerda.

— Escuché que el capitán del barco también es rojillo.

— ¿A quién escuchaste eso?

— A uno de los deportados que tiene unos ojos saltados y grandes, como de buey.

— ¿Qué dijo?

— Que él sospechaba que los estaban utilizando y que el capitán era rojillo.

— No, no es rojo; es miembro de la Guardia Civil, al igual que yo, le estamos echando la mano al ejército azteca.

— Pero los muchachos, reclamé, ya no saben quién es quién. Se ven sencillos; no se vale que los avienten de carnada, aprovechándose de su inocente antico-munismo.

— Esto es de gente mayor y tú no conoces mundo; así que olvida lo que has visto y escuchado y vete a conquistar a Judith; esa si es una batalla acorde a tu edad.

No contesté; sólo falta, pensé, que Lalo, quien se había portado conmigo como un sincero y generoso amigo, estuviera enterado de que Judith no era lo que aparentaba. Rogué a Dios, aunque fe ya no tenía, que no fuera así, porque aca-baría con mi confianza en el ser humano; empezaba que a mi alrededor todo era farsa y mentira. En silencio, y con mi alma ahogándose en un pantano de sombras, me retiré. El húmedo camarote consumió mis lágrimas y no pegué el ojo en el resto de la noche.

Ocho de la mañana, encuentro a Lalo y al capitán desayunando; están en la mesa ubicada al fondo del pequeño comedor, justo a un lado de la puerta que da a la cocina. Me acerco a la mesa y pido me concedan algunos minutos. El capitán da un sorbo al café, después suelta su cuerpo hacia atrás y, mientras dirige una mirada inquisidora a Lalo, aspira con fuerza su pipa; el olor a vainilla inunda el ambiente. Lalo le devuelve la mirada y asintiendo con la cabeza me invita a sen-tarme.

— ¿Deseas un café?

— Sí, respondo.

— ¿Qué quieres decirnos?

— Que lo de anoche no saldrá de mi boca, pero necesito conocer más sobre el asunto de los deportados; voy al país azteca y mi horizonte, mi motivo de vida es involucrarme en la problemática nacional.

— ¡Coño!, exclama Lalo, no estás para poner condiciones. Ayer te dije: olvida lo que viste, que nosotros olvidaremos que ahí estuviste. Eso no pasó y punto. Ese tema está cerrado.

El capitán me mira con enojo. Lalo continuó. Ayer tu mundo era la conquista de Judith y retornar al país azteca; no quieras truncar el camino sereno de tu vida.

— Lalo, dije, casi levantando la voz; no quiero que me vean la cara; ayer, como dices, mi vida era apacible, había sonrisas y sueños, mas a partir de anoche, es un huracán. ¿Qué sabes de Judith?

— Creo que menos que tú; ¿por qué ese tono?

— ¿Qué sabes de Judith y de Don Mario?

— No entiendo el motivo de la pregunta, y menos la rabia con la que la haces.

— Lalo, te debo mucho y además te considero mi amigo; por favor, dime lo que sepas de Don Mario.

El capitán, levantándose, dice: contramaestre, arregle este asunto; este polizonte no deberá crear más problemas o se queda en la Guaira. Y se retira.

Su huida me agrada. Lalo, como buen español se pone rudo.

— Mira Pepe, te tiendo la mano, obras imprudentemente y ahora me pones en el banquillo de los acusados. ¡Coño!, ¿qué quieres saber de Don Mario? Don Mario es un pasajero a quien le sobran los duros, nada más sé de él. ¿Qué diablos traes con Don Mario?, aquí lo importante es lo de anoche, que olvides lo de los deportados y asunto arreglado.

— Al carajo tus deportados. Don Mario y Judith se entienden y tú lo sabes.

— Por las barbas de Neptuno, coño, imbécil, ¿qué te hace afirmar eso?

— Anoche los vi entenderse en la escalera que va hacia el cuarto de máquinas, antes de que salieran los deportados. Dime lo que sepas, te considero mi amigo, no permitiré que un vejete me tasajee el corazón. Los pinches deportados son problema de ustedes, a mí me valen madre. Judith es mi problema, y aunque a ti esto te valga madre, si eres mi amigo, dime lo que sepas.

— ¿Coño!, dime qué paso, ¿qué viste?

Le cuento mi infierno en el tonel ante la visión del viejo ruco y la paloma traicionera.

— ¡Coño!, ¿viste bien?, ¡qué puyazo para ti!, ahora entiendo tu malestar, pero ahí no puedo hacer nada. Don Mario es un cliente asiduo, conocido y respetado; su vida privada es muy suya. El golpe que te dieron es duro, más, si usas el cerebro y no el hígado, será un moretón que se curará con el tiempo, a cambio te dejará una valiosa experiencia: "no entregues el corazón sin conocer a fondo a la dama". En un día más llegaremos a la Guaira y ahí desaparecerán físicamente para ti, Don Mario y la paloma, tú debes luchar por desaparecerlos de tu mente. Si sucedió lo que comentas, no vale la pena, es estupidez pretender recuperarla, mujer traicionera es peligrosa. Piensa que viviste una experiencia intensa, aunque breve, que esto te ayude a abrir los ojos y a enfocarte en lo realmente importante para ti en estos momentos: decidir lo que vas a hacer llegando al país azteca, qué vas a estudiar, cómo le vas a hacer, dices que no tienes familiares que te apoyen…, ve definiendo tu vida, sueña, lucha por eso que deseas, esto sólo fue un tropezón.

Yo, aún obnubilado por la rabia le dije:

— ¿Sabes lo que quiero ser? Unirme a este grupo de engañados fantasmas y, con ellos, luchar por un país justo y democrático.

— ¡Olé! Ahí va el Franco Purépecha a salvar a la Patria. Pepe, por favor, sueña y piensa en grande, pero, con un carajo, con los pies en la tierra.

— Lo único que me hace olvidar, lo que debo olvidar, y querer seguir con fuerza para adelante, es la Patria.

— ¿Y para ti, qué es la Patria?

— Digamos que el conjunto de personas que comparten historia, costumbres, tradiciones y leyes, que viven en un territorio dado y que, democráticamente, se dan una forma de gobierno que les permite desarrollarse mejor en todos los sentidos.

— Si ese es tu concepto de Patria, debes saber que gobernar es servir, es unir, es respetar el estado de derecho. Un pueblo no elige a sus gobernantes para que lo manden, sino para que le sirvan, armonizando, con su investidura, las libertades individuales y los deberes sociales. ¿eso es lo que quieres, servir a tu comunidad o disfrutar el poder?

— Yo lo que quiero es que haya un gobierno que respete las leyes y, por lo pronto, que no se hagan del poder los comunistas.

— ¿Por qué no quieres a los comunistas?

— Porque no respetan la libertad y, como para ellos la igualdad es hacernos a todos pobres, acaban con los emprendedores.

— ¡Aja!, coño, casi aciertas, pero para detenerlos, no es el camino la violencia.

— Entonces ¿cuál es el camino?, ¿cómo acabó el Gallego con los rojos?, tú admiras al gallego.

— El gallego no inició la confrontación; los rojos quisieron acabar con la libertad en España, y los ciudadanos dijeron: no; el gallego sólo unió esfuerzos.

— ¡Ah! Pero hizo lo que los rojos hacen una vez que llegan al poder: quedarse indefinidamente ahí, ¿cuántos años lleva salvando a España?

— Los que sean; una cosa te digo: ninguna autoridad perdura si pierde el apoyo de la gente o no les garantiza su función primaria: la seguridad, ambas cosas conserva el gallego.

— Ninguna autoridad perdura si no tiene la fuerza para imponerse.

— Coño, que andas por los cerros de Úbeda. Una autoridad que se autoimpone, en contra de la mayoría, no perdura. Un gobierno sólo se justifica, si da seguridad, garantiza el ejercicio de la libertad y fortalece el bien general. En España tenemos seguridad y el que quiere puede desarrollarse; hay carencias, pero las reglas son claras y se aplican.

— ¡Ja! Siempre y cuando no quieran tirar al gallego.

— El gallego no está para quedarse hasta que él quiera. Está para servir a España y mientras así sea, perdurará. El gobierno del gallego caerá cuando deje de cumplir las funciones básicas de un gobierno: seguridad y..., le interrumpo

— Seguridad hay, pero ¿libertad?, diré lo que oí a tus paisanos, quienes en son de guasa afirman: España es Libre porque se publican dos diarios nacionales el "Ya" y el "ABC", y es Grande porque cabemos en ella: Andaluces, Vascos, Gallegos, Catalanes... y es Una porque, si hubieran otra, ya nos hubiéramos ida para allá.

— Coño, no me mola, esa maroma me ofende. España es libre.

El rostro de Lalo se enrojeció más de lo acostumbrado. Yo le pido disculpas por mi atrevimiento.

— Olvídalo, admiro a España y, claro está, estuve feliz los meses que pasé por ahí, nación hermosa, alegre y de carácter, sólo cosas buenas recordaré de la madre patria.

— Así está mejor, no seas palurdo; digiere tu derrota amorosa, aprende de ella, cierra ese capítulo. Estás joven, el camino es largo; mira sólo para adelante. Si te gusta la política, entra por la puerta grande, no busques atajos y menos caminos tenebrosos. El país azteca es joven y está aprendiendo a ser, y, para ser, se necesita avanzar, y cuando se avanza se puede tropezar. Así que nada de "me voy a salvar a la Patria de los comunistas". Olvida el relajo que has visto y tú prepárate para servir; ahora a la Patria, no le sirves sino para gritar y vociferar. La política es cosa seria, es una de las formas más retadoras y eficaces para hacer realidad el amor al prójimo. Grábate esto: Política que no sirve para construir una sociedad más justa, libre y solidaria, es una adulteración. Una cosa más: el poder del estado es proporcional a su autoridad moral y jurídica, así como el poder ciudadano es inversamente proporcional a su grado de ignorancia.

El resto del día se me hizo eterno: perdida la mirada en el horizonte sin límites, mi mente vagaba en un mar de confusión. Recordaba el rostro vivo y animoso de Judith, sus ojos azul profundo, su modestia al caminar, su voz clara y segura..., mas nada de eso volvería a mi vida. Regresar a la Patria ¿para qué?, prácticamente no contaba con familia, seguro estaba de que mi único contacto familiar, la tía Carmela, era más feliz sin mí. La luz del sol lentamente se fue agotando y así en mi mente se perdieron mis ilusiones. La idea de ingresar al ejército tomaba fuerza, era lo único que podía distraerme un poco, luchar por la Patria.

Como sonámbulo me dirigí al bar, ahí estaban el larguirucho y el socarrón, anotaban algo en una libreta. Al llegar a la barra, Isidora, sin que yo lo solicite, me sirve un gran vaso de vino tinto; ¡ánimo! Azteca, Lalo ya pagó tu cuenta y tendrás barra libre hasta que lleguemos a Veracruz y, en voz baja, añade: "nunca entregues el corazón sin antes conocer a la dama".

Por lo visto, dije en mis adentros, Lalo ya lo puso al tanto de mi desgracia. Bebí el contenido del vaso de dos grandes tragos y me retiré a mi camarote. Dormí poco resolviendo el acertijo de qué haría llegando al país azteca. Traté de visualizar todos los caminos posibles, hasta llegar a la conclusión de que sólo uno llenaba el hueco dejado por mi efímero, pero mortal, enamoramiento: luchar para cambiar el gobierno de mi Patria. Recordé con sentida nostalgia aquellos 16 de septiembre de mi niñez, el desfile, ocasión en la que, con la inocencia de niño, me sentía orgulloso de marchar con mis compañeros de escuela por la calle principal del pueblo. Cómo , cuando terminaba el desfile, depositábamos la bandera en el portal donde se ubica la presidencia y ahí hacíamos guardia, mientras el eterno orador del pueblo, Ramiro Chávez, disertaba largamente sobre los hechos históricos de la independencia. Recordé, vívidamente, cómo el maestro Enrique Villanueva González nos amonestaba, año con año: "depositan la bandera y ya se pueden ir a sus casas, no tienen la obligación de estar escuchando todas las burradas que dicen los políticos, el custodiar la bandera es deber de los soldados, ésos, en lugar de estar en la cantina, deberían estar haciendo guardia. No quiero ver a ninguno de ustedes haciendo lo que éstos flojos deberían hacer". Mas para mí, el hacer guardia a la bandera, no era perder un tiempo que podía dedicar a jugar, sino una ocasión para sentirme, lleno de orgullo, soldado de la Patria. ¡Qué tiempos de inocencia y de hermosos sueños! A las seis de la tarde se arriaba la bandera; se entonaba el himno nacional y el piquete de soldados, cinco o seis, descargaban sus armas al aire; ese momento para mí, era glorioso. Anduviera donde anduviera, corría para estar al lado de la bandera.

Esos recuerdos y el agudo dolor producido por la desilusión de una confianza perdida, apuntalaron mi decisión: servir a la Patria, sin opción de retorno, así se lo hice saber al coronel azteca, quien me contesto, sin dar mayor importancia: lo platicamos una vez que lleguemos al país azteca.

Por la tarde llegamos a la Guaira; ahí dejó el barco un buen número de pasajeros, entre ellos el petrolero, su señora y Judith.

Salí a cubierta con la intensión de ver el movimiento de embarque y desembarque de mercancías. Los pasajeros descendían, había abrazos y despedidas; en esos cortos días de travesía surgían nuevas amistades, la mayoría efímeras; veía con admiración la destreza de quienes mueven la carga, cuando vi que pisaban tierra firme Judith y sus protectores. La mirada de Judith se cruzó con la mía y clavó su última puñalada, viéndome hizo como que se tropezaba, al tiempo que se abrazaba de la cintura de Don Mario, sin quitarme la vista hizo un gesto coqueto y se perdió entre el mar de gente y mercancías.

Volví a mi realidad, aquella aurora radiante y esplendorosa, llena color, que envolvía mi vida, la cubría ahora una densa nube de borrasca.

Me dirigí al bar, vacío de parroquianos en ese momento, tenía carta abierta, me había dicho Isidoro, así que pedí una botella de vino tinto y empecé a tomar. Unos minutos más tarde llegaron los oficiales aztecas y ocuparon una mesa cerca de la barra. El larguirucho mostraba papales y papeles al coronel, quien rompía unos y firmaba o anotaba algo en otros; pasaron los minutos, consumí la botella, Isidoro me acercó unos trozos de jamón serrano y unas aceitunas, amonestándome: "come algo y ya no tomes". Entonces el larguirucho me invitó a su mesa; tomé el platón con el jamón y las aceitunas y me senté con los oficiales aztecas.

No me preguntaron la causa de mi estado de ánimo, el larguirucho palmeó mi espalda y rellenó de vino mi vaso. Unos instantes después, el coronel abrió tema: ¿sigues con la idea de entrar al ejército?, piénsalo tranquilo, nos quedan dos días para llegar a Veracruz, ahí podrás seguir a la gran ciudad y hacer fortuna. Yo, un tanto ebrio, le contesté:

— Quiero entrar al ejército.

— ¿Al ejército?, ¿Ya lo pensaste bien?

— Sí, al ejército.

— ¿Qué te atrae de la vida militar?

— Tumbar al gobierno y aplacar a los comunistas.

El larguirucho soltó la carcajada.

— Jefe, dijo en son de guasa, éste si es peligroso, quiere matar comunistas y derrocar al gobierno, ¿para dónde nos hacemos?

El coronel, en tono serio, me dice: ¿y por qué quieres acabar con los comunistas?

— Cuando digo comunistas, respondí, me refiero a los jefes, a los líderes, no a la pobre gente que engañan con la ilusión de que habrá mejores oportunidades para todos y que ya no habrá pobreza.

El larguirucho se encrespa: más justicia e igualdad, sí habrá.

— ¿Habrá? Los jefes siempre serán los jefes, aquí y en Cuba, unos viven en el Palacio de Gobierno y otros en la Casa del Pueblo, que de pueblo sólo tiene el nombre, pues tiene las mismas comodidades que los palacios; la diferencia, entre el Kremlin y el palacio de los zares, es quién lo habita.

— Una golondrina, dice el larguirucho, no hace verano, triste Purépecha, la mayoría de los líderes comunistas son gente del pueblo, que trabaja para el pueblo.

Me engallo; — ¿Trabajan para el pueblo, mi oficial condorito? Viven del pueblo, son políticos huevones, intelectuales fracasados, amargados, gente que no haya su lugar.

Interviene el coronel, pues el larguirucho está a punto de que se le broten los ojos.

— No, Purépecha; hay gente pensante y con compromiso social en esos movimientos.

— ¿Cómo quiénes?, ¿Cómo Castro el hijo de madre desconocida? Salió como todos los dictadores, el pueblo lo llevó al poder y prometió servir al pueblo, ¿qué ha hecho? Deshacerse de los líderes que le hacían sombra, sentirse que sólo él representa al pueblo, empobrecer a la isla. Esos se olvidan de lo primero que gritaban: libertad e igualdad, la primera la aplastan y la segunda la logran haciendo pobres a todos, mientras ellos viven como reyes.

— Estás borracho, dijo el larguirucho, ¿no que simpatizabas con el movimiento de los estudiantes?

— Simpatizo con la libertad, la justicia y la verdad, así como con cualquiera que las enarbole.

— ¿Y por qué están luchando los estudiantes?, preguntó el coronel.

— Los estudiantes, en el país azteca, están luchando por una mayor libertad, pero se han mezclado en el movimiento interese de vividores. Los estudiantes, con su lucha, siembran, pero los seudo— intelectuales y los políticos relegados son los que cosechan.

— En el país azteca ¿con quiénes estás? Dijo el larguirucho preocupado.

— Lo que te dije, voy a chingar comunistas, no a los estudiantes y, después, voy a luchar para derrocar el gobierno.

Sonriendo, el coronel preguntó:

— ¿Y por qué quieres derrocar el gobierno?

— Porque no respeta la libertad, se cree dueño de todo, de vidas y haciendas; ellos, los del gobierno, están por encima de la ley; ésta sólo la aplican como y cuando les conviene. El hombre es libre y ningún gobierno puede ir más allá de la ley, ningún gobierno tiene autoridad para violentar los derechos naturales del individuo. A esto respondió sereno el coronel:

— A ver, los seres humanos necesitamos, por nuestra propia naturaleza, vivir en comunidad, y ésta realidad hace indispensable que acotemos en algo nuestra libertad individual para poder disfrutar de los beneficios que aporta el vivir en comunidad.

— ¡Cierto!, respondo; se acota para ganar bienes mayores, pero jamás se debe acotar la libertad de pensar, de creer, de saber y opinar; esto el gobierno del país azteca no lo respeta.

— ¿Por qué afirmas eso? Responde el coronel

— Porque desde pequeño lo he visto, la ley se aplica a todos los que no pertenecen al partidazo, o no tienen dinero para defenderse; la ley ha sido arma de control, no de salvaguarda de los derechos ciudadanos. Para los poderosos la ley es cobija, para los demás yugo. Sueño con un estado con leyes acordes a los derechos naturales del hombre, leyes que promuevan los valores de justicia, equidad, solidaridad y libertad; no códigos que permitan la sujeción de los ciudadanos al capricho y conveniencia de quienes ostentan el poder.

El coronel añade: y que no haya comunistas, ¿no?

— Sí, que no haya comunistas; ésos además de gandayas, desprecian la belleza, la cultura y el arte.

— ¡Ah carajo!, dice el coronel, son unas bestias; ¿de dónde sacas eso?

— Coronel, los comunistas, no los soñadores juveniles que piensan que las leyes, por sí solas, garantizan la igualdad, dicen que la materia lo es todo y que todo se debe a la evolución; ésos, están pendejos; de la evolución, de algo caótico e informe, no puede darse la belleza, la sincronía, los colores, la bondad, el coraje, el deseo de trascender..., la cultura, coronel, es algo que debe cultivarse y las ocurrencias y pendejadas no pueden ser cultura.

El larguirucho estaba serio, decepcionado y, supongo, con ganas de ahorcarme.

Dirigiéndome a él, añado:

— Mi oficial, no se ponga mohíno; el comunismo de los estudiantes, de usted y el mío, son otra cosa; no despreciamos la cultura, no buscamos que desaparezcan los que no piensan como nosotros, ni los burgueses, ni las comodidades y menos las oportunidades de desarrollo personal, sino que buscamos que todos puedan, si así lo desean, superarse, que todos seamos iguales ante la ley; queremos, oficial, que haya menos pobres y más burgueses, y no al revés; nuestro grito no será: "viva el proletariado", sino: "viva la justicia, la libertad y la solidaridad". El larguirucho sonriendo un poco completó mi arenga: — "y mueran los explotadores". ¡Claro!, añadí, abajo los que no quieren que todos tengamos mejores oportunidades, que la mayoría avance, que se combata la pobreza y que podamos pensar y actuar libremente. ¡Salud!

El coronel estaba confundido por mis palabras o riéndose internamente de ellas, pues haciendo una mueca de extrañeza se retiró.

El larguirucho me miró fijamente y me espetó:

— No te entiendo; ¿estás o no con el movimiento?

Para consolarlo, respondo:

— Estoy. Pero con quienes, sin ambición de poder, buscan servir a la comunidad, defendiendo la justicia y la libertad, y promoviendo, dentro del respeto a la libertad, una mejor distribución de la riqueza. No me hables de Fideles y líderes por el estilo. Estas palabras le animaron, y levantándose para retirarse, me dice:

— No me falles, ya te anoté con los míos, nada que ver con los que se olvidan del pueblo.

Los seres humanos, por naturaleza, traemos buenos sentimientos, nuestros padres, la sociedad, las circunstancias, fortalecen o deterioran esos sentimientos; en la carrera de la vida nos encontramos con oportunidades y obstáculos; debemos aprovechar las primeras y superar a los segundos; algunas veces surgen oportunidades grandiosas o retos inesperados que, si no los digerimos con calma, pueden quebrar o trastocar seriamente el curso de nuestra vida. A ese punto de quiebre están llegando mis recuerdos, debo volver a revisar esos momentos para sanar mis heridas. En aquellos lejanos años me acompañó el vino tinto, hoy es el Martini el que aclara mi memoria. Duermo un poco y luego, con calma, prosigo con mis recuerdos; me urge entender y asumir esa etapa de mi vida para proyectar mi futuro. Así que, después de otear por la ventana y bajar al vestíbulo para intercambiar algunos comentarios con quien atiende la recepción del hotel, me dispongo a seguir reviviendo esa etapa vibrante de mi vida.

CAPÍTULO VIII
NEGRO DESTINO

Son las nueve de la noche; me retiro a mi camarote; en el pasillo me espera el coronel.

— Pepe, dame cinco minutos. Estas ebrio, pero sabes lo que dices. Quiero preguntarte: ¿te interesa participar en una operación que te permitirá conocer más a los comunistas? Ahora no decidas si entras al ejército o no; deja pasar unos meses, que tu ánimo se serene, estudia opciones y luego decides. Por ahora sólo te ofrezco una experiencia que te llevará a conocer un poco más las entrañas del poder. La tarea será temporal, arriesgada pero muy ilustrativa; te permitirá tomar conciencia de que toda opción conlleva riegos y sólo triunfan quienes asumen su tare con amor y entrega.

— ¿De qué se trata?

— Llegaremos antes de lo planeado a Veracruz, pues no atracaremos ni en República Dominicana, ni en Cuba. No hay pasajeros para esas naciones y el capitán ha aceptado un cargamento de plátanos que deberá estar en el país azteca lo más pronto posible. En Veracruz, el oficial y cuatro de los muchachos se integrarán a un campamento de guerrilleros marxistas. El oficial quiere que les acompañes.

— ¿Y cuál es el objetivo de esa tarea?

— La operación tiene como fin "oficial" que los muchachos vean cómo se preparan y actúan los guerrilleros. El capitán García tiene contactos con los líderes y les ha prometido reclutarles algunos muchachos. Él dice ser agente doble, mas sabemos que su lealtad está con ellos. Para mí el objetivo principal de esta tarea es descubrir quiénes del ejército comparten esa lealtad. Si tú puedes investigar algo, será muy provechoso para la seguridad nacional. Él te considera de su bando; es bastante ingenuo y le gusta sentirse importante, dale por su lado. ¿Qué dices?, la operación durará, máximo cuatro meses, después se les avisará como salir.

— Le entro, respondo.

— Le diré a García que aceptaste, le dará gusto. Llegando a Veracruz quedarás a sus órdenes. Sé que aprenderás mucho y que esto te ayudará a definir tu futuro.

Cuando llegamos a Veracruz era de noche. Me despedí de Lalo e Isidoro con un fuerte abrazo, prometiéndoles que pronto sabrían de mí y que serían cosas buenas. Isidoro manifestó que no tenía la menor duda de que yo saldría adelante. Lalo, muy serio me dijo:

— Te estás enredando. La vida civil es más agradable. Te aprecio y, decidas lo que decidas, cuenta conmigo.

Apenas bajamos del barco el capitán García, cuatro fantasmas y un servidor nos dirigimos a un hotel. Ahí tuvimos la primera reunión "oficial" de preparación para la misión que estábamos emprendiendo. Cuatro acuerdos, mandatos o indicaciones se desprendieron de esa reunión:

Primero: Cambio de nombres: a partir de ese momento y hasta concluir la operación nuestros nombres serían: Javier, Antonio, Benito y Lucio para los fantasmas, el capitán García sería para nosotros el camarada Guevara, yo ostentaría el nombre de Camilo.

Segundo: al llegar al campamento estaríamos bajo las órdenes de la jefatura del camarada al mando, pero, con discreción, deberíamos mantener informado a Guevara de las labores que nos encomendaran.

Tercero: Guevara, por su parte, podría encomendarnos tareas muy precisas, mismas que deberíamos cumplir, sin descuidar las tareas que nos asignaran en el campamento.

Cuarto: Guevara nos informó que recibiríamos capacitación en leyes, ejercicio físico, estrategia, Geografía e Historia.

A las tres de la mañana, García, ahora el camarada Guevara, nos ordenó bajar de nuestras habitaciones. En la entrada del hotel ya nos esperaba una camioneta tipo combi, ocupada por dos guerrilleros. Abordamos la camioneta, nos ofrecieron un café y salimos rumbo a nuestro destino. Uno de los guerrilleros nos invitó a acomodarnos como mejor pudiéramos; nos dijo que el viaje sería largo, por lo que podíamos intentar dormir un rato.

Pronto dejamos la carretera asfaltada, entrando a un camino de terracería más o menos en buen estado; media hora después, pasamos, supongo, pues tumbados en el piso de la camioneta, no veíamos el exterior, por alguna comunidad rural pues se escuchaban muchos ladridos de perros, poco después sólo se oía el monótono ruido del motor del vehículo que avanzaba a saltos con cambios continuos de velocidad. Unas veces me parecía que subíamos y otras que descendíamos zangoloteándonos de un lado a otro. Después de cinco horas llegamos al campamento. Éste se encontraba en un rancho llamado El Triángulo. Según nos dijeron, el rancho tenía una extensión de cuatrocientas hectáreas, se criaba ganado cebú, un promedio de doscientas reses, contaba, además con un centenar de gallinas, muchos borregos, cerdos y chivos. Un rancho magnífico.

La casa— campamento que daba albergue a los guerrilleros, nos recibía con un enorme portal y dos anexos a los extremos, como si fueran sus brazos; uno se destinaba a las necesidades de las labores del campo: forrajes, establo, herramientas, maquinaria…, y el otro era un sencillo dormitorio para los "trabajadores"; cuatro filas de catres se extendían a lo largo del anexo, ofreciendo ochenta espacios para dormir, al fondo, una barda escondía las regaderas y los baños; al centro del portal estaba una puerta grande de dos hojas, daba acceso a un amplio salón con piso de madera, ahí se encontraban dos mesas bastante grandes rodeadas de sillas finas y elegantes y al extremo te encontrabas con la cocina, llena de utensilios, un hermoso pretil con tres fogones y un horno.

Seis comandantes formaban el consejo de gobierno de aquel campamento:

Elías: comandante en jefe, antropólogo, retraído, tosco y de aparente eterno mal humor.

Nicolás: estratega militar e historiador, mano derecha del comandante Elías.

Rafael: médico y atleta, el de carácter más accesible, quien fungía como ecónomo.

Arturo: psicólogo, abogado y ex mayor del ejército azteca, encargado directo de los "trabajadores".

Bety: Lo mejor del cuadro de comandantes. Una joven mujer de unos veintiocho años, odontóloga, alegre, de exuberantes atributos femeninos, resaltados por su uniforme de campaña portado con gracia y desenfadada libertad. La comandante Bety fue el exótico y agradable perfume que respiré complacido durante mi corta estancia en la granja campamento.

Virginia: una matrona de unos cuarenta y cinco años, enfermera y contadora. Ella administraba las labores domésticas y lo sabía hacer.

La tropa estaba compuesta por cuarenta y tres varones de distintas edades; por su apariencia y trato eran gente sencilla, de escasa cultura, pero bien adoctrinados en la promesa esperanzadora de acceder a un mundo de igualdad y abundancia. La tropa estaba dividida en decurias, comandadas, cada una, por un bedel; en el presente caso, tres decurias contaban con un elemento más. También se contaba con un cuerpo femenil integrado por dieciséis mujeres, todas jóvenes de entre veinte y treinta años, conocidas como las Espartanas, este cuerpo sólo asistía al entrenamiento físico; el resto del día, al mando de la comandante Virginia, se encargaban de las labores administrativas.

Después del protocolo de bienvenida y de ponernos al tanto de la organización y funcionamiento de aquel centro, pasamos a desayunar: fruta, huevos a la mexicana, tortillas hechas a mano, excelente café, pan y leche. Nada que ver con el frugal desayuno del seminario consistente en una pequeña porción de mermelada, un trozo de pan, un huevo pasado por agua y una taza de café con leche.

Terminado el desayuno, nos llevaron a conocer la finca y los campos aledaños. Dos cosas me llamaron la atención: un arroyo de agua cristalina que corría a unos cincuenta metros del costado derecho del campamento y más adelante se fundía en una pequeña represa, para emerger de nuevo, con más fuerza, cien metros adelante. Y la otra cosa, fue el abundante pasto que crecía exuberante por llanos y colinas, un verdadero paraíso para disfrute de los animales que ahí pastaban.

Hora de la comida; de nuevo tuvo mi aprobación: abundante fruta y después un suculento guisado de borrego con papas, sin faltar las suaves y deliciosas tortillas recién hechas. Bocato di Cardenale, dirían los italianos; cerró la comida un delicioso y aromático café. ¿Así será siempre?, me pregunté.

Tarde libre.

Esa tarde la aproveché para deambular por la finca, por dentro y por fuera. Deseaba conocer dónde estaba e ir planeando posibles vías de escape.

Para mí fue una tarde inolvidable: conocí más de un kilómetro del curso del arroyo que proporcionaba abundante agua para la finca, hice amigos entre los camaradas. Husmeando encontré a tres compañeros curando la ubre de una vaca, tenía rasgado un pezón, me ofrecí a ayudarles. De pequeño, mi pueblo es un pueblo ganadero, aprendí el oficio de becerrero, actividad que consistía en amarrar las patas de las vacas, dejar que el becerro chupara un poco los pezones para que la vaca bajara la leche y después, con rapidez, amarrar el becerro al cuello de la vaca. Esta maniobra te doctoraba en el oficio, pues había veces que los becerros estaban casi del tamaño de las vacas y eran ellos los que barrían, trapeaban y pisoteaban al becerrero. Así que esa tarde me lucí amarrando con destreza y seguridad las patas de la vaca enferma. Acción que me trajo admiración y acercamiento con los camaradas que atendían el establo, pues de las cuatro decurias, sólo una se dedicaba totalmente a las labores agropecuarias; dos cuidaban de la seguridad y la otra entraba y salía de la finca a no sé dónde. A las ocho de la noche se concentraban todas las decurias en el comedor, el comandante Arturo pasaba lista y, al grito de "Patria y Libertad" se iniciaba la cena.

De nueva cuenta puse palomita al menú: un chocolate exquisito, con tamales oaxaqueños, acompañados de una provocativa salsa de chile perón con mucho ajo y cebolla. Terminada la cena, las decurias de seguridad desaparecían, el resto de la tropa, después de disfrutar un corto tiempo de plática con los compañeros, uno a uno, se retiraban al dormitorio. El reglamento indicaba que, a las once de la noche, todos deberían estar en sus catres. Los comandantes se retiraban a sus cuartos, pues no dormían con la tropa.

Al día siguiente, a las cinco horas con treinta minutos, al grito de la consigna "Patria y Libertad", se iniciaban las labores del día. Unos a la atención de sus labores agropecuarias, otros a la actividad física de caminar, realizar movimientos de gimnasia, nadar en el estanque, etc., a nosotros, los "nuevos", se nos convocó a la sala de "estrategias". Ahí el comandante Elías nos volvió a dar la bienvenida, indicándonos que, desde ese momento, éramos, ya, parte del centro de adiestramiento. Terminadas sus palabras, él y el resto de los comandantes se retiraron. Sólo permaneció con nosotros el comandante Arturo, quien nos dio a conocer las actividades del día y parte del reglamento del centro de trabajo.

El horario, así lo recuerdo, más o menos era el siguiente:

5.30   levantarse

5.45   adiestramiento físico

7.30   baño

8.00   desayuno

9.00   clase de estrategias

10.00   tiempo libre

10.30   estudio de leyes

11.30   tiempo libre

12.00   cultura general

13.00   tiempo libre

13.30   manejo de armas

14.30   comida y tiempo libre

16.30   historia y geografía

18.00   aseo de la finca

20.30   cena y tiempo libre

22.00   descanso

Del reglamento de disciplina recuerdo lo siguiente:

— No comentar nada de tu vida pasada. Evitará, argumentaban, que si caías en manos de los opresores, no podrían obtener información veraz de tus compañeros.

— Obediencia pronta y total al oficial al mando. Argumento: garantía de unidad, seguridad y eficiencia.

— Respeto y libertad para el sector femenino. Respeto, porque no se podía piropear o tratar de propasarse con ellas. Libertad, porque ellas sí podían interactuar, por propia voluntad, con el sector masculino. Ellas sí podían piropear, y lo que le sigue; una mezcla de libertad sexual y defensa del más débil.

La reunión en la sala de estrategias, la cerró el comandante Arturo con estas palabras: "después del desayuno se les irá llamando para realizarles el examen de admisión que deberá ser personal; concluida esta etapa, ya pueden llamarse soldados del pueblo, pues sus nombres quedarán inscritos, para siempre, en los anales de la historia que consigna los esfuerzos del hombre por lograr una sociedad nueva, justa y progresista.

Los exámenes de admisión consistieron en escudriñar sobre nuestra vida, nuestras actividades, estudios, preferencias, proyectos, etc., uno por uno, fuimos pasando; primero con el comandante Elías, después con el comandante Nicolás y luego con la comandante Bety, para finalizar con un ligero examen médico a cargo del comandante Rafael.

Iniciaron la pasarela nueve reclutas que llegaron un día antes que nosotros, después fue nuestro turno; Javier fue el primero en pasar, luego un servidor. Según mis cálculos debí salir rechazado.

El comandante Elías cuestionó mi pasado de seminarista. Le contesté que si él estaba libre de pecado, que si no había hecho su primera comunión; no le pareció, al igual que muchos de mis comentarios sobre el adoctrinamiento forzoso. Así que, me dije, si yo fuera el examinador calificaría mi entrevista como "no apto". En el seminario yo pasaba a dirección espiritual, algo similar fue esta entrevista, pero allá yo manifestaba lo que pensaba, sentía y deseaba, fuera aprobado o no por el cura; a eso iba, a que el cura supiera de mi vida y él pudiera, con su experiencia y conocimientos, orientarme. Muchas veces no coincidíamos en la forma de ver las cosas y él, a veces amable y otras no tanto, buscaba convencerme de cuál era el camino correcto. Pero aquí, eso de pensar diferente no tenía cabida. El comandante Elías tenía la verdad absoluta, así él lo creía y así te lo decía, diferir era señal de estar con el enemigo.

Mientras los otros compañeros duraron en el examen escasamente una hora, yo duré tres horas y media.

Con el comandante Nicolás no me fue diferente; sólo que éste me amenazó con aplastarme si no seguía las instrucciones que recibiera.

Cuando me llegó el turno de pasar con la comandante Bety, cambió radicalmente el horizonte; detalle: entré al salón— oficina— dormitorio de la comandante, quien amablemente, me invitó a sentarme en una silla frente a ella. Nos separaba una mesa en la que la comandante tenía unos folders, hojas en blanco, varios bolígrafos y un libro forrado con papel amarillo.

— ¿Cómo se siente en el campamento? Me preguntó. Yo, extendiendo y apoyando los brazos sobre la mesa le contesté: — Desubicado.

— ¿Cómo?, ¿qué no sabía a lo que venía?

— Sí, yo vengo a aprender y a adiestrarme con camaradas expertos, que aman la causa, pero, según veo, por las dos entrevistas anteriores, aquí no hay causa común, ni pensamiento propio, aquí sólo la opinión de los comandantes cuenta.

— ¡Tranquilo camarada!, ¿no te fue muy bien con Elías y Nicolás?, son algo gruñones, pero son los jefes.

Me mira intensamente con sus ojos verdes, sonríe y poniendo sus manos, algo toscas, pero tibias y sensuales, sobre las mías; lo que me puso nervioso, añadió: lo primero que debes aprender es a conocer la personalidad de cada uno de los oficiales, cada uno tiene su estilo, su carácter, su forma de ejercer sus funciones. Tú capta el contenido y desecha las formas.

Haciendo presión sobre mis manos, continuó: entiende que la vida de disciplina no es fácil, el tiempo te irá ubicando, conoce antes de juzgar.

Yo estaba molesto, los camaradas Elías y Nicolás, a mi entender, se habían mostrado conmigo muy prepotentes; Bety, por el contrario, me parecía cercana y sincera.

Aparentando tranquilidad, pero con firmeza, le contesté:

— No le temo a la disciplina, pero no me gusta la imposición de las ideas, así sean verdades de Perogrullo , a mí me gusta estar convencido de lo que hablo y pienso; cuando tengo diferencias, me agrada exponerlas, argumentarlas y que sea la lógica la que mande.

— Completamente de acuerdo, Camilo. Sigue mirándome intensamente y aprisionando con fuerza mis manos; más debes tener en cuenta que se debe respetar y dar el beneficio de la duda a la autoridad, por la sencilla razón de que tiene más información y experiencia.

El calor y movimiento de sus manos me distraen, la mirada penetrante de sus ojos verdes me cautiva. No contesto, pero mi respiración se acelera, más aún porque, de pronto, se pone de pie y se coloca a mi espalda, comenzando a masajear mi cuello; me está derritiendo, ella continúa hablando, dirigiéndome palabras de aliento, yo me trasporto a otro mundo y mi cerebro comienza a cuestionarse: ¿querrá probarme?, ¿los otros dos comandantes le habrán dicho que no sirvo para esto y busca provocarme para que le falte al respeto y así poder echarme? Cuando pensaba estas cosas, ella besó mi pelo y volvió a tomar su lugar frente a mí. Me miró largamente, yo bajé la mirada, entonces ella continuó: Camilo, me dijo, coincido contigo, la doctrina funciona si convence y si convence debe llevarse a la práctica. Me gusta tu manera de pensar y quiero proponerte algo, que hagamos realidad nuestros sueños; aquí y en China hay intereses y caprichos, yo quiero luchar por lo que pienso, sin ataduras, pero necesito fortalecer mi liderazgo en este campamento. ¿Cuento contigo?, necesito de tu parte confianza en mí, fidelidad y lealtad, tú puedes confiar en mí al cien, lo mismo esperaría de ti.

Desconcertado, no supe que contestar. Su forma de decir las cosas, su actitud y su físico me atraían, pero no podía confiar en una propuesta a bote pronto; era la primera vez que hablábamos de frente, de tú a tú. Con seguridad, me dije, esto es una trampa, pero su manera de expresarse y el sentimiento que imprimía a sus palabras me empujaban a creerle. Sin vislumbrar camino, me puse de pie y sin contestarle, salí de su oficina.

Los quince primeros días de mi estancia en el campamento, los resumo en lo siguiente: recorrí y conocí, piedra por piedra, árbol por árbol, rincón por rincón, comprendidos en dos kilómetros a la redonda de la finca. Gané voluntades entre la tropa, no aprendí nada nuevo de la historia, pero si discutí, varias veces, el sesgo ideológico que le daban; me adentré en el mundo del manejo de las armas y sobre todo creció mucho mi amistad con la comandante Bety.

La finca estaba cubierta, por la parte posterior, con una tupida enredadera que sólo permitía apreciar las ventanas de las habitaciones de los comandantes y del salón de estrategias, del adobe de sus paredes, prácticamente no se vía nada.

Una tarde, observando con admiración lo tupido de la enredadera, descubrí una pequeña claridad en la barda del salón de estrategias; removí, un poco, las hojas y encontré que en ese lugar, la pared tenía un pequeño orificio por donde se colaba un tenue rayo de luz. Recordando viejas lecciones escolares, tomé un pedazo de manguera y coloqué uno de sus extremos en el pequeño orificio, el otro extremo lo escondí en la propia enredadera; no recuerdo qué cosa impidió que terminara mi experimento, así que, por unos días, ahí quedó la manguera. Una tarde, mientras empleaba mi tiempo libre en escudriñar cada adobe de la finca, me acordé de la manguera y fui a seguir con mi experimento; al acercarme oí con claridad las voces de los comandantes que, reunidos en el salón, celebraban una reunión. La manguera servía de trasmisor; rápidamente me colé tras algunos arbustos para pegar mi oído al extremo de la manguera. La reunión estaba caliente, el camarada Rafael trataba de poner paz; por sus palabras, todo hacía suponer que el diferendo era entre el comandante Elías y la comandante Bety. — Entiendo, decía Elías, los argumentos de la comandante Bety, mas debe entender que los reglamentos los aplico yo y llevan una razón: asegurar que los reclutas sean confiables; sé que parece prematuro integrar en la misión propuesta al camarada Camilo, pero esto permitirá valorar su lealtad y su compromiso; el camarada puede ser un buen elemento, pero, hasta ahora, sus actitudes y posturas ideológicas dejan mucho que desear. Quiero dejar bien claro a la compañera Bety que exponerlo, como exige la misión, no es usarlo como carne de cañón, sino darle la oportunidad de que demuestre su compromiso con la causa. A esto respondió Bety:

— Hay mil maneras de comprobar su lealtad. No me parece justo, ni prudente, enviarlo a una misión para la que aún no está preparado. Disponer de un camarada, nada más por capricho, o porque me cae mal, me parece que no se vale.

Elías sonaba irritado; soy el comandante, dijo, y Camilo formará parte de la operación, porque así lo considero oportuno.

Al llegar a este punto que me tenía pegado el oído a la manguera, tuve que arrojarla al suelo, pues se acercaban algunos compañeros; con discreción tiré un poco de la manguera, buscando cayera de la pared y evitar que se siguieran escuchando las voces.

Esa noche no pude dormir dando vueltas a lo que había escuchado: "Camilo formará parte de la operación". ¿Qué operación?, me preguntaba, ¿por qué Bety piensa que seré carne de cañón?

Al día siguiente pude aclarar mis dudas. El comandante Arturo mandó llamar a tres elementos de la tropa y a un servidor; una vez en su oficina nos dijo:

— Los retos actuales exigen de nosotros respuestas audaces y rápidas, por lo que el consejo ha decidido encargarles una misión para la obtención de recursos. Asaltarán el banco de Londres y México, ubicado en la ciudad de Córdoba.

Y nos explicó el plan: dos días antes del evento, llegaríamos a Córdoba para conocer físicamente el lugar. El Banco estaba ubicado frente a una calle bastante amplia, casi al final de la manzana. El sentido de la circulación vehicular era de norte a sur; la calle seguía en línea recta hasta la salida de la ciudad; al final de la manzana, la calle transversal, marcaba la circulación de este a oeste, a unos sesenta metros podías girar a la derecha, y la circulación era de sur a norte y en la siguiente trasversal de oeste a este. La orientación de la circulación vehicular jugaría a nuestro favor. Yo sería el chofer y estacionaría la camioneta en la calle que va de oeste a este, ahí bajarían los tres compañeros, quienes, a pie, llegarían a la sucursal bancaria; para recorrer el trayecto contarían con cinco minutos, tiempo que deberían administrar, según las circunstancias y no entrar al banco hasta consumirlo. Para realizar el atraco contarían con tres minutos. Yo debería tener la camioneta frente a la sucursal a los siete minutos de iniciada la operación, ni un minuto antes, ni después. Un compañero saldría con el dinero y subiría a la caseta de la camioneta, los otros dos saltarían al cajón para repeler cualquier ataque; ya con los compañeros a bordo debería enfilar hacia la salida de la ciudad hasta tomar la carretera nacional y después el camino vecinal que llevaba a la finca; en el entronque nos esperarían refuerzos, por si se necesitaban. A la misma hora otro comando haría lo propio, pero en la sucursal del Banco del Oriente.

 Lo que nunca nos dijeron, y después me enteré, era que nosotros seríamos el señuelo para atraer a la policía en nuestra persecución, mientras el otro comando realizaba su objetivo.

La razón, entiendo, fue que la sucursal del Banco del Oriente, de acuerdo a informes seguros, tendría remesas abundantes, mientras que, del Banco de Londres y México, no tenían información.

Cuando el comandante Arturo nos expuso la tarea, lo hizo de tal forma que parecía pan comido. Yo supuse que había gato encerrado, de otra manera, la comandante Bety no hubiera objetado mi inclusión.

Buscando mayor información, pero aparentando serenidad fui a buscar a la comandante Bety, quien me recibió, como siempre, optimista y alegre.

— ¿Ya te dijeron en qué misión vas a participar?

— Sí, y le atoro

— No se trata de atorarle, sino de salir bien y con el objetivo alcanzado.

¿Crees que no podemos lograrlo?

— No lo sé, y bajando la voz, me advierte: Elías no te quiere; cuídate. Me abrazó y me deseó suerte.

Salí como entré, sin saber dónde estaba el gato encerrado.

Más tarde Bety tuvo el detalle de llamarme para ponerme al tanto del verdadero objetivo de nuestra tarea: atraer a la policía, para que los otros compañeros hicieran, con éxito, su trabajo. Así que, seguramente, tendríamos que enfrentarnos con los gendarmes.

Le di las gracias y aparenté engallarme:

— Saldremos bien, le dije, y traeremos más efectivo que los otros

— Cuídate, eres parte de mis proyectos.

Llegó la fecha; arribamos a Córdoba a las doce del día; simulábamos ser compradores de ganado y así nos registramos en el hotel, cada uno en su propio cuarto. Esta particularidad, me permitió independencia y poder aprovechar el tiempo para conocer, recorrer, aprender y hacer mío el contexto geográfico, buscando contar con varias alternativas de fuga.

A la una de la tarde recorrimos físicamente el trayecto; lo hicimos tres veces, tomando tiempos y registrando posibles obstáculos que pudieran interponerse en nuestro operativo.

A las cinco regresamos al hotel con la recomendación de descansar y relajarnos. Al día siguiente volveríamos a realizar otro ensayo, sería a las diez de la mañana, sólo que ahora los compañeros entrarían al banco a realizar algunas operaciones y a ubicar la caja y distribución del personal.

Al volver al hotel, en lugar de descansar, opté por volver a la zona del banco, pues bajo mi responsabilidad estaría la huida. Escogí tres posibles lugares para aparcar el vehículo, registré tiempos, recorrí, varias veces, las calles. Imaginando el operativo, pasé por la sucursal, me detuve un momento frente a ella y enfilé hacia la salida, después regresé nuevamente y, suponiendo que alguna circunstancia me impedía llegar a la carretera nacional, busqué otras alternativas, encontrando una que me pareció ideal, casi deseable: tres cuadras antes de llegar al entronque con la carretera nacional, podía girar a mi derecha, esa calle me permitía avanzar como unos quinientos metros hasta topar con pared, ahí la circulación me enviaba de regreso hacia el centro de la ciudad, pero una cuadra más adelante, me permitía dar vuelta hacia la izquierda y esta calle me llevaba a otra salida de la ciudad; ahí iniciaba un camino vecinal que se dirigía a una comunidad llamada "El Limón". Fui hasta ahí y, fingiendo andar perdido, pregunté cómo llegar a la carretera nacional.

— Siga para adelante, joven, y a dos kilómetros hay una desviación que le llevará a la carretera.

— ¿Hay algún letrero que lo indique?

— No, pero en la primera desviación tome la brecha de la izquierda.

— Gracias; oiga y si, por despistado, no tomo la desviación, ¿a dónde me llevaría la brecha?

— Esta brecha va a la comunidad de "Los Plátanos" y sigue hasta el cañón del río Blanco.

— ¿Y qué hay allá en ese cañón?, ¿algún pueblo o puro ganado?

— Es una zona muy bonita, con barrancas profundas, mucho monte y abundante agua.

— ¡Oh!, muchas gracias por su información; yo voy en dirección de San Andrés Tuxtla.

— Para allá si debe tomar la carretera nacional; está muy fácil.

Seguí la brecha y, a menos de ocho kilómetros, ya había dado con la carretera nacional.

Regresé a Córdoba y me fui directo a buscar una papelería para comprar un mapa que me permitiera ubicarme mejor. Después de adquirir varios mapas, encontré uno que registraba muchos caminos vecinales; después de estudiarlo, una y otra vez, deduje la ubicación del campamento, éste, según mis cálculos, se encontraba relativamente cerca de una comunidad llamada "La Capilla", que, a su vez, estaba asentada a la orilla de un embalse, justo al lado de unas montañas que separaban el campamento del cañón del río Blanco.

Según el mapa, los caminos vecinales ahí registrados, eran transitables. Siguiendo uno de ellos, calculé que podríamos estar en la finca en dos horas, en lugar de emplear seis horas por el camino que conocíamos.

Como todo compromiso, llegó el momento de realizarlo.

Desayunamos a las ocho en el hotel. Durante el desayuno hablamos, en tono audible para los otros comensales, de vacas, ranchos y de cómo iba la compra. A las nueve y treinta minutos dejamos el hotel e iniciamos la aventura.

Aparqué la camioneta a cuadra y media del banco, como lo habíamos planeado. A diez minutos para las diez de la mañana, los tres compañeros enfilaron sus pasos hacia la sucursal bancaria; yo, con nerviosismo, estaba pendiente del tiempo; no debería iniciar mi acercamiento a la sucursal hasta que hubieran pasado los cinco minutos. Después de dos minutos, cuando apenas empezaba a serenarme, pues todo marchaba a pedir de boca, pasó una patrulla y enfiló por la calle del banco, instintivamente, bajé de la camioneta y me fui a la esquina para ver hacia dónde se dirigía; con desaliento vi que se estacionaba a unos treinta metros de la entrada del banco, justo al lado de un expendio de tacos ubicado sobre la banqueta. Regresé rápido a la camioneta, ya habían pasado los cinco minutos, debía apresurar mi acercamiento a la sucursal. Apenas di la vuelta para tomar la calle, cuando me percato que uno de los compañeros, Juan, salía del banco con dos bolsas de lona y se trepaba a un carro rojo que ya lo esperaba. Desconcertado disminuí la velocidad; el carro rojo arrancó a toda velocidad, enfilándose hacia la carretera nacional. No sabía qué hacer, detrás de mí no se acercaba ningún carro, así que podía parar si quería. Los policías dejaron que el coche rojo partiera para, curiosamente, escabullirse detrás de los vehículos estacionados y, supuse, esperar a mis otros dos compañeros para aprenderlos. Con un ojo en la entrada de la sucursal y el otro en los policías, me acerque al banco. Los compañeros no salían, pasaron dos larguísimos minutos para que aparecieran con una bolsa de lona y muy desconcertados. Apenas salieron, la policía empezó a disparar al aire.

— Aquí, les grité a los compañeros, al tiempo que me inclinaba a la derecha para abrir la puerta de la camioneta. Los compañeros, al oír los disparos, se pusieron aún más nerviosos. Yo seguía gritando: — los dos súbanse, aquí, aquí pero ya. La policía cambió la dirección de sus disparos hacia la camioneta. El permanecer inclinado sobre mi brazo derecho para abrir la puerta del vehículo, evitó que una bala se incrustara en mi cabeza, pero dio en mi espalda a la altura del codo de mi brazo. Los compañeros alcanzaron a subir y arranque la camioneta a toda velocidad, tomando la ruta que yo había considerado como segunda opción, es decir, la que iba a la comunidad del Limón. Desconozco si los policías se tardaron en iniciar la persecución y nos perdieron de vista o sencillamente tomaron la ruta más lógica, la que llevaba a la carretera nacional; lo cierto es que, después de diez minutos de fuga, ya nadie venía tras de nosotros, por lo que aminoré la velocidad para no generar sospechas. Llegando al Limón rompí el silencio preguntando a los compañeros ¿qué había pasado? Y , fingiendo no saber nada sobre Juan, pregunté: — ¿dónde quedó Juan?, ¿por qué no salió?, no lo pude esperar más, pues ustedes vieron que la policía estaba sobre nosotros.

A lo anterior, Miguel, uno de los compañeros, respondió: — Juan salió antes que nosotros. — ¿Y entonces dónde quedó?, dije, yo salí a tiempo y en la calle no le encontré. Víctor, el otro compañero, empezó a narrarme el atraco: entramos al banco, justo a tiempo; sólo había dos clientes; gritamos que era un asalto y todos se tiraran al suelo. Juan nos indicó que vigiláramos a los clientes y empleados, mientras el obligaba al cajero a conducirlo a la bóveda que se encontraba al fondo del banco, escondida tras una pared. Juan salió rápido con dos bolsas de lona y nos indicó que él se quedaría cuidando que fuéramos por más bolsas a la bóveda; fuimos y exigimos el dinero al cajero, éste ostensiblemente empezó a hacer tiempo; cuando lo amenazamos, gritó histérico: su compañero me dijo que les diera esta bolsa, pero que tardara lo más posible, pues él iba a acercar una camioneta. Cuando salimos de la bóveda, Juan ya no estaba; supusimos que se había adelantado, pues todo estaba controlado.

Entonces decidí hablar: — saben compañeros, la cosa está clara, Juan nos traicionó, y les conté lo que vi al acercarme a la puerta del banco, la huida de Juan en un carro rojo.

Habían pasado ya casi veinte minutos después del atraco al banco y el balazo recibido empezaba a causarme dolor; al principio sentí ardor en el costado, como si me hubieran pasado una soga con rapidez sobre mi piel, después no sentí nada, ahora el ardor era intenso y la sangre brotaba con abundancia, mas, el hecho de garantizar la fuga y saber que había sido pieza importante para rescatar a mis dos compañeros, me hacían sentir como un héroe y la adrenalina inundaba mi cuerpo. Profería insultos al compañero traidor y gritos de victoria para el equipo.

Por fortuna la ruta elegida nos trajo con rapidez a nuestra guarida, pues mi herida no dejaba de emanar sangre. Llegamos a la finca y sin dar cuenta del resultado de la operación me llevaron a la enfermería. El comandante Rafael controló la situación, curó la herida y me dio de beber jugo tibio de naranja y zanahoria; el jugo más sabroso que jamás he vuelto a probar. Descansé por unas horas y, ya pleno de nuevo, encaré el interrogatorio del comandante Elías y los chiqueos de la dulce compañía de Bety.

— ¿Qué pasó con Juan?, ¿cómo te diste cuenta que abordó un carro rojo?, ¿cómo llegaron tan pronto? al final del interrogatorio, Elías, un tanto molesto, me dijo.

— El haber tomado otro camino, nos hace vulnerables, pues no sabes si los siguieron y ese camino no lo tenemos vigilado. — Pues ahora vigílenlo, respondí, añadiendo: mire comandante, su seguridad es mi seguridad, así que cuido y pienso mis decisiones antes de llevarlas a cabo.

El tono de mi voz hizo que Bety interviniera, y tomando al comandante por un brazo lo jaló hacia fuera de la enfermería.

— Para mí está claro, comandante Elías, perdimos un traidor y ganamos un soldado leal; al decir esto volteó y me guiño un ojo.

La operación del otro comando fue todo un éxito, obtuvieron un millón y medio de los de aquellos tiempos. Nosotros apenas aportamos sesenta y cinco mil pesos, cantidad, de todas maneras, nada despreciable.

La operación dejó para mí un mal sabor de boca, situación que comenté con la comandante Bety:

— La policía, le dije, estaba avisada de nuestra tarea; si no ¿por qué se presentaron a esa hora precisa?, ¿por qué se movilizaron hasta después de que Juan abordó el vehículo rojo?, nada hacía sospechar que estábamos atracando al banco y ellos ya nos estaban esperando. ¿Quién había dado el pitazo?

Mira Bety no fuimos un señuelo, sino que nos pusieron como carne de cañón. Éstas y otras aseveraciones las puse sobre la mesa y pedí a Bety su opinión; Bety, descansando su rostro sobre mi pecho, me confesó:

— Aquí todo es traición y cada uno de los comandantes defiende su propio interés; el establecer una República comunista es el objetivo que, aparentemente, nos une y es lo que trasmitimos a la tropa; pero, cada uno es jalado por su propia historia. La interrumpo:

— Bety ¿tú por qué estás aquí?

— Busco dar sentido y contenido a mi vida. Soy del estado de "Costa Azul"; nací en una familia acomodada, mis padres disfrutan de la vida: mi papá es propietario de varios hoteles y su ilusión es tener más y más; no piensa en sus hijos, menos en sus empleados; a los primeros no nos falta , económicamente, nada, a los segundos, todo. Si un empleado enferma, se le dan las gracias, no importa que haya dejado ahí su juventud. Cierto, mi padre aportó su dinero, pero éste no produce solo, necesita de la concurrencia del trabajo de sus empleados. Él no lo ve así, para él el mundo de los negocios es un juego de competencia, astucia y engaño; la justicia y la solidaridad son argucias de los débiles. Mi madre vive gastando el dinero que mi padre le paga por ser la dama del señor; no la quiere por ser madre de sus hijos, la compañera de camino, sino por ser la modelo con la cual puede apantallar en fiestas y reuniones y mi madre lo acepta, le gusta el papel de moza alquilada, los hijos somos un estorbo.

Cuando Bety expresaba esto, las lágrimas inundaron sus profundos ojos verdes. Abracé su cuello con mi mano derecha, y haciendo un gran esfuerzo, levanté mi mano izquierda y acaricié su rostro.

— No recuerdes más Bety; tú tienes familia y posibilidades; yo estoy en el otro extremo, ni familia, ni dinero, pero tengo ganas de vivir para enfrentar la falta de libertad y de justicia.

Ella, mordiendo mis dedos, dijo:

— ¿Y yo qué estoy haciendo? Quiero formar un grupo que luche por cambiar la sociedad abusiva; por eso te dije, y te digo, seme leal, ando en busca de ese equipo.

Yo, pensando como seminarista y movido por el cariño hacia ella, le pregunté:

— ¿Crees en Dios?

— No, ¿dónde está?

— En todas partes, preciosa. Yo la fe la había perdido, pero sentí compasión por ella y quise regalarle lo que, para mí, un día había sido lo más importante: Dios, causa de las causas, camino, verdad y vida; y añadí, ve el orden maravilloso del universo.

— ¿Cuál orden?, el fuerte se chinga al débil; el poderoso, entre más oprime, más grande se cree.

— Espérame, me refiero al orden del universo, a sus leyes; simplemente piensa en la maravilla que es nuestra tierra, y sólo es una arena en el universo, estamos a la distancia adecuada del sol, de manera tal que no nos quemamos, ni morimos de frío; su rotación y traslación producen el día y la noche, y las estaciones: la primavera, cuando nace la vida, el verano, cuando crecen los frutos, el otoño para recoger lo producido y el invierno, momento de descanso y letargo.

— ¡Que poeta!, todo es evolución y cambio, sin principio ni fin.

— No lo veo así. Según tú, la materia, evolucionando, nos ha traído hasta aquí. Piensa: ¡qué materia tan chingona! Simplemente ve la variedad de flores y sus colores, ¿la materia no sólo busca sobrevivir, sino que es una artista?

— Te estás poniendo monjil

— ¿Qué es eso?

— Empiezas a predicar como un monje.

— No. Y le repetí despacio, con ganas de que me dijera o replicara algo sobre el calificativo que le iba a dirigir, no, preciosa, ¿tus ojos verdes vienen de los lobos y los míos, negros, de los toros?

— Ja, ja, ja, ahora eres antropólogo

— Preciosa, no me estoy poniendo monjil, ni quiero dármelas de antropólogo; quiero, como tú, dar respuesta a mi existencia.

Como respuesta mordió mi mano hasta hacerme proferir un lamento, al tiempo que decía: soy lobo.

— ¿Así te pusieron cuando te bautizaron, lobo ojos verdes?

— Ja, ni siquiera estoy bautizada; mi padre sólo usa a los curas para guardar su posición social, y éstos a él por su provechosa cercanía. El dinero define su relación, no la fe.

Sentí lástima. Mi lejano, pero existente espíritu monjil, reapareció.

Entre broma y duda, le dije: deja bautizarte. Ella no puso resistencia, vertí el agua de la jarra sobre su cabeza, a la vez que pronunciaba las palabras del rito del bautismo: "yo te bautizo, preciosa, en el nombre del Padre del Hijo y del Espíritu Santo". Quedó bañada, pero su alma y cuerpo se estremecieron, fundiéndonos en un sólido abrazo.

— ¿Qué, ahora debo creer en Dios Padre, creador, en el hijo Redentor y en el Espíritu Santo Consolador que emana de ambos?

— ¿Cómo?, dije sorprendido, ¿me has engañado?, tú eres creyente e instruida. A lo que respondió: — no, torito; pasé un tiempo internada con unas monjas, pero no encontré mi camino. A mis dieciséis años había cosas más brillantes y atractivas para mis ojos. No preguntes por mi pasado, sólo debes saber que fue intenso pero vacío; desde entonces he recorrido medio mundo, y no con dinero de mis padres, a quienes no veo desde entonces. Mas no hablemos del ayer, sólo existe el momento presente y la ilusión de lo que deseamos alcanzar.

En ese momento escuchamos el sonido de la trompeta que convocaba a consejo de comandantes; yo, convaleciente, seguí acostado en un catre de la enfermería, hundido en mis fantasías y preguntándome: ¿me estoy enamorando? No, lo que siento por Bety es atracción física y compasión, mas no un amor puro, limpio y motivante; y, me respondí, ¿si ella se clava conmigo, voy a permitirlo?, no, sería desleal y deleznable; me gusta, pero no para madre de mis hijos. Cuando llegué a este punto en mi reflexión, me dije, además yo no tendré hijos, mi condición de soldado de la Patria, no me lo permite, seré libre para servir a la república, los hijos me atarían, pues si se toma la decisión de formar una familia, la familia va primero, es la primera patria. Así que me dije, a olvidar el camino de la paz, he escogido el camino de la guerra.

Al día siguiente esperé, recostado en el catre, la visita del comandante Rafael, quien me había instruido a no dejar la enfermería hasta que él me diera de alta. A las siete llegó el comandante Rafael, me revisó, lavó de nuevo mi herida y me dijo: ya puedes levantarte, caminar, despacio, lo que más puedas pero, no bajo el sol; a partir de mañana podré darte de alta, aunque te exentaré de los ejercicios físicos por otros cinco días.

Casi al finalizar el desayuno ingresé al comedor; hubo vivas y aplausos. Yo estaba feliz; no así el comandante Elías, quien, al retirarse, me dijo al oído: que no se te suban los humos, porque yo te los bajo.

A las diez de la mañana, sentado bajo un frondoso árbol a la vera del riachuelo, repasaba las últimas lecciones recibidas sobre estrategia, cuando llegó Bety y me dijo: recupérate pronto porque las cosas se están poniendo calientes. El gobierno acaba de matar a cientos de estudiantes y nuestras piezas, en todo el país, se han movido; es tiempo propicio para dar un zarpazo. Mañana iremos a tomar una finca que está a unos diez kilómetros de aquí y, si tenemos éxito, el brazo de la pinza empezará a presionar hacia el centro.

No dándole la importancia que tal noticia tenía, y queriendo presumir mis conocimientos de incipiente estratega, le dije: ¿vamos sobre la Angelópolis?, no lo recomiendo porque el zarpazo sería para nosotros y para ellos un rasguño; si quieres incendiar el bosque, levanta el mayor número de hogueras, aunque sean pequeñas, disemínalas lo más posible, así tendrás éxito, pues no acertarán a cuál apagar primero. No me contestó; creo que ni siquiera me escucho; estaba realmente preocupada; los alegres ojos verdes se habían tornado en un verde militar de disciplina y decisión.

A las cuatro de la mañana del día siguiente, una columna de 38 hombres de tropa, los cuatro comandantes, el capitán García y los fantasmas, así como la comandante Bety salieron rumbo a la finca elegida, el campamento quedó bajo la responsabilidad de la comandante Virginia. Cinco elementos de tropa, los nueve reclutas nuevos y un servidor, así como el cuerpo femenil de las espartanas, recibimos la orden de permanecer en la finca.

A eso de las diez de la mañana, cuando los compañeros se afanaban en las labores del campo y la limpieza de la finca, yo, después de lavar los platos, en mi estatus de convaleciente, me fui a leer bajo la sombra del frondoso árbol que hundía sus raíces en el remanso del arroyo y se había convertido en mi refugio favorito para reflexionar y descansar.

Una práctica del seminario que nunca dejé, por costumbre, tradición o nostalgia, fue el rezo del Ángelus; así, al punto de las doce del mediodía, dejé la lectura y me puse a recitar el Ángelus; en ese momento de silencio, escuché lejanos ecos de metralla; no era sólo el traca, traca de las armas de los nuestros, distinguía, con claridad, el eco de otro tipo de armas.

Dejé mi descanso y fui a comentarlo con la comandante Virginia; quien de inmediato salió con las cocineras al prado y, guardando silencio, constataron lo que yo advertía.

— ¡Mal agüero!, dijo la comandante Virginia, en esa hacienda, se suponía, no habría especial resistencia.

De inmediato convocó a la escasa tropa, disponiendo que preparáramos las siete camionetas que ahí quedaban, para una eventual huida si a las seis de la tarde no regresaban los compañeros; mientras tanto deberíamos continuar con las labores campiranas, y si teníamos la mala suerte de que aparecieran elementos del ejército, dijéramos que trabajábamos como peones en la finca, que el patrón radicaba en la capital del estado, que venía cada quince días para pagar la raya, supervisar y traer víveres, que con frecuencia traía amistades a disfrutar de la hacienda. Después nos ordenó plegar algunos catres del amplio dormitorio y diseminar en él bultos de paja.

A las dos de la tarde ya habíamos tomado las providencias necesarias para huir o recibir alguna visita no deseada.

Yo volví a la sombra del árbol buscando captar en el silencio alguna señal de nuestros compañeros, temía por todos, pero me preocupaba, de manera especial, la suerte de Bety.

Después de media hora, ya no podía continuar con mi lectura, mi vista hurgaba en el horizonte y mis oídos captaban incontable variedad de ruidos. De pronto me pareció ver un jeep moverse tras los árboles que limitaban, por el occidente, aquella llanura. Con la vista fija en los árboles, me quedé inmóvil, ¡mal agüero! Había dicho la comandante Virginia al constatar el traqueteo de la metralla. ¡Mal agüero! Me dije, si lo que me pareció ver, era realidad, pues los nuestros no se esconderían, vendrían francos hacia nosotros. Pasaron los minutos, lo que ahora veía ¿eran sombras humanas o eran las ramas de los árboles movidas por el viento? De pronto las sombras emergieron del suelo y las ráfagas de metralla sacudieron la finca; más de ochenta soldados por el oeste y otros tantos por el este, vaciaban sus armas contra la casa que parecía desmoronarse. Se abrió la puerta grande, la comandante Virginia, manos en alto, gritó: "no disparen, somos gente de trabajo"; su grito lo ahogaron los ruidos de la metralla, los impactos de las balas convirtieron su cuerpo en un títere de trapo que, bañado en rojo, cayó en el césped, igual suerte corrió el resto de las cocinaras. La tropa avanzaba como robots, no había resistencia, pero tampoco piedad, ni clemencia.

Los catorce elementos "jornaleros" fueron abatidos, yo me había deslizado bajo el agua con la leve esperanza de que mi cuerpo se mimetizara con las raíces del árbol, sólo mi cabeza descansaba entre unas rocas. El traca traca seguía, yo me estremecía, sentía que la sangre de mis compañeros que caían a no más de veinte metros de mi improvisado escondite, salpicaba mi cara.

Cuando pensé que la suerte me sonreía, pues los soldados contaban ya el número de sus víctimas, una bota militar pasó rozando mi cabeza al tiempo que el soldado que la portaba caía al agua; me había descubierto e intentó, de una patada, arrancarme la cabeza; en su intento resbaló y sólo rozó mi cráneo, mas ya en el agua, presto se revolvió y disparó sobre mí, los segundos de ese momento fueron eternos. Vi la mirada decidida y violenta del soldado, el negro cañón de su arma, casi vi su matrícula; él disparó y yo salté del agua como un gamo al tiempo que grité: "soy un 11— 23"; el soldado, coronel del ejército, bajó el arma.

— ¿Contraseña?, gritó. Me quedé mudo. — ¿Contacto?, exigió, acerté a contestar: el coronel Carlos Ordoñez. El interrogatorio siguió: ¿número de unidad?, silencio, nuevamente, de mi parte. En ese momento ya había diez metrallas dispuestas a vomitar fuego sobre mi cabeza.

El coronel ordena: bajen las armas.

— Este cuate o está bloqueado, es un pendejo o es un traidor; si resulta que es un guerrillero, pedirá no haber nacido.

Llega un teniente e informa: coronel catorce varones muertos y diecisiete féminas, no hay sobrevivientes.

Responde el coronel: cuarenta y ocho en la hacienda y treinta y uno aquí, los números cuadran.

Sentí un escalofrío inmenso al conocer que los cuarenta y ocho habían muerto, entre ellos el capitán García, los inocentes fantasmas y, sobre todo, me dolía en el alma la bella e idealista Bety.

Quedé privado, no oí cuando el coronel dio la orden de retirada y de que abordara uno de los jeeps escondidos tras los árboles; un empujón, que dio conmigo en tierra, me sacó de ese estado. No podía aceptar que todos, todos mis compañeros, estuvieran muertos. Los ojos verdes de Bety, me parecía verlos por todos lados.

Me ordenaron subir al jeep, donde subió también el coronel, un mayor y un teniente.

Mientras recorríamos el camino que nos llevaría a la veintiséis zona militar, a una velocidad nada moderada, con continuos saltos y frenones, el coronel volvió a interrogarme:

— ¿Ya te acordaste de la contraseña? No respondí, guardé silencio.

— ¿Eres pendejo o traes los huevos en la garganta y por eso no puedes hablar? La adrenalina invadió mi cuerpo, volteé y le clave mi indignación y coraje, al tiempo que le contesté:

— No tengo porque darle contraseñas a ningún cabrón.

— Pendejo, ¿quién te crees?, ¿qué rango tienes?, ¿no sabes que soy coronel del ejército azteca y que los 11— 23 están bajo nuestras órdenes?

Borracho de adrenalina contesté a lo loco:

— Al único que debo dar cuentas es al coronel Ordoñez. Ningún otro jefe puede pedirme cuentas.

— Chinga a tu madre. Aquí te mueres; a ver si el coronel Ordóñez te salva.

Aquel jefe militar temblaba de rabia, sus ojos estaban llenos de fuego; sin duda estaba bajo los efectos de alguna droga, había lanzado a la tropa sobre los inquilinos de la finca, sin otro objetivo que matar, acabar, exterminar. El número de efectivos y la sorpresa le proporcionaron la oportunidad de hacer prisioneros a todos, mas no iba a aprenderlos, iba a exterminarlos. El grito de que yo era un 11— 23 me había salvado, pero ahora la droga lo había cegado. El mayor intervino:

— Mi coronel, cálmese, hemos salido airosos del enfrentamiento; ninguna baja, aniquilación total del objetivo, como nos lo pidieron; no vayamos a echar a perder la victoria con algún detalle. Usted ya lo dijo, si no es un 11— 23 más le valdría no haber nacido.

El coronel le miró con sus torvos ojos y, como embriagado, los cerró y quedó dormido.

A las once de la noche llegamos a la zona militar, nunca supe qué senda recorrimos; no fue ninguna de las dos que conocía. Se me alojó en una habitación ubicada en la zona reservada a los jefes y generales. Toda la noche mi mente revoloteo de un extremo a otro, de la conciencia a la inconciencia, de los sueños apacibles donde contemplaba el rostro alegre y bien formado de Bety, al sueño infame donde la veía desgarrada por las balas.

Cinco de la mañana, toque de diana, me levanto, me baño y aguardo a recibir instrucciones.

A las ocho toca la puerta de mi habitación un soldado de tropa, quien me pide le siga al comedor, pues se está sirviendo el desayuno. Apenas ingreso al comedor, me aborda el coronel a quien yo ya había bautizado como "Rolando el furioso"—

— ¿Descansaste?

— No

— ¿Por qué?

— No me dejó dormir el recordar que pudimos traer sesenta y cinco prisioneros y en su lugar reportamos sesenta y cinco cadáveres.

— Esa era la orden; y yo estoy ´para cumplir órdenes, no para objetarlas; y añadió, buscando terminar la conversación:

— Ya se notificó al coronel Ordoñez tu presencia, vendrá mañana para recibir tu informe. No quiero chismes, ni quejas. Tengo buena relación con él, no la vayas a echar a perder. Dicho esto se retiró.

En una de las mesas se encontraba el mayor, cuya oportuna intervención el día anterior, había, así lo creo, salvado mi vida. Lo abordé, le di las gracias por su prudente actitud y le dije que en mí podía contar con un amigo. Él me respondió:

— Espero que entiendas que la misión era dura y desagradable y situaciones tales provocan que muchos pierdan, por momentos, el control personal.

— Y más si se meten algo, le dije.

— También eso influye; pero no es común que hagan uso de estupefacientes. Algunos lo hacen cuando el operativo a ejecutar está fuera de la lógica y tal fue el caso del coronel. ¿qué te dijo, hace un momento?

— Sólo que mañana viene el coronel Ordóñez. Hoy estaré franco.

— Si dejaste algún pendiente en la finca, pégateles a los judiciales; hoy levantarán los cadáveres.

— Si me interesa. ¿cómo le hago?, ¿con quién tengo que hablar?

— Mira, estoy comisionado para entregar a los judiciales el parte y las instrucciones que deben seguir para la investigación, puedes venir conmigo y yo te recomiendo para que acompañes a los judiciales como supervisor del ejército.

No hubo problema alguno para que los ministeriales me aceptaran como observador, al fin y al cabo, no iban a investigar, sino a dar fe y fundamento al dictamen que el ejército les había entregado.

Llegamos a la finca, uno a uno, fui contemplando los cadáveres. La inspección de los fiscales sólo fue pantalla, duré yo más en mi recorrido que ellos en su investigación. De la finca partimos a la hacienda. Los cadáveres de los compañeros estaban diseminados en círculo en un radio de unos cien metros. Todos había sido rematados, pues el estado de sus cadáveres así lo dejaban ver; sólo Bety, parapetada detrás de una roca, yacía como dormida. Levanté su cuerpo, dos orificios de bala se escondían en un costado. ¿por qué a ella no la remataron? Lo desconozco, era el único cuerpo reconocible y completo. Los fiscales tomaron huellas y fotos para después depositar los cadáveres en una fosa común.

Mis miedos y remordimientos se calmaron al recordar que apenas hacía dos días, por motivo inexplicable, tuve el atrevimiento de bautizar a Bety y ella, al recibirlo, algo sintió, pues me había abrazado con fuerza.

Durante el regreso a la zona militar, las lágrimas me acompañaron por un buen rato. Los fiscales no me preguntaron nada, ni hicieron comentario alguno, sólo mostraron extrañeza cuando me oyeron comentar, en voz alta, "página negra de nuestra barbarie".

CAPÍTULO IX
LOS 11— 23

La dureza que encerraba ese recuerdo me hizo llorar. ¿Cómo era posible que los seres humanos llegáramos a esos niveles de crueldad? La imagen de Bety no me permitió conciliar el sueño. Habían pasado muchos años, ya, pero, aunque aquella escena de la hacienda, me ha acompañado en mis años de soledad , hoy fue una descarga eléctrica que viene a motivar mi toma de decisión. El poder no puede estar por encima de la ley.

He pasado una noche de borrasca, pero al final la luz de esperanza, da nuevo aliento a mi vida.

Son las seis de la mañana; me aseo y me dirijo a la iglesita para escuchar la misa; la ofrezco por el descanso eterno de aquellos soñadores, inocentes o perversos; sólo Dios sabe lo que hay en los corazones; con un recuerdo especial para bety, la loba de ojos verdes.

El dolor no debe impedir que siga con mis recuerdos; debo afrontar toda la película de aquella época; así que continúo recordando cada momento:

Al día siguiente arribó el coronel Ordóñez. Fuimos a desayunar a un restaurant y ahí comenzó mi iniciación.

Le conté mi odisea desde que nos separamos en Veracruz, hasta depositar el cadáver de Bety en la fosa.

— Así que te preguntó el coronel por la contraseña.

— Así es, pero ¿qué le contestaba?, si no sé nada de nada respecto a que es un 11— 23.

— Sabes Pepe, la suerte no está contigo. Yo fragué esto de que participaras en un operativo, que me parecía temporal y sin peligro, como una oportunidad para que te dieras cuenta cómo es la vida militar y tuvieras elementos de juicio para decidir tu ingreso o no al ejército. No esperaba un contratiempo como el que se ha dado. Ahora ya no tienes opción. Hiciste uso del privilegio de ser un 11— 23 y el código mandata que ya no puedes dejar de serlo.

— Tú me dijiste que, si por alguna circunstancia, estaba en grave peligro, dijera que soy un 11— 23, y así lo hice.

— No te culpo; de otra manera hubieras muerto. Mas ahora, ni yo, ni tú podemos decidir tu camino, son otros los que decidirán por ti.

— ¿Qué es ser un 11— 23? Pregunté

— Es pertenece a un cuerpo de élite del ejército azteca que vela por la seguridad y bienestar de la Patria. Nosotros proveemos al estado de la información necesaria para que la autoridad tome las mejores decisiones. No tomamos decisiones, proveemos información, no estamos al servicio de algún partido, estamos al servicio de la Patria.

— A ver, y cuando la autoridad toma el camino equivocado ¿cuál es la función de un 11— 23?

— Proveer más información, siempre certera. Cualquier gobierno democrático, con información abundante, confiable y oportuna, está en condiciones de dar respuesta satisfactoria a las necesidades de la comunidad.

— Repito, ¿y cuando no lo hace? Cuando gobierna para sus intereses y no para los del pueblo.

— Proveemos información a quienes pueden y deben remediar el problema. No servimos al gobierno, servimos a la república.

— Y ¿qué es la república? El interés y beneficio de todos los que vivimos en un espacio geográfico reconocido por los demás países.

— Y si la mayoría, mal dirigida, quiere chingar los derechos de las minorías ¿qué partido toma un 11— 23?

— El del bien común; el interés general presupone la defensa de los derechos naturales del ser humano, si la autoridad constituida pretende violarlos, dirigimos nuestra información a quienes pueden evitarlo: sectores de la sociedad o liderazgos importantes.

— Me queda claro que tú no sirves para ser un 11— 23, pues eres pasional y, por lo mismo, sectario, juzgas conforme a tu punto de vista, sin darle el debido crédito al punto de vista de los otros, mas, el destino ha fijado tu ruta; yo tengo gran culpa en ello, así que asumiré las consecuencias y tendré que hacer ante mis superiores circo, maroma y teatro, para ubicarte donde puedas ofrecer tus servicios a la Patria, sin desentonar demasiado de las formas de un 11— 23.—

— Recapitulando, a ver si entendí: tengo que ser un 11— 23 porque fui beneficiario de su exclusividad; los 11— 23 pertenecen al ejército y tienen como objetivo servir a la república aportando información confiable. El coronel me interrumpe:

— Andas por la superficie, o como dirían los niños en sus juegos: "andas tibio". Mira el camino para ser un 11— 23 es complejo y largo, exige conocimientos, pruebas, lealtad a su mística; las circunstancias te llevaron a serlo por un atajo. Pero ya estás adentro y no hay retorno; yo respondo ante el consejo por tu ingreso y tú, con tus acciones, deberás respaldarlo.

Hoy naces de nuevo para la Patria, dejas tu historia y tu pasado, José Morelos Iturbide ya no existe, por lo tanto escoge otro nombre, yo me encargaré de respaldar su existencia con los documentos oficiales necesarios.

Yo estaba aturdido, no daba crédito a las palabras del coronel. En mi interior me preguntaba si el coronel hablaba en serio o era una broma. Con cierta simplicidad, y como para seguirle la corriente, le respondí:

— Si estamos en barata de identidades, escojo el nombre de Patricio.

Lacónico el coronel me urge

¿Y qué apellidos?

Casi riendo contesté:

— Bravo Díaz

El coronel no sonríe, está escribiendo mis respuestas; se da cuenta de que he puesto cara de interrogación y prosigue.

— Estoy llenando tu ficha de ingreso. ¿Qué razones me das de tu elección?

— ¡Hombre!, Patricio en honor a San Patricio, patrono de la verde Irlanda; Patria de aquellos generosos soldados que dieron su vida defendiendo la nuestra en la injusta guerra de 1846. Bravo por Nicolás Bravo, magnánimo con los amigos y adversarios en tiempos aciagos para la república. Diaz por quien dirigió a la nación con firmeza, visión y devoción.

— ¿Por qué quieres ingresar al servicio exclusivo de la Patria?

La cosa se estaba poniendo seria; el interrogatorio no era broma. Molesto le contesté:

— ¡Carajo! Coronel. Tú sabes que quería ingresar al ejército, primero porque mi vida cayó en un vacío al sentir mi corazón traicionado, y segundo porque me llena acabar con un gobierno que considero autoritario y nefasto. No creo que puedas poner eso en mi ficha de ingreso, ¿o sí?

— Si te parece pondré: "porque tengo muerto el corazón y sólo le da vida la libertad de la Patria"

— Como tú quieras. No sé ni lo que estoy haciendo.

— Sé que para ti ahora será una distracción, pero después, si no amas tu quehacer, será una carga.

— ¿Dese cuándo existen los 11— 23?

— Este cuerpo del ejército surgió en 1867 a la muerte del general Tomás Mejía, quien había puesto su vida al servicio del país azteca y las circunstancias y vaivenes políticos lo llevaron al paredón; hombre valiente y leal, con profundo amor a la Patria, fue víctima de la vorágine de una política sectaria. El país azteca, desde su independencia, se vio hundido en luchas entre monárquicos y republicanos, conservadores y liberales, federalistas y centralistas; la forma decidía el fondo, y así cada uno buscaba que su pensamiento triunfara, no que la Patria se consolidara. El ejército estaba cansado, desilusionado, pues ya no privaba, en las decisiones de los jefes, el amor al país, su defensa e integridad, sino que saliera victoriosa una u otra forma de gobierno; los que no compartían tu forma de pensar, de ver las cosas, para ti eran traidores, obscurantistas y vende patrias, y tú para ellos eras lo mismo.

Meses después del fusilamiento de Maximiliano, Miramón y Mejía, algunos generales, hartos de las luchas fratricidas e indignados porque sus voces no eran escuchadas, cuando de salvar vidas y defender la unidad de la Patria se trataba, y si eran requeridos para la defensa de ideologías o de intereses parciales, se reunieron para definir cómo podían servir mejor a la República; no podían aceptar que el ejército, instituido para la defensa de la integridad del país, sólo fuese utilizado para luchar contra otros mexicanos. Para ellos el enemigo estaba afuera de nuestras fronteras, no dentro. La derrota de los conservadores no se aprovechó para unir a los mexicanos, menos para tender puentes a los adversarios, había que aniquilar al que pensaba diferente. El bien del país azteca no era el centro del interés de sus políticos; el tío Sam y los europeos pescaban con descaro en el mar embravecido de interese sectarios.

A la derrota de Maximiliano siguió su fusilamiento y la de sus generales. Muchos de los mandos del ejército vencedor habían, en algún tiempo, compartido carrera e ilusiones con los vencidos, así que les pareció de justicia abogar por su indulto. Las súplicas de perdón lo máximo que consiguieron fue un "díganle a Mejía que se escape, le facilitaremos la huida, los otros deben morir". Mejía, con gallardía y honor se negó aceptar la opción de huir. "Defendí lo que creí bueno para la Patria, moriré junto a quienes compartimos ese proyecto. Mi vida está al servicio de la Patria, no de ideologías".

La reunión de aquellos generales no fue una luna de miel, unos querían que el ejército asumiera y mantuviera el poder, otros que se limitara a las funciones de la defensa del territorio patrio y dejar que los políticos se encargaran de la política.

A la reunión asistieron 11 generales y 23 coroneles (de ahí el nombre de este cuerpo del ejército).

Cuando la discusión entró a un callejón sin salida, donde se pretendía imponer el interés del ejército, por encima del interés nacional, el coronel Jesús Márquez Núñez, respetado por su valor, demostrado en la batalla del Molino del Rey y por el ascendiente que tenía entre la tropa, interrumpió a los generales diciendo:

"Hoy, en este espacio, está reunido el poder de facto de la nación, podemos ejercerlo para mantener nuestros privilegios o para servir a la Patria. Lo primero nos llevaría a seguir enfrentándonos entre hermanos, lo segundo garantizaría el respeto de otros pueblos a nuestro territorio y a sus habitantes. La grandeza territorial del país azteca ha sufrido una mutilación dolorosa porque en lugar de unirnos para su defensa, gastamos nuestro esfuerzo en apoyar o derrocar autoridades. Os pido, honorables adalides, que lleváis sobre vuestros hombros el destino de la Patria, nos permitáis a los coroneles aquí presentes, entregaros, a la brevedad posible, una propuesta para el ejercicio del poder que el ejército representa, propuesta que, os aseguro, acogerá lo mejor de las opiniones aquí vertidas y, sobre todo, pondrá en el centro de nuestro compromiso, la búsqueda del bien general de la República".

La propuesta abría salidas al callejón obscuro en el que los generales se habían metido, así que recibió la aprobación.

Un mes después, el coronel Jesús Márquez Núñez entregó a cada uno de los generales la propuesta, signada por los veintitrés coroneles; propuesta, actualizada, que aún rige el quehacer de este cuerpo del ejército y tú deberás conocer y asumir en su totalidad. Tarea que haremos en los meses siguientes.

— ¿Tarea?, quiero saber qué voy hacer.

— Para el ejercicio de nuestra responsabilidad, nos dividimos en dos cuerpos especializados: quienes se encargan de proveer información para la política interna y quienes recopilan información de otros países, especialmente de sus intereses y relaciones que tengan que ver con los intereses del país azteca. Se me ha autorizado tu inclusión en este último equipo. Tu carácter te impediría ser imparcial en las luchas internas. Espero sepas servir a la Patria defendiendo su integridad.

Al día siguiente salí al colegio militar, donde permanecí por seis meses, capacitándome en actividades de espionaje, defensa personal, uso de armas, cuestiones legales y de relaciones internacionales. A los seis meses fui destacada a la zona del sureste del país; mi misión sería vigilar las actividades de agentes extranjeros en esa parte del territorio. Al igual que un servidor, otros ocho "pumas", así nos identificábamos, teníamos labor similar. Cada uno hacía su proyecto, estrategia y agenda personal de trabajo para el cumplimiento de su misión; la información recabada la hacíamos llegar a una oficina regional, ubicada en la ciudad blanca, ahí, analistas cruzaban datos y sacaban conclusiones.

Mi juventud y amor a la Patria impulsaban mi celo por mantener el territorio libre de depredadores y agentes de países extranjeros que sólo venían al país azteca a hurgar en nuestra riqueza natural, llevarse lo que podían, crear conflictos y, algunos, hasta querer apoderarse del territorio.

Pronto descubrí que en la hermosa y húmeda selva se hallaban diseminados varios "científicos e investigadores" de algunos países "amigos". Algunos se paseaban por las principales ciudades del sureste como turistas aficionados a los estupefacientes y otros se hundían en lugares remotos de la selva donde establecían sus centros de operaciones, equipados con toda clase de medios de comunicación. Todos, curiosamente, tenían sus documentos en regla. La mayoría estaban acreditados como científicos, investigadores, pero sus verdaderas actividades consistían en el trasiego de drogas, realización de estudios geográficos, descubrimiento y aseguramiento de riquezas ancestrales, inventario de liderazgos sociales y acercamiento a los mismos, así como la realización de pequeñas obras de infraestructura para granjearse el favor de algunas comunidades.

Semana a semana llegaban mis informes a la ciudad blanca: nombres de los agentes, sus actividades, sus relaciones sociales…, mi actividad era tal que los susodichos quisieron ponerle cascabel al gato que los vigilaba, pero el gato les salió puma, así que a algunos "se los comió la selva".

El coronel Ordóñez me había pedido lo mantuviera informado de mi actividad, pues todavía me consideraba un novato y tenía la instrucción de ser, por un tiempo, mi instructor, así que los informes que dirigía a la oficina de la ciudad blanca, también se los enviaba a él.

Los cuatro primeros años en esta actividad fueron, para mí, de logros, reconocimientos y ascensos; sin faltar a la modestia, podía afirmar que habíamos logrado poner bajo control de la autoridad y de las leyes las actividades de los agentes extranjeros en el sureste. Mi trabajo me había ganado el respeto de mis superiores y la admiración de mis compañeros; mi nombre tenía peso en la institución.

CAPÍTULO X
UN 11— 23 EN PROBLEMAS

Cierto día que fui a entregar, personalmente, unos informes al coronel Ordó-ñez, me confesó su preocupación por que el poder político estaba presionando para que el equipo de los 11— 23 encargado del orden interno quedara bajo las órdenes de gobernación; esto, me dijo con tristeza Ordóñez, rompería totalmen-te con la esencia de nuestra razón de ser.

— Es el momento, le respondí, de surtir la información necesaria al poder civil para que sean ellos, el pueblo, el que lo evite.

— Todos los gobiernos han querido someternos, pero el actual trae especial empeño en hacerlo y, desgraciadamente se nos ha adelantado, no podríamos evitarlo sin romper con nuestra postura de imparcialidad; han puesto marcaje personal a líderes sociales y han comprado a buena parte de los mandos milita-res, y a los que se han resistido, los han mandado al retiro.

— ¿No hay otra manera de actuar?

— No, si no logramos mantener la imparcialidad y confiabilidad de la sección en-cargada del orden interno, la nación corre peligro, pues los intereses de grupos se incrustarán, sin control y freno, en la vida pública.

Regresé preocupado a mis labores programadas.

Hacía dos años que habíamos desmantelado una empacadora clandestina de pescado cerca de la población de Xcalak, distante a unas pocas millas de un conjunto de islotes pertenecientes a Belice y quería investigar si todo marchaba conforme a la ley. Así que tomé un yate en la isla principal "San Pedro" que me llevara a mi destino. Después de navegar por poco tiempo a través del idílico mar Caribe, arribé a Xcalack, paraíso en el paraíso. Por el mar, arrecifes mul-ticolores guardan el acceso a este pequeño cabo de la costa quintanarroense; por tierra, las rías , llenas de caimanes y los traicioneros pantanos detenían la invasión de aventureros. Xcalakc era una población de pescadores; la riqueza marina les permitía gozar de una vida holgada y bastante cómoda; sin embargo quienes se llevaban la mejor parte de esta riqueza eran los súbditos de la reina, quienes comercializaban, ventajosamente con los habitantes de esta región; se llevaban lo pescado a bajo precio y, a su vez, vendían a los pescadores todo lo que éstos necesitaban, desde alimentos, medicinas, refacciones para sus barcos etc., hasta chucherías de belleza y ropa para las damas y abundante licor para los caballeros.

La última vez que había estado ahí, el faro, que servía de cuartel a un pequeño destacamento de marinos, me había servido de guarida. Hoy, esperaba que me recibieran de igual manera; así que, apenas llegué , me fui al faro a pedir posada, cosa que los marinos hicieron con gusto; en ese entonces no era muy cotidiano que fureños les visitaran, y aunque yo para ellos ya era conocido, no esperaban mi visita. Una vez instalado me fui a recorrer la población buscando oír chismes y noticias frescas. Una palapa, pequeña pero bien cuidada, era el único centro comercial donde se podía encontrar lo encontrable en esa lejanía, a la vez la palapa servía de bar y, cuando los hombres no andaban de pesca, ahí, seguro, los encontrabas; a las dos horas de mi arribo a aquel pequeño paraíso ya había intercambiado noticias con la mayoría de los varones de Xcalak. Con el correr del tiempo y el consumo de cerveza la amistad fluyó y para el atardecer ya era un habitante más, conocido por todos.

A las seis de la tarde, aún con bastante claridad del día, alguien gritó: "la bola, la bola"; el bar en un minuto quedó vacío, yo corrí tras la gente que salía en tropel de la palapa, y, ya en la calle, se ponía a mirar hacia el cielo. Hice lo mismo. Una enorme bola de brillantes colores, se balanceaba, silenciosa, sobre nuestras cabezas, se alejaba siguiendo el trayecto de la playa, se internaba en la selva y volvía aparecer en el cielo despejado de la población. Después de diez o quince minutos de bailoteo, se hundió en el horizonte, allá por los pantanos.

Confundido regresé rápido al faro y pregunté a los marinos si habían visto el fenómeno, con tranquilidad me respondieron que sí.

— La esfera de colores pareció bajar en la región de los pantanos, pues ya no salió; deberíamos ir a ver qué es, propuse, a lo que un marino me respondió: — e estas horas ya no es prudente ir para allá, la obscuridad está cayendo y cruzar los pantanos es muy peligroso, sólo de día es prudente cruzarlos y, siempre, con el acompañamiento de un guía, aquí en Xcalak hay muchos guías, pero el mejor es un cuate llamado Eulogio, es el único que conoce todos los vericuetos de la selva y ni él se atrevería a cruzarlos por la noche. Como yo insistía en la necesidad de investigar aquel asunto, el marino a cargo del destacamento me dijo:

— No se preocupe, la bola no es nada de otro planeta, ni de peligro alguno.

— ¿Cómo lo sabes?, ¿ya la has visto de cerca? A lo que respondió:

— No, jefe, esa bola debe ser un helicóptero camuflado para causar temor y la gente no se acerque a donde aterriza. Yo insistí:

— Pero para eso están ustedes, para cuidar el territorio, para saber que intensiones trae esa gente.

— Jefe, nosotros sabemos cuándo va aparecer la bola.

— ¿Cómo?

— Sabemos que va a venir porque, siempre, dos o tres días antes, recibimos órdenes de la capitanía de que no salgamos del perímetro del faro, es decir un kilómetro a la redonda, hasta nueva orden. El aviso que cancela esta instrucción nos llega un día después de que la bola vuelve a salir y se pierde en el horizonte del mar.

— Entonces, ¿insinúas que los jefes de la zona están enterados de su arribo?

— No lo insinúo, lo afirmo. Las casualidades de este tipo no existen, si suceden es que están planeadas.

— ¿Ustedes han informado de la aparición de este objeto a sus superiores?

— Sí, y nunca hemos recibido algún comentario sobre el tema.

— Pues ustedes han recibido la instrucción de no salir del perímetro del faro, pero yo no; así que mañana me ponen en contacto con el tal Eulogio y voy a ir a checar esa zona. Ustedes no saben a dónde voy, ¿entendido?

— Hecho, jefe, nosotros no sabemos nada, hasta que usted regrese.

Al día siguiente, una vez que contacté a Eulogio, salí hacia los pantanos. La humedad, el calor, los mosquitos y los caimanes hicieron nuestro viaje cansado y lento. Por la tarde descubrimos, en un paraje libre de árboles, la famosa bola. Con el sigilo y la destreza que sólo un nativo, como Eulogio, posee, nos acercamos a escasos diez metros del aparato, y, sin ser vistos, nos encaramamos en una enorme ceiba que proveía de sombra y daba cobijo al campamento levantado por los inquilinos de aquel artefacto; cinco súbditos de la reina y un paisano de guayabera. Al ocultarse el sol se pusieron a departir el té y unos suculentos sándwiches. La alaraca y el bullicio de guacamayas, chachalacas y demás pajarracos de la selva, no me permitían escuchar lo que platicaban, a pesar de que conversaban en voz alta y sin temor alguno. Sólo alcancé a ver que uno de ellos mostraba un plano de toda la costa de Quintana Roo y una gran línea roja la dividía: de Mahahual hacia el norte estaba pintado de verde y hacia el sur, hasta el conjunto de islas Beliceñas, de color rojo. A la una de la madrugada los inquilinos dormían, pero la selva cobraba vida, rugidos de pumas y leopardos, cantos de búhos, peleas de caimanes..., toda una fiesta. El ruido nos permitió movernos de un lado a otro , hasta acomodarnos con seguridad, sin que nuestros movimientos fueran perceptibles para los despreocupados inquilinos.

Dormimos como unas tres horas; pasadas las cuatro de la mañana, acordé con Eulogio que él regresara a Xcalak y volviera por mí, pasados tres días. Nos reuniríamos a la entrada del claro donde estaba la bola.

Son las cinco de la mañana, Eugolio, como una serpiente, ha bajado de la ceiba, logrando atravesar sin problemas el claro del campamento, se ha internado en la selva.

Estoy tranquilo, Eulogio sabrá cómo llegar sano y salvo a Xcalak.

A las seis y media comenzó el movimiento en el campamento. Los inquilinos bebieron té y de nuevo lo acompañaron con unos sándwiches. Después, mochila a la espalda, se introdujeron en la selva. Nadie quedó en el campamento. La bola, rodeada de prismas, picos y estrellas, impresionaba, se cuidaba sola. Bajé de la ceiba y me fui, con prudencia, detrás de los inquilinos. Éstos habían tomado un sendero que parecía reciente; cuando ya nos habíamos alejado más de dos kilómetros del campamento, decidí regresar para inspeccionar, a toda prisa, la bola y el campamento, seguro de que los inquilinos tardarían en volver. Lo primero investigar qué era la bola, ese aparato impresionante y gigantesco. Efectivamente se trataba de un helicóptero, al que habían arreglado como si fuera una mezcla de árbol de navidad y castillo de feria. Por dentro era como muchos otros helicópteros artillados que se utilizan en tareas de seguridad o de guerra, pero por fuera, había que reconocer que era impresionante, cualquiera hubiera pensado que se trataba de una nave extraterrestre.

Mi inspección fue rápida, pues ahora mi interés era hurgar en el campamento para ver qué encontraba. No había mucho qué inspeccionar , solo mapas y más mapas del territorio de Quintana Roo. No, no había ningún mapa que consignara el hallazgo de yacimientos de petróleo, pirámides u otras cosas. Así que pronto regresé a la bola para inspeccionar con detenimiento. La parte de atrás del interior del helicóptero y una especie de sótano que recorría la parte baja del mismo, albergaban un importante cargamento de alimentos, medicinas y tiendas de campaña, en un rincón parque de metralla y lo que parecían ser bombas incendiarias; esto último tenía explicación, pues se trataba de un artefacto de guerra, pero ¿a quién llevarían el cargamento de alimentos y medicinas?

Cuando menos lo esperaba, oí voces cerca, dos súbditos de la reina y el paisano de la guayabera regresaban; venían acompañados de un nuevo inquilino y venían hacia el helicóptero; de rayo me escondí detrás de las tiendas de campaña; entraron al aparato y tomaron asiento en los primeros sillones del helicóptero. El nuevo inquilino parecía manejar la conversación y, sin duda, su autoridad estaba por encima de la de los otros; él tomó asiento en el sillón del piloto y, volviéndose al resto de los acompañantes, le dijo al de la guayabera:

— "No perdamos tiempo. Quiero dejar en claro que su gobierno no está en situación de exigir; considero que nuestra petición es sensata a cambio del enorme favor que representa nuestro silencio".

— ¿no sobrestima su información? Dijo el de la guayabera.

— De ninguna manera, tengo todo plenamente documentado: escritos, audios, fotos y lo más importante, testigos.

— Nuestro gobierno no se opone a que su país disfrute de esta riqueza, pero juzga inoportuno ceder su autoridad.

— Lo que proponemos les evitará las posibles presiones del vecino del norte; además nos comprometemos a realizar inmediatamente las inversiones prometidas. Esto, amigo mío, fortalecerá su economía, convirtiendo a esta zona en un emporio que detonará el desarrollo del país azteca y de sus vecinos del sur.

— ¿Ya consideró la figura del comodato?, esta vía le da los mismos derechos para usufructuar las riquezas de la zona y a nosotros nos evitaría críticas fundadas; los dos ganamos.

— Hemos considerado todas las figuras jurídicas existentes para el caso y hemos decidido la ya expuesta. Nuestra postura es inamovible.

El de la guayabera se levantó y se dispuso a salir, al tiempo que decía: voy a consultarlo.

— Espero, dijo el súbdito de la reina, entiendan nuestra postura, es mucho el recurso que vamos a invertir y necesitamos la seguridad de que no habrá cambios por cuestiones políticas; además, diles, que seremos generosos también en lo personal.

Cuando el de la guayabera abandonó el helicóptero, siguió la conversación sobre el mismo tema.

— Esperemos nos den una respuesta afirmativa, de lo contrario tendremos que actuar.

— ¿Invadiríamos la zona?

— No sería necesario. Filtraremos a la prensa sólo la punta del iceberg .

— ¿Es tan importante nuestra información?

— Totalmente. El país azteca confió demasiado en el barbón y éste, como suelen ser todos estos tipos hambrientos de poder, lo traicionó vendiéndolo al país del oso. Si lo sabe el tío Sam habrá serios problemas.

— Pero creo que estamos pidiendo mucho.

— No, sólo la costa de Mahahual hacia el sur.

Luego se levantaron los tres y salieron del helicóptero.

Lo que había escuchado me bastaba, el negocio no era entre particulares, era entre gobierno y, según parecía, el nuestro estaba en desventaja.

Las sombras de la noche cubrieron la selva; todos los inquilinos habían regresado y compartían conversación y cena allá en el campamento. Yo, en la soledad de aquella nave de hierro, me eché a dormir, no podía hacer otra cosa.

Por la mañana, a eso de las siete, los inquilinos volvieron a internarse en la selva; yo tomé unas latas de sardinas del abundante cargamento y salí del helicóptero.

Tarde me percaté de que el nuevo inquilino no había abandonado el campamento; así que, en defensa propia y del país, lo empujé a mejor vida. Mientras arrastraba el cuerpo a los límites del campamento, vi, con tristeza. Que regresaba otro de sus compañeros. Tuve que proporcionarle igual medicina.

No fueron los pumas, fue la serpiente, la temible "cuatro narices", la que se los llevó.

Preparé la escena como pude y salí rumbo a Xcalak lo más rápido posible; sabía que no tardarían en darse cuenta los otros inquilinos de la suerte de sus compañeros.

Con Eulogio había tardado casi cuatro horas en llegar al claro de la selva, hoy, de regreso, apremiado por los hechos, hice el recorrido en dos horas y media; en el trayecto sólo tuve un percance que estuvo a punto de terminar con mi vida: en mis prisas pasé demasiado cerca de un caimán; el coletazo que recibí fue brutal, pero mayor era mi urgencia de entregar, cuanto antes, la información al coronel Ordóñez; así que adolorido seguí con ánimo mi camino. Llegué al faro y pedí a los marinos me sacaran de la zona de los arrecifes, y ya en mar abierto, me cedieron su yate y ellos regresaron en una lancha al faro.

Antes instruí al oficial sobre lo que debía informar. Y por su seguridad y la mía olvidara mi aventura.

Ya fuera de los arrecifes enfilé hacia Playa del Carmen. Al día siguiente, el coronel Ordóñez ya tenía mi información.

Ordóñez me pidió que no saliera de la ciudad blanca y que estuviera localizable, pues lo descubierto era muy grave y preocupante para la seguridad nacional; cuatro días después fui llamado a la ciudad de los palacios. Los súbditos de la reina no se habían tragado lo del ataque de las cuatro narices y estaban molestísimos. Ordóñez me puso al alba:

— Patricio es urgente que salgas de esa zona y desaparezcas por un tiempo. Los hijos del tío Sam te siguen los pasos, los barbudos te buscan y ahora los súbditos de la reina van sobre ti.

Puse mis objeciones, pero Ordóñez las rechazo.

— Por tu bien, piérdete por algunos meses.

En los días siguientes las cosas se agravaron y Ordóñez requirió mi presencia.

— Te tengo pésimas noticias, me han ordenado que te presentes a un "consejo de estado".

— ¿Qué es eso?, será ante un consejo de guerra, ¿no?

— No, Patricio, consejo de estado. En mi larga vida en el ejército, sólo dos veces han citado a compañeros 11— 23 a consejo de estado, y las dos veces, han decretado su muerte.

— ¿Quién compone ese consejo de estado, coronel?

— Cuatro miembros del gobierno, dos elementos del ejército y uno de nuestra institución. Ya puse al tanto de todo al representante de los 11— 23, pero existen pocas esperanzas de que salgas bien librado; son cuatro votos contra tres, en el mejor de los casos y la cuerda se rompe por la más débil. Los representantes del gobierno tratarán de cubrir sus espaldas y dirán que buscan el mal menor.

— No se hable más, respondí al coronel. ¿Cuándo tengo que comparecer?, ¡joder!, ¿no estamos para ser fieles de la balanza y evitar que el poder agandalle y que los intereses particulares no estén por encima de los de la nación? Tú me dijiste, alguna vez, que no somos trigo, ni somos cizaña, somos guadaña.

— ¡Cierto! Pero a veces la guadaña se excede, o, como en este caso, corta en campo sembrado por el más poderoso.

— No debe haber poder más poderoso que la ley, la ley es garantía para buenos y malos.

— Así debería ser, contestó Ordóñez, pero los que la aplican no siempre están limpios.

Ya envalentonado, le dije: no te apures, ese consejo de estado me va a oír.

— Lo malo es que sólo tú oirás, pues el debate lo llevan ellos. Tú sólo podrás intervenir si te preguntan algo.

— Estoy listo: ¿cuándo? y ¿en dónde? La adrenalina ya llenaba mi cuerpo. Pensé: así que descubro presiones de un gobierno extranjero y posibles traiciones de elementos del nuestro y por eso voy a ser castigado..., primero me llevo a los traidores por delante.

— Tengo instrucciones de que te presentes a palacio nacional, dentro de dos días, a las once de la mañana.

Puntual llego a palacio nacional. Un elemento del estado mayor presidencial me pide entregue cualquier objeto que pueda considerarse peligroso; dejo mi arma de cargo y mi cuchillo de campaña, después me revisa y me invita a seguirlo.

Nunca había estado en palacio nacional. Es hermoso. Después de recorrer un largo pasillo, el elemento del estado mayor presidencial abre una puerta y me ordena que pase.

— Espera aquí, en un momento te atienden.

Una señorita da los últimos retoques de limpieza a una mesa brillante de fina madera. Se retira y se abre otra puerta por donde aparecen tres generales y los cuatro funcionarios del gobierno. Después de los saludos y los protocolos de rigor, se inicia la sesión.

Uno de los funcionarios llevaba la batuta; después de cuchicheos y acomodos, tomó la palabra, indicándome que expusiera los hechos acaecidos el día tal, en la zona tal del territorio nacional.

Mi relato fue claro y breve. Sólo puse algo de énfasis en los detalles que ilustraban la presión del gobierno extranjero y la posible traición de alguno de los nuestros.

Terminado mi relato, uno de los generales manifestó con dureza que para él estaba clara la oportunidad de mi intervención, misma que debía aplaudirse. Los funcionarios no lo juzgaron así y, cual si trajeran consigna, una y otra vez, me acusaron de poner en grave riesgo la seguridad nacional. El general no se daba por vencido e insistía en mi inocencia, dejando entrever que la traición era peor que cualquier metida de pata. Los funcionarios no escuchaban argumentos, ellos iban por la condena y, esgrimiendo, hasta el cansancio que mi acción puso en peligro a la Patria, no dieron marcha atrás en su señalamiento.

Más de dos horas después, el funcionario que presidía el consejo, dio por terminada la sesión, sentenciando:

— "Lo dejamos en sus manos general, para nosotros es culpable". Lo que en lenguaje normal equivalía a: "es culpable, general, desaparézcalo".

Advertido por Ordóñez de que si pronunciaban esa sentencia, debía entender que me condenaban a muerte.

No soporté más la hipocresía de aquellos "varones", representantes del poder de la guayabera. Así que me puse de pie y comencé a defenderme. Uno de los funcionarios gritó: — cállese, la sentencia está dictada. Yo, sumamente alterado le respondí:

— Cálleme, hijo de puta.

No se permitía hablar al acusado, pero yo tomé la palabra, ante el desconcierto y complacencia de los generales y la indignación de los funcionarios que intentaron abandonar el salón. Yo, como un león herido, me interpuse y no les dejé salir, así que tuvieron que escucharme por más de diez minutos durante los cuales dejé en claro mi inocencia y mi amor a la Patria. Defendí la labor de los 11— 23 y exhibí la posible traición de algún alto funcionario; eso sí, les insistí, es condenable.

Dicho lo cual, les di la espalda y salí del salón.

Unas horas más tarde busqué a Ordóñez y le puse al tanto de todo lo ocurrido. Quien triste me dijo:

¡Adiós amigo!, no hay nada qué hacer. Los sabuesos propios y extraños irán sobre ti. Deja y pregunto al general si ya dio la orden para que te eliminen.

En mi presencia habló con el general. Éste estaba molestísimo por el parcial comportamiento de los funcionarios, y le dijo a Ordóñez que no daría la orden hasta que viera que no había forma de evitarla.

Dos días después, Ordóñez me citó con urgencia a su casa.

— Patricio, me dijo eufórico, se nos ha presentado una salida para tu problema. Tú di si la aceptas. Hoy, por la mañana, cerca del Ajusco, han asesinado a una madrina de la policía judicial; al principio se pensó que se trataba de un chofer de la embajada del país vecino y nos llamaron para que nos encargarnos el asunto; a la madrina la mataron los propios agentes de seguridad, pero como nosotros ya metimos la nariz, traemos el caso.

Si estás de acuerdo, nuestro informe dará cuenta de que se trató de un problema entre tú y el occiso, con fotos comprobaremos lo escrito; tu "cadáver" aparecerá a unos metros del de la madrina asesinada. Los judiciales, al verse libres de culpa, no harán problema; además la forma de resolver el asunto, se las venderemos como un favor. La foto que da cuenta de tu muerte sólo interesará a los sabuesos de primera línea, para la judicial eres un desconocido.

Tú también tendrás que pagar un precio y será alto. Como comprenderás, tú habrás muerto para la vida pública, así se los haremos saber a los sabuesos que te persiguen y a los funcionarios del gobierno; tú ya no existes. Por lo pronto, para asegurarnos de que quienes te persiguen dejen de oler tu pista, tendrás que estar recluido, con otro nombre, en alguna cárcel del país. Sólo el general y yo sabremos de tu existencia. Si aceptas, la cárcel será tu hogar y sólo saldrás para realizar misiones muy especiales.

No tenía alternativa, el otro camino era la muerte, así que me resigné y acepté.

Ensayé, con el coronel, el montaje durante varias horas; no queríamos errores.

Al día siguiente, la prensa consignaba que Patricio Bravo Díaz había muerto, asesinado por una madrina de la judicial, quien también había dejado de existir.

Terminó la vida de Patricio e inició la del sin nombre propio, situación propicia para usar nombres prestados.

Los años que siguieron fueron obscuros, sirviendo a la Patria, o al poder, ya no sabía quién era quién, con tareas más sucias que un drenaje. Esos años los dejo al pie del crucificado.

CAPÍTULO XI
DEFINIENDO EL FUTURO

Llevo cuatro días en el hotel, he puesto en orden mis pensamientos y recordado cada momento de mi pasado. Hoy, recobrada la libertad del cuerpo, Dios me ha concedido también la del alma. Estoy preparado para volar. He dejado de temer al poder pues estoy dispuesto a enfrentarlo. Viviré mi vida de cara a Dios.

Volveré a mi tierra, ahí donde nací, quiero iniciar el último tramo de mi vida.

Cincuenta y dos años, es toda una vida; desde aquel lejano mil novecientos sesenta y dos, cuando salí con la inocencia de un niño, no he vuelto; habrán pasado muchas cosas y muchos amigos ya no estarán, y los que estén ya no se acordarán de uno, así que tendré que preparar mi regreso. ¿Cómo estará el pueblo ahora?, aquel pueblito pintoresco ¿habrá crecido mucho?, ¿permanece igual?

Por fortuna la tecnología nos provee de mucha información; por lo pronto, esta tarde, haré un viaje cibernético por San José y buscaré alguna información de los viejos amigos.

Después de mucho batallar con la computadora, he logrado recorrer las calles de mi pueblo y darme idea de lo que ha crecido, he visto la iglesia, la plaza, una unidad deportiva, impensable en mi tiempo, una extensa escuela preparatoria, una secundaria, otro mundo distinto al que dejé. Por cierto, traté de ubicar lo que fue mi casa y no aparece, en su lugar está un terreno baldío y una calle. Ansío estar ahí para constatarlo. De mis viejos amigos de la "hermandad del pulque" he logrado ubicar el perfil y el teléfono de dos de ellos, el de Alejandro Chávez Elizondo de ciudad Esmeralda y el de mi paisano Luis Villanueva. Ya es muy tarde para tratar de comunicarme con ellos, lo haré mañana.

Dos horas, seis llamadas y mi paisano no contesta, buscaré a Alejandro; lo contacto a la tercera llamada, apenas si me recuerda. Me dice que estoy de suerte, pues él radica en el país del norte y sólo pasa algunas temporadas en el país azteca. Después de los saludos de rigor, le informo que tengo pensado ir a mi pueblo y que le invito a acompañarme; ahí, espero, tendremos oportunidad de saludar a otros amigos de la "tribu de San José".

Acepta la invitación y me pide le vuelva a hablar en una hora, pues él tiene contacto con otros exapostólicos de ciudad Esmeralda y éstos le pueden dar información de algunos más, por si también deseo saludarlos.

A la hora le vuelvo a buscar:

— ¿Cómo te fue?, ¿localizaste a alguien más?

— Sí, tengo los datos de tres compañeros más: Francisco Camacho, ¿te acuerdas de él?, iba un año atrás de nosotros; Luis Chávez Verduzco, el Quitipuxtli, es contador y radica en la perla Tapatía; el otro es , el taquito, quien trabaja en el país del norte. También me comentó que, a iniciativa de Luis Chávez, los ex se reúnen, con cierta periodicidad, la mayoría de las veces en San José de Gracia, ciudad donde viven Luis Villanueva, el tío, Juan Manuel Villanueva, el alcohol, Toño González, Toño Torres, la "veriguata", Rafael Rojas, José Torres, Daniel Ruiz, Santiago y José González y otros; que por ahora desconoce si tienen programada alguna reunión que esté próxima.

Estoy de suerte, son muchos los viejos conocidos que aún viven, pero de pronto esto me aterra, siento miedo, me considero indigno de reunirme con tan preciados amigos. Mi vida ha sido muy negra.

Acordamos con Alejandro que pasaré por él el sábado.

— Mira, me dice Alejandro, yo le pido a Camacho que localice al tío y que éste convoque al resto de los de San José.

Mientras hablamos me ha entrado un pánico que me he puesto a temblar.

— No, le digo, sólo tú y el tío. Ya hace más de cuarenta años que no veo a algunos, más de cincuenta años a otros, y, no sé, como que sería muy prematuro entrar en contacto con todos. Ya, cada uno debió hacer su vida y no sé siquiera si se acuerden de mí.

— Tú, yo…, todos hemos hecho nuestra vida; así que el que quiera que vaya y el que no, que se quede dónde está.

— Sí, pero, imagino, que ya están todos casados, tienen sus negocios…

— Mira, cada quien habrá hecho de su vida un papalote, mas, creo que ninguno habrá olvidado los viejos tiempos de la adolescencia; pero como tú quieras, si te sientes mejor, lo haremos así. Le diré a Camacho que le avise al tío, y ya.

— ¡Sale! Paso por ti el sábado a eso de la once, ¿te parece?

— ¡Hecho!

Señor, ¿qué me pasa? De nuevo he sentido miedo. Imagino estar frente a mis compañeros y que éstos se aparten de mí. Me invade la tristeza. Aquel entusiasmo por ver de nuevo mi terruño, ha desaparecido. Quiero esconderme, no salir del hotel jamás. Me pregunto, ¿qué haré de mi vida? ¿cómo enfrentaré la normalidad de mis viejos amigos?, ellos pueden mirar a los ojos; yo, cuando lo hago, trato de penetrar en sus pensamientos; ellos salen a la calle con una sonrisa, yo cuidándome hasta de las sombras. ¿Cuáles serán sus temas de conversación?; yo, ¿Qué puedo presumir de mi vida, si todo ha sido tropiezo? Me siento agobiado, en mi vida no hay colores, sólo obscuridad.

Espero que sean las seis de la tarde y decido volver a la iglesita, necesito luz, paz, alegría para seguir viviendo.

La iglesia está en silencio, no hay gente, empiezo mi oración:

Dios, gracias por aceptarme de nuevo, dame fuerza para sonreír frente a mis compañeros y coraje para no temer las acciones del poder, que no tema ver a la gente, que olvide mi pasado. Señor, ¿qué quieres que haga? He decidido recuperar mi libertad, pero ¿para qué?, ¿Qué ilusión perseguirá mi vida?, cuando esté presente ante mis compañeros, ¿de qué les voy hablar?, cuando me pregunten que qué hago, o pienso hacer, ¿qué les diré?

De pronto viene a mí el curita viejito.

— ¿No quieres platicarme algo?

— Nada, señor cura, sólo que voy a encontrarme con mis amigos de adolescencia y he sentido miedo. Usted sabe lo que fue mi vida.

— Yo no anduve contigo, ¿cómo voy a saber cómo fue?

— Yo se lo confesé

— A mí no me confesaste nada, se lo dijiste al Jefe.

— ¡Bueno!, pero usted lo escuchó

— Yo escuché, pero sólo el Jefe juzga. Caras vemos corazones no sabemos.

— Pues me agobia el haber obrado mal.

— ¿Querías obra mal?

— No, lo que hacía lo hacía por la patria, pensaba que era un mal menor.

— Deja que el Señor pese tus obras; tú ya las pusiste en sus manos. Ve para adelante; tus amigos también tendrán su historia.

— Yo creo que mucho mejor que la mía.

— Tal vez a los ojos de los hombres, pero no olvides que Dios ve los corazones. No juzgues por el tamaño de la cruz, lo que vale es el amor con que se lleva. Vale más un Padre Nuestro rezado con amor que un largo ayuno hecho por obligación.

— No lo sé, quiero dedicarme a algo que le agrade al Señor.

— ¡Fácil! Ama a Dios sobre todas las cosas y al prójimo como a ti mismo.

— Pero ¿cómo?

— San Cristóbal, con su gran fuerza pudo ser un gran guerrero, un general del ejército, un apreciado sirviente de un rey y así alcanzar fama y fortuna, pero él buscaba la santidad (que es lo que importa) y la alcanzó ayudando a los viajeros a cruzar un caudaloso río. Recuerda lo que decía el Señor: "mi reino no es de este mundo". Lo de aquí es efímero; trabaja para lo trascendente, allá donde no hay ocaso.

— Gracias, señor Cura, por su interés en ayudarme. Pensaré lo que me ha dicho, delante de Dios y con calma.

Sentí, de nuevo, una gran paz en mi alma y la alegría había vuelto a mi corazón; salí al jardín que estaba frente a la iglesia, me senté a ver la inmensidad del cielo y a disfrutar la plateada luz de las estrellas.

Volví al hotel con tres propósitos muy claros: primero desterrar el miedo al poder, si vienen por mí, darles frente, pues quiero ser libre. Segundo dedicarme a la actividad política, pues, entiendo, la política es una tarea de servicio a la comunidad. Y tercero, si la política, no es mi camino, entonces optar por una vida retirada del mundo, una vida de oración y ayuno, pues la oración y ayuno son las armas más poderosas del creyente

Desde ese momento, mi retorno a San José llevaba ese propósito; sí, el volver a encontrarme con mis amigos, pero con el propósito de que su experiencia en el mundo "libre", me ayudara a definir mi ruta.

Llegó el sábado, tan esperado. Estoy ansioso.

Cinco de la mañana, inicio el viaje de retorno; vuelvo a mi lugar de origen y al pasado que dejé al abordar el barco en Alicante. Lo que he vivido desde entonces es sólo un paréntesis.

A las 10.30 am ya estoy en ciudad Esmeralda. Alejandro me esperaba en la placita del pueblo. ¡Cómo había cambiado mi viejo amigo!, lo vi gordo y envejecido; de aquel niño alegre, frágil, inocente y aventado no quedaba nada.

— ¿Pepe?

— ¿Alejandro?

Un abrazo fuerte y unas lágrimas fueron los testigos del grato encuentro de dos amigos.

Alejandro inicia el diálogo: — pinche Pulquín, estás igual.

— No puedo decir lo mismo de ti; sinceramente te encuentro acabado.

— No puedo decir que me hayan corrido por terracería, pero si he disfrutado mucho el viaje de la vida, creo que, bien podría decir, que demasiado.

— ¿Y Camacho? Quisiera saludarlo.

— Tú dijiste que el encuentro sería sólo conmigo y con el tío, pero, además, Camacho salió

ayer a la perla tapatía.

— ¡Lástima!

— Sí, porque fue él el que contactó al tío. Yo, al igual que tú, no he visto a los compañeros desde que salí de la Apostólica. ¿Nos vamos?, el tío nos espera para comer.

Salimos. Durante el trayecto a San José de Gracia, un poco más de dos horas,

Alejandro me puso al tanto de su vida.

Cuando la mayoría del grupo partimos hacia España, él se quedó por algunos meses en Tlalpan; después salió del seminario. Las circunstancias no le favorecieron para seguir estudiando y la pobreza familiar le empujó a buscar fortuna en el país del norte. Buen trabajador, inteligente y responsable, en corto tiempo, logró reunir una pequeña fortuna. Alentados por su éxito, sus padres y hermanos también emigraron al país vecino; como también eran gente de trabajo, ya no necesitaron de su ayuda, por lo que empezó a sobrarle la plata y a faltarle los sueños. Se aficionó al vino y a las damas, al punto de romper, por este motivo, con su familia. Ya está jubilado, jamás se casó; dice: "vivo aprovechando el hoy, carpe diem, sin pensar en el ayer que ya lo gocé, ni en el mañana que no existe". Conserva la chispa de su ingenio juvenil, la seguridad en sí mismo y la facilidad de tomar decisiones. Me da la impresión de que, al igual que yo, vive de prisa, huyendo de su pasado.

El entusiasmo con el que recordamos los tiempos idos, fue mayor que la curiosidad por ver de nuevo los parajes conocidos. Cuando menos lo pensé, ya estábamos frente a la casa del tío. Mi intención era pasar primero por la zona donde estuvo mi hogar, pero en la amena plática, se me fue el santo al cielo. El tío ya nos esperaba; no dio tiempo a que tocáramos el timbre; abrió la puerta de su casa, y, al vernos, exclamó: ¡dos resucitados!

Alejandro: — pinche Pulquín, no te ha tratado mal la vida; hace, fácil, cuarenta kilos que no te veía. ¿Dónde quedó el audaz Tancredo? (hacía referencia a un personaje del libro de "La Jerusalén Libertada).

— El tío le contestó, manejando el nombre de otro personaje de la misma novela: — Aquí, mero, valiente Reynaldo—

— Tío, vengo acompañado del ínclito capitán general, Godofredo de Bullón.

— Al oírlos bromear así, empecé a llorar. Adolescencia hermosa, de fantasías y sueños.

— ¿Qué pasa Pepe?, me dice el tío.

— ¡Nada, hombre!, que estoy feliz, le respondí.

— Para la felicidad está la sonrisa, guarda las lágrimas. Y también empezó a llorar.

— Jajaja, intervino Alejandro, para eso me gustaban, pinches Pulquínes. Con razón Pepe no quiso invitar a los demás; si aquí estuvieran, ya habrían formado un mar de lágrimas.

Abrazos y las preguntas de rigor: ¿qué ha sido de tu vida?, ¿dónde vives?, ¿qué haces?, ¿tu familia? ni Alejandro, ni yo, respondimos con soltura. El tío nos entendió y rápido cambió de tema:

— ¿Comemos aquí en la casa?, sería un honor para mí.

— Gracias, tío, queremos conocer el Rincón Medieval, lugar donde, me dijo Camacho, suelen reunirse los ex compañeros.

— Como gusten; espero que ahora que nos hemos vuelto a encontrar, también se integren al grupo.

— Esa es mi intensión, respondí, pero han pasado tantos años que, primero quería saber quiénes se reúnen, si son de nuestra época. Primero el entremés y después el banquete.

CAPÍTULO XII
DATOS VIVOS

Antes de salir al Rincón Medieval, pedí al tío, me llevara a donde, hacía muchos años, estuvo mi casa. Tal como lo había ubicado a través de una aplicación de internet, en el terreno donde estuvo mi casa, se asentaba ahora parte de la calle cinco de mayo, entre las calles Morelos y Galeana, y una fracción de un terreno baldío. Minutos después llegamos al Rincón Medieval.

Dos horas de recuerdos, anécdotas y añoranzas.

Alejandro bebía como un cosaco, pero mantenía su lucidez; el tío y yo la llevábamos calmada, debía mantenerme lo más sobrio posible, pues mi propósito era aprovechar la tarde para ubicarme en la realidad política de mi pueblo, que multiplicada sería la realidad nacional; yo conocía muchas de sus entrañas, vistas desde dentro, pero me interesaba saber cómo se veía el poder desde la ciudadanía. Me había informado Alejandro que el tío andaba en la política y que militaba en el partido azul, su visión, sin duda, sería interesante para mí.

A las cinco de la tarde comenzó mi interrogatorio

— Estoy definiendo el último tramo de mi vida y quiero conocer la realidad del poder en el pueblo, me será de utilidad para entender muchas cosas que, desde mi punto de observación, no se ven o se ven diferentes. Mi situación de vida, que poco a poco, te iré dando a conocer, me obliga a profundizar en muchas cosas, que, para ti, a lo mejor, son obvias.

— Mi punto de vista puede ser no muy imparcial, pues milito en un partido político, y veo las cosas desde su ángulo.

— Sí, lo sé. Hoy quiero escuchar tu versión; más adelante buscaré la opinión de compañeros que pertenezcan a otros institutos políticos. Si alguna de mis preguntas te incomoda, me lo dices, o sencillamente no me contestas.

Alejandro, sin dejar la copa, nos amonesta: los estaré checando, Pulquínes, no quiero mentiras, ni pleitos.

Yo preciso: Alejandro, no será un debate. Sólo quiero escuchar el punto de vista del tío. La versión que yo tengo de la política, necesita mucha luz, no sólo teórica, sino de vivencias y experiencias . Más adelante entenderán porqué.

— Pues empecemos, dice el tío.

Yo— ¿Quién gobierna nuestro municipio?

Tío— los azules

Yo— ¿Y el estado?

Tío— Los tricolores

Yo— ¿y la República?

Tío— los tricolores.

Yo— ahora que hay más juego democrático, algunos estados y municipio han buscado la alternancia a través de los azules y otros a través de los amarillos. Aquí en Michoacán, no obstante que han vuelto al poder estatal los tricolores, me parece que la fuerza mayoritaria son los amarillos. ¿Por qué nuestro municipio se inclina por los azules?

Tío— porque la filosofía humanista de los azules comulga más con los valores que identifican a los Josefinos.

Yo— ¿Cómo cuáles?

Tío— libertad religiosa y educativa, democracia, solidaridad, respeto a la dignidad de la persona, subsidiariedad.

Alejandro— el tío te va a decir puras cosas buenas de los azules

Tío— trataré de ser imparcial y decir las cosas como yo las veo y las he experimentado. No voy a decir lo que "he oído", "lo que dicen" o "supongo", sino lo que he vivido.

Yo— empecemos desde que San José fue declarado municipio.

Tío— ¡Sale! Sólo que desde esa época, 30 de diciembre de 1967, fecha de la firma del decreto que eleva a la categoría de municipio a la, hasta entonces, Tenencia de Ornelas, segregando su territorio de la municipalidad de Jiquilpan y creando el nuevo municipio de Marcos Castellanos, hasta el año 1977, te diré lo que oí o me contaron, pues yo aún no regresaba a San José.

Yo— De acuerdo. ¿por qué seguimos llamándole San José de Gracia, a la cabecera municipal, cuando, según el decreto, se llama Ornelas

Tío— los Josefinos, siempre le hemos llamado , a la cabecera municipal, San José, además, a solicitud de muchos vecinos, en 1981, el gobernador Cuauhtémoc Cárdenas emitió un decreto, para regresarle, su nombre original, el nombre que llevó desde su fundación.

Yo— ¿qué me puedes decir, referente a quienes ocuparon la presidencia municipal de 1968 a 1977.

Tío— seré breve porque no tengo información especial, pues no radicaba aquí y quedamos que te diré lo que yo viví o fui testigo; esa información puedes encontrarla en el libro de Pueblo en Vilo, del maestro Luis González y González

Tío— en 1968 fungió como primer presidente del municipio de Marcos Castellanos, aunque en forma interina y no elegido, sino designado por el gobierno del estado, el señor Salvador Villanueva González, quien, en los pocos meses que duró su gestión, logró comprar los terrenos para la construcción de un rastro y organizar y llevar a buen término la primera elección municipal. Asunto de no poca importancia.

Yo— tío ¿por qué dices "asunto de no poca monta?, ¿qué problemas había?

Tío— mira Pepe, el paso de Tenencia a Municipio, levanta muchas expectativas, la gente piensa que sus problemas tendrán pronta solución, que todo se va a transformar en oportunidades, que la población recibirá más recursos…, en fin, esperan demasiado; estos cambios también generan una especial efervescencia política entre los liderazgos locales: el grupo que tiene el poder quiere conservarlo, mientras los que no lo tienen consideran que es momento propicio para tomarlo, así que, si no se manejan con prudencia, estos pequeños cambios, en lugar de traer bondades para la comunidad, crean decepción y discordia. Hay un evento anterior que nos sirve de ilustración: siendo aún tenencia la población de San José de Gracia, el presidente de Jiquilpan, señor Jorge Romero, decidió que los Josefinos eligieran al encargado de tenencia, renunciando a elegirlo él personalmente. La elección fue muy competida entre los aficionados a la cosa pública, la diferencia, entre el ganador, señor Elías Elizondo y el segundo lugar, señor Rafael Anaya, fue sólo de dos votos; el otro candidato fue el señor Juan Gudiño. Esta experiencia puso sobre aviso a los liderazgos locales, haciéndoles ver, que los Josefinos, cuando se deciden a elegir, no aceptan ser manipulados. En esa ocasión, Elías venía cobijado por el grupo que lideraba el padre Federico; Rafael Anaya, cuya esposa, Eudosia, era hermana del padre Federico, aglutinaba a los inconformes y Don Juan a las comunidades rurales, los tres, dentro del sistema, sin embargo, la efervescencia fue tal, que el día de la elección tuvieron que reunir a los votantes de cada candidato en lugares separados.

Yo— ¿Quiénes más integraron ese primer ayuntamiento?

Tío— no tengo los nombres, pero si me das chance, regresando a la casa los investigo.

Interrumpimos la charla, pues ya eran las nueve de la noche; de común acuerdo, con Alejandro y el tío, regresamos al pueblo, cenemos y volvimos al "Rincón Medieval, a disfrutar el fresco de la noche y gozar contemplando el cielo sembrado de blancas estrellas; mañana continuaríamos con nuestra conversación.

Siete de la mañana, a probar el delicioso y nutritivo "pajarete" y una larga caminata, mientras el tío regresaba con un sabroso desayuno.

El tiempo corre y yo debo terminar mi interrogatorio

Tío— Acompañaron a don Salvador Villanueva, como síndico: Rigoberto Novoa Blancarte, regidores: Bernardo González González, Rafael Valdovinos González, Arcelia Sánchez González, Francisco González Flores y Ramiro López Arias.

De 1969 a 1971, se desempeñó como presidente el señor Juan López Haro. Hombre tranquilo y conciliador; su carácter afable ayudó para conciliar los intereses de las comunidades rurales, construyó el rastro y terminó la construcción de la escuela Morelos, proyecto impulsado por Florentino Torres, desde hacía mucho tiempo y acogido e iniciado por la administración del señor Elías Elizondo.

Llevó, como síndico, al señor Rogelio González Zepeda y los regidores fueron: Napoleón Godínez Silva, José González Rodríguez, María Refugio Haro Partida , Manuel Contreras Corona y Luis Villanueva González.

De 1972 a 1974 el ayuntamiento estuvo presidido por el Doctor Daniel Ruiz Arcos, llevando como síndico al maestro Alfonso González Partida, y como regidores a Rosa María Partida Cárdenas, Baudelio Hernández Martínez , Juan Miranda Torres, Ernesto Villa y Ezequiel Orozco Corona. Durante su gestión, que según he escuchado, fue muy dinámica, entre otras cosas, se construyó el mercado municipal y la Escuela Vicente Guerrero. Para que te ubiques, ésta última está donde estaba la plaza del barrio que conocíamos como el barrio de "Sodoma y Gomorra".

Yo— ¡oh sí! De la capilla de la virgen del Perpetuo Socorro un poco hacia el poniente.

Tío— de 1975 a 1977 el señor Gilberto Barrios Corona, estuvo al frente de la presidencia; como candidato del PRI enfrentó una fuerte oposición interna, pues otros apoyaban al señor Daniel Mora, originario de Santiago Tangamandapio, quien ocupaba la Receptoría de Rentas y contaba con bastantes simpatizantes. Durante su gestión se cambió el piso de la plaza. Los otros integrantes del ayuntamiento fueron: síndico: maestro Fernando Villaseñor Villa y los regidores Vicente Mora Robledo, Abraham Sosa Martínez, Salvador Pulido Moreno, Miguel Torres Padilla y Samuel Castillo Partida.

De 1978 a 1980 fue presidente Municipal el señor Luis Valdovinos González, un exitoso industrial, muy popular y chambeador. Completaban el cabildo: Rigoberto Novoa Blancarte, síndico y los regidores: Antonio Villanueva Arias, Luis González y González, Ernesto Perales Aguilar, Benjamín Sánchez Marín e Isidro Chávez Buenrostro. Durante su gestión se pavimentaron las primeras calles de la población; por cierto, pavimentos de excelente calidad, pues han aguantado más que muchos posteriores.

Yo— ¿y el PAN no competía?

Tío— no, mucha gente era panista, pero el PAN no estaba organizado como tal en la población. Sin embargo dentro del mismo PRI ya iba creciendo el número de quienes exigían procesos internos democráticos. De esto ya fui testigo.

Cuando el PRI organizó su reunión, asamblea, o como le llamaran, para elegir su candidato, se presentó también otra opción encabezada por Librado Torrico, pero la cúpula del PRI ya había decidido, así que rápido despacharon la asamblea. Torrico era joven y llevó con él algunos jóvenes, seguro de que su dominio del lenguaje y su experiencia en las lides universitarias impactarían a los asistentes, pero no hubo oportunidad de hacerlas valer; por aclamación fue designado don Luis, quien, a mi gusto, se desempeñó bien como presidente; la gente le quería, era muy populachero, chambeador, sencillo, así que no tuvo especiales contratiempos.

Yo— afirmas que muchos eran panistas; ¿te lo imaginabas? o ¿qué te hacía pensar eso?

Tío— previas a las elecciones municipales, en el mismo año, pero meses antes, se tenían elecciones para diputados locales; ese año, un Josefino, el señor Federico Córdova, jugó como candidato suplente por el Partido Demócrata Mexicano, conocido como el partido del gallito, en cuyas filas estaban aglutinados quienes, tiempo atrás, militaron en el movimiento sinarquista; pues bien, Federico era mi amigo y me invitó a cuidar una casilla. ¡Una quimera!: nunca nos llegó el nombramiento, las credenciales para votar no contaban con fotografía, no se nos permitía acercarnos a la casilla, etc.; por amistad y "bondad" de los encargados de las casillas nos pasaron el resultado de la votación. No recuerdo el número de votos, pero el PRI ocupó el primer lugar, el PAN, sin campaña especial, ni se sabía quién era su candidato, ocupó el segundo y, bastante lejos, el PDM ocupó el tercer sitio, no obstante que el PDM si contaba con cierta organización;

Al frente del PDM, la gente reconocía el liderazgo del señor Constantino Torres, conocido también como Florentino.

Yo— me acuerdo del él, ¿no era un señor delgado que hacía huaraches?, ¿era el papá de Antonio Torres, compañero, mayor que nosotros, a quien le decíamos el papagayo?

Tío— Sí, era un hombre inquieto por las cuestiones sociales, muy directo al hablar, práctico; fue aguerrido promotor de la construcción de la que, después, fue la escuela Morelos.

Yo— Tío, ¿Qué te parece si lo que vayamos platicando me lo ilustras con hechos concretos para que yo tome nota de que es tu testimonio, no sólo tu sentir?

Alejandro— Y además nos entretiene, porque de pura lengua, me echo tres tacos.

Yo— ¿te acuerdas del libro del Padre Rodríguez? Al término de una consideración, ilustraba lo afirmado con simpáticos ejemplos, subrayándolo como: "en donde se confirma lo dicho con algunos ejemplos"

Tío— pues, a lo mejor, los ejemplos que dé no son simpáticos, pero sí serán, creo, muy ilustrativos.

Alejandro— eso espero, tío, porque la política es muy tenebrosa.

Yo— ¿tenebrosa por qué?

Alejandro— donde hay dinero, poder e intereses, no se sabe dónde quedó la bolita.

Yo— no debería ser así, pues el dinero, en la cuestión pública, no es del administrador, sino de la comunidad. El poder es prestado y se otorga para servir, no para servirse, y los intereses que se deben atender son los del pueblo, no los propios.

Tío— firmo lo que acabas de decir.

Yo— siempre lo he pensado así: un puesto público de elección es para servir a la comunidad; el pueblo elige para que le sirvan, no para rendirle pleitesía al elegido, o para que éste utilice el puesto para hacer dinero.

Pero continuemos, decías que muchos Josefinos eran azules y que lo comprobaste en las votaciones previas a las municipales de 1978.

Tío— Así es; los resultados de la elección para diputados, me permitieron constatar que la mejor opción, fuera del tricolor, para los Josefinos, era la de los azules. Don Luis González y González consigna en su libro Pueblo en Vilo que "los votos en favor del PAN expresan generalmente dos cosas: la actitud de repudio hacia el gobierno y la idea que tienen muchos y sobre todo las mujeres, de que votar por el PAN es votar por la Iglesia" — página 345, quinta edición.

Esto último yo lo percibo de diferente manera: votar por los azules es votar por nuestros valores.

Yo— por cierto, tío, ¿cuáles son los principios fundamentales de los azules?

Tío— El reconocimiento de la eminente dignidad de la persona humana; la primacía del bien común; la subsidiaridad; la solidaridad y la democracia como estilo de vida y de gobierno.

Alejandro— ¿tío los pinches Josefinos sabían de esos principios?, ¿entendían lo que es el bien común? No me diga que por eso se inclinaron al PAN. ¿Salieron cabrones los Josefinos o tienes buena imaginación?

Tío— Mira pulquín, no se necesita saber la definición de los principios para comulgar con ellos; como dice el refrán "al tragón se le conoce en la forma de agarrar el taco". Así en la forma de hacer política de los azules, los Josefinos captaron que este partido era a fin a lo que ellos esperaban y querían de los políticos: libertad, democracia, transparencia, cercanía...

Alejandro— pasemos al apartado "en donde se confirma lo dicho con algunos ejemplos". ¿tienes más ejemplos para que me convenzas?

Tío— Claro que sí, y, espero sean contundentes. Antes de traerlos a colación y para evitar que...

Alejandro— ¿que siga chingando?

Tío— No, que sigas preguntando. Preciso que hablaré mucho de mi propia experiencia, por lo tanto recurriré al "yo esto, yo aquello...", con frecuencia. Y, otra cosa, mucho de lo que contaré parecerán "demasiadas coincidencias", pero tengan en cuenta que cuando se inicia algo, se dan circunstancias "providenciales" que ayudan u obstaculizan el proyecto, y estas circunstancias determinan, en mucho, que la planta crezca o se marchite. En nuestro caso las considero favorables.

Yo— Vengan, pues, el o los ejemplos.

En 1980 se dan diversos hechos que hacen surgir al partido azul de manera institucional en el municipio; hechos que reafirmaron en mí dos convicciones personales: la que me dice que los azules, por los valores que defienden, son el partido más a fin a la forma de pensar de los Josefinos, y la otra, que el tricolor no era un partido, sino la única puerta de acceso al poder, en ese entonces controlada en su totalidad por el gobierno. El gobierno decía quién pasaba y quién no. El "partido tricolor" sólo servía para encausar lo que el sistema decidía; era un órgano más de gobierno.

Abril de 1980, a través de un aparato de sonido los azules invitan a escuchar las propuestas de su candidato a gobernador y de su candidato a diputado.

Dejo lo que estoy haciendo y corro a la plaza a escuchar a los candidatos.

Esperaba encontrar el jardín principal lleno de ciudadanos. Pero, ¡oh sorpresa!, no había nadie, sólo las gentes mayores que a diario se daban cita en la plaza del pueblo, 15 o veinte personas.

Dije, para mis adentros, "es que no avisaron de su venida a los dirigentes por eso no hay gente".

Los candidatos dirigían su mensaje desde el portal que conocemos como "portal del padre Federico". El candidato a gobernador, señor Don Adrián Peña Soto y Don Alberto Barragán Degollado, candidato a diputado, los dos buenos oradores; les acompañaba una comitiva de cuatro o cinco personas. Un joven subía y bajaba al portal, daba indicaciones a quien manejaba el aparato de sonido, parecía el coordinador. Al término del evento, este joven se acercó con un servidor y me entregó un volante; aproveché el momento para decirle: "¿por qué no avisaron del evento a los dirigentes?, tenían que haberles dicho que iban a venir". Me contestó: "porque aquí no tenemos dirigentes". Le contesto: ¿seguro que no hay dirigentes?, me responde: ¡claro!, yo soy Javier Barragán Zepeda, hijo de Don Alberto Barragán, candidato a diputado, soy el coordinador del distrito. Aquí no tenemos ningún contacto; ¿no nos ayudas tú?

Acepté sin pensarlo. Quedamos de seguir en contacto y prometió que nos enviaría publicidad.

Al retirarse los visitantes, se me acercó el señor José López Haro, quien me dijo: ¿les vas a ayudar? Sí, Don José. Entonces, me dice, cuenta conmigo; y ahí empezamos.

Para el día de la elección constitucional, ya contábamos con un grupo aceptable de personas dispuestas a apoyar las propuestas del PAN, entre las que recuerdo: a Aurora Gómez, una señorita mayor, muy identificada con los azules, Doña Elodia Rodríguez, la familia Becerra Alonso, María Elena Haro Partida, la familia Haro Guillén, la familia Ávila Mazcorro, la familia Partida Contreras, Don José Pulido, José Betancourt Partida, Salvador Pulido Zepeda, Ignacio Valencia, la familia Ramírez Arroyo, la familia Vargas Villanueva, Jorge Reyes Valdovinos, Javier y Salvador Vega, Abraham Martínez López y, obviamente, mis hermanos, muchos de mis primos, como Javier Villanueva González, Víctor Manuel Villanueva Magaña, Pablo Antonio y Rosa María Villanueva Moreno, Josefina Armida Villanueva, Socorro Villanueva... y de la comunidad del Jarrero David Chávez, los Mendoza, los Pulido... sin duda muchos otros, cuyos nombres no recuerdo ahora, esos ciudadanos anónimos que definen los caminos y que su sencillez les aleja de los reflectores.

Yo— Entiendo; yo me descubro ante las estatuas a los soldados desconocidos, antes que a las que ostentan algún nombre.

Alejandro— ¿las elecciones eran democráticas?, ¿no había trampas?

Tío— eran una simulación; la autoridad electoral, que era el propio gobierno, hacía y deshacía a su conveniencia.

Alejandro— "donde se confirma lo dicho con algunos ejemplos"

Tío— aquí van:

Días antes de la elección, vinieron de Sahuayo a capacitarnos para cuidar las casillas, haciéndonos énfasis en las triquiñuelas del gobierno para llenar las urnas.

Para esa elección entregamos el número requerido de personas para cubrir todas las casillas, más inexplicablemente, no nos llegaron las acreditaciones; así que no tuvimos representantes azules el día de la elección. Sólo un servidor, sin nombramiento, me presenté en una de las casillas

— Vengo como representante de los azules, dije al presidente de la mesa.

— ¿Su nombramiento?

— ¡Ah caray! No lo traigo, se me olvidó en la casa; voy por él y regreso.

— No hay problema, dice el presidente; siéntate ahí retiradito, para que cuando vengan los de Morelia, no nos regañen.

Teniendo muy presente las recomendaciones de quienes nos capacitaron para cuidar las casillas, me dispuse a hacerlo.

A las nueve de la mañana les traen unos bocadillos a los funcionarios de casillas. Me ofrecen, pero, amablemente, los rechazo: recordé que el capacitador nos había dicho: "no acepten nada de comer, pues en la comida les ponen laxantes para que se vean obligados a abandonar su puesto.

En el trascurso de la mañana volvieron a ofrecerme, dos o tres veces, algo de comer, pero lo rechacé.

Durante toda la mañana acudieron muy pocos votantes; así que todo en orden; sólo un detallazo: llegó un señor y arrojó sobre la mesa unas credenciales, al tiempo que decía: señor presidente, écheme trece boletas. El presidente de la mesa, voltea, me mira y le dice: "Don fulano, sólo podemos entregarle una boleta, aquí está el representante del PAN y dice que no acepta que se den más"

Don fulano me mira con extrañeza, recoge sus credenciales y dice: "pues ustedes se friegan, mi vieja y mis trabajadores no van a venir a perder el tiempo. No sé qué problema haya, yo sé por quién iban a votar, para qué hacerlos venir.

— Sí, Don fulano, le digo, pero la ley establece que el voto es personal, secreto y directo. Me responde: pendejadas, de todas maneras ya se sabe quién va a ganar. Recoge sus credenciales y se marcha.

En la boleta para gobernador por el PAN estaba Adrián Peña Soto, por el PRI, el Ing. Cuauhtémoc Cárdena Solorzano, el mismo Ing. Cuauhtémoc aparecía en el recuadro del PARM y del PPS, el PDM no presentó candidato y en recuadro del Partido Comunista aparecía el nombre de un tal Antonio Franco.

En la boleta para diputados por el PAN iba Don Alberto Barragán Degollado y por el PRI, si mal no recuerdo, la señora Carmen López de Hedman Palli.

A las tres de la tarde les traen de comer a los funcionarios de casilla; me ofrecen, pero no acepto, insisten…, les digo "gracias, de verdad, no tengo hambre, mejor voy por un refresco"; me levanto y voy a la terminal de los autobuses de Occidente, distante a unos 25 metros de la casilla; la terminal era atendida por Mariquita Pulido, simpatizante de los azules; tomé el refresco y un pan; aún no me daban el vuelto, cuando me percato de que el secretario de la casilla estaba introduciendo boletas en la urna. Como de rayo voy y le reclamo.

Secretario— ¿por qué te enojas, si sólo estaba votando?

Tío— ya habías votado.

Secretario— mira yo no había votado, y lo estaba haciendo, pero si crees que introduje boletas de más en la urna, mete tú otras por tu partido; ¿cuántas pude meter, si te acababas de ir?

Tío— no se trata de mete tú para que meta yo, sino de conocer la voluntad popular.

Ya no hubo más incidentes. De las tres casillas situadas en la cabecera municipal, el tricolor no llegaba a los trecientos votos, los azules le seguían con poca más de doscientos, el gallito

como cuarenta, dos para el PARM y tres para el PPS.

Al final los votos obtenidos en el estado fueron: para Cuauhtémoc Cárdenas más de 500,000, para Adrián Peña Soto apenas un poco más de 15,000; el PDM que no había presentado candidato a la gubernatura superó los 11,000 y sólo 3,000 y fracción para el partido comunista.

No obstante la victoria aplastante del tricolor y sus satélites: el PARM y el PPS, mi convicción, de que no sólo los Josefinos, sino la mayoría de los michoacanos se inclinaban a los azules, no cambió, pues había constatado de cerca que los resultados de las elecciones se manipulaban a gusto del gobierno, por lo que no representaban la voluntad popular.

Así se acercó la elección para presidente municipal, nuestra organización aún era precaria, pero ya se sentía su crecimiento.

Yo— ¿quién encabezaba al tricolor aquí en San José?, ¿qué organización tenía?

Tío— no sabría decirte, pues, si la había no contaba, pues el tricolor no era un partido, sino una junta de notables que decidían el rumbo de la política local con el visto bueno del gobierno estatal.

Alejandro— ¿la dictadura perfecta?

Tío— yo no lo veía como dictadura, porque tenían una hábil mano izquierda para simular democracia; aquí la junta de notables estaba conformada por los líderes que encabezaban las diferentes áreas sociales de la comunidad.

Alejandro— ¿la aristocracia?

Tío— la aristocracia, si le quitas el calificativo de los "mejores", no porque no fueran buenas personas, sino porque considero que el calificativo "mejores", lleva cierta connotación moral, y aunque todos eran líderes, algunos no eran ejemplo de moralidad.

Alejandro— ¿cómo se entendían si todos eran líderes?

Tío— porque entre líderes, unos son más líderes y llevan la batuta.

Yo— ¿y aquí quiénes eran los de la batuta?

Tío— mi visión, muy personal, cuando escuches a los de enfrente tendrás, con seguridad, otra versión; la expondré a grandes rasgos: la junta de notables no tenía un número determinado de integrantes, ni siempre eran los mismos; ahí estaban quienes destacaban en la actividad ganadera o en la industria, en el comercio o en la prestación de servicios…, quienes tenían responsabilidades importantes, como el cura del pueblo, el gerente del banco, directores de escuela…

Yo— ¿pero, quién los convocaba?, porque no se convocaban solos.

Tío— no, los que llevaban la batuta juzgaban la oportunidad de convocar y decidían a quiénes sí y a quiénes no.

Alejandro— ahí está el punto, ¿Quiénes dirigían la orquesta?

Tío— como en cualquier grupo el peso lo compartían varios. En esos años, después de la muerte del padre Federico, un 11 de mayo de 1969, surgieron dos liderazgos muy marcados: Bernardo González Cárdenas, hermano del padre; él aglutinaba, digamos, a los "intelectuales", y Antonio Villanueva Arias a los "pragmáticos". Los primeros más selectivos, los segundos más populacheros.

Alejandro— y ahora sí, confirma lo dicho con algunos ejemplos.

Tío— año 1980, después de la elección de gobernador y diputados, llevada a cabo a la mitad del año, se iniciaba el proceso para elegir los gobiernos municipales; esta elección tenía lugar por los meses de noviembre o diciembre. Los tricolores comenzaron a cabildear para llegar unidos a la designación del candidato y evitar cualquier mal rato; la oposición aún los tenía sin cuidado, pues el Partido Demócrata Mexicano, con cierta fuerza histórica en el municipio, no vivía sus mejores momentos a nivel nacional, y en lo local, sólo quedaba el liderazgo del señor Constantino Torres. El licenciado Gildardo González Sánchez, quien había encabezado las juventudes del partido a nivel nacional, no radicaba ya en el pueblo, su prima Consuelo Sánchez González, quien también había destacado en el sector femenil nacional, se había retirado, al igual que su hermano José. Los azules pintaban en los resultados, pero no como partido organizado en la población.

Mas sigamos con los ejemplos. Los tricolores buscando encontrar coincidencias que zanjaran posibles diferencias entre ellos, decidieron promover a la presidencia a un servidor.

La cosa se dio así: una tarde, después de una junta de notables, regresó al banco el gerente de ese entonces, señor Guillermo Velázquez, yo laboraba en el banco, y me dice:

— Luis, por comentarios que te he escuchado, pensé que eras azul. Le respondí:

— Y lo soy; ¿por qué?

— Pues mira, yo también me inclino a los azules, y quiero informarte que vengo de una reunión donde estuvo gente importante de la comunidad, entre ellos el señor cura Carlos Moreno, y llegaron al acuerdo de proponerte como candidato a la presidencia de San José por los tricolores; porque, dijeron "es joven, tiene estudios, acaba de salir del seminario y lo podemos guiar". ¿Sabes lo que significa "lo podemos guiar"?

— Sí, que me pueden manipular.

— Te lo informo, porque van a venir a pedir te deje salir para que asistas a una reunión donde te propondrán ser candidato. Yo no me puedo oponer, pues la mayoría son consejeros y excelentes clientes del banco.

Después de un rato llegó el señor José María García Sosa; habló con el gerente y luego se dirigió a la caja donde yo trabajaba.

— Luis, ya le pedí autorización al gerente para que nos acompañes a una junta.

— ¿De qué se trata Don Chema?

— De una reunión donde se designará al candidato de los tricolores.

— ¡híjole! Don Chema, yo soy de los azules—

— ¿Cómo?, ni modo, no hay problema. Y se retira.

Don Chema era una persona sumamente afable; en el equipo de los notables jugaba el duro papel de representar a la autoridad electoral; Don Chema se inclinaba al grupo de los pragmáticos; aguantaba vara, nunca perdía la compostura y siempre les sacaba las castañas del fuego..

Media hora después de su visita, me llama Antonio Villanueva, (Toño era mi primo hermano y padrino de Confirmación; me decía "mécharo")

— Oye mécharo, cuando termines de trabajar, ¿puedes venir para que platiquemos un rato?; te invito un mezcal.

— Claro que sí, Toño, por ahí nos vemos.

A las ocho de la noche llegué a su casa y, en pocas palabras, este fue el resumen de nuestra conversación:

— Mécharo ¿le vas a los azules?

— Sí Toño.

— Pues fíjate, yo creo que un 90% de los Josefinos somos azules; no puede ser de otra manera; un presidente del tricolor atentó contra la libertad religiosa y eso cala; la ley para ellos no aplica, y eso encabrona. Pero te voy a hacer una pregunta: ¿quién gobierna al país?

— Los tricolores

— ¿Quién gobierna al estado?

— Los tricolores.

— Entonces nos conviene estar con los tricolores si queremos jalar algún apoyo para el pueblo; de por si estamos muy lejos, geográficamente, de la capital; además el gobierno no nos ve bien por la participación de los Josefinos en la guerra cristera y, si por añadidura, nos pintamos de azul, más olvidados nos van a tener.

No recuerdo lo que le contesté, ni cómo siguió la conversación; sólo recuerdo que al final Toño remató:

— Mira mécharo, yo no tengo sangre de héroe, pero me gusta velar por mi pueblo, por eso creo conveniente vestirnos de tricolores. Yo contesté algo así como:

— Estás en tu derecho, yo, por el contrario, creo que lo mejor es poner nuestro grano de arena para lograr gobiernos democráticos, justos y que respeten la libertad; así que seguiré apoyando a los azules.

Cancelada esta opción, se volvieron a reunir los notables, poniéndose a consideración dos propuestas. Los intelectuales proponían para candidata, a la maestra María Teresa González Ruiz, quien gozaba de gran aceptación y liderazgo en el CBTA, por aquel entonces, la máxima casa de estudios en San José. Los pragmáticos se inclinaban por el joven Rogelio Arteaga Álvarez, quien estaba destacando, junto con su familia, en la fabricación de azahares (adornos para XV años, novias y eventos diversos) quien además gozaba de aceptación entre los jóvenes amantes del deporte. Todo indicaba que se impondrían los pragmáticos, y así fue.

En este diferendo me tocó ser testigo de cómo fluía la relación entre los líderes de la cabecera municipal y los de las comunidades rurales.

Por esos días el gerente del banco salió de vacaciones y fue sustituido por Don Santiago Saucedo, una persona de excelente trato. Una tarde Don Santiago me pide le acompañe a visitar a Don Antonio Villanueva para presentarse y actualizar su línea de crédito. Buena plática, mejor mezcal y caímos en el tema de la política. Don Santiago también se inclinaba a los azules.

— Don Toño ¿y aquí cómo se maneja la política?, ¿quién trae los ases?

— Aquí le apostamos a llevar las cosas en paz. No deja la gente de decir que si los tricolores gobiernan para sus intereses, que si fulano y zutano son los que deciden; pero la realidad es que se toma en cuenta lo que la gente quiere. Uno nada más aconseja.

En ese momento le avisan a Don Toño que el señor Ezequiel Orozco, uno de los líderes de la comunidad del Paso Real, quiere hablar con él; no alcanza a contestar Don Toño, cuando Ezequiel, que había seguido a quien le abrió la puerta, ya estaba ahí y le dice:

— Don Toño, una disculpa por interrumpir su reunión, pero es que ya es de noche y voy para el Paso Real y mañana tenemos una junta para ver lo del candidato; quiero que me diga cuál es el bueno.

— Mira, Ezequiel, tenemos dos buenas opciones: la maestra María Teresa González Ruiz, muy capaz y estimada por los jóvenes de la preparatoria y a Rogelio Arteaga Álvarez, un muchacho que, sin tener estudios especiales, te hace planos de casas como si fuera un arquitecto, no es el mayor de su casa, y sin embargo hace cabeza, tiene visión y es emprendedor. Los dos son buenos, pero yo me pregunto ¿nuestro pueblo está preparado para que una mujer lo gobierne?

— Ya entendí, Don Toño, muchas gracias; y se retira.

Entonces Don Santiago le dice socarronamente:

— Don Toño, usted no decide, pero sí orienta.

— Don Santiago, yo doy mi opinión a quien me la pide.

Días después, el tricolor presentó como candidato a Rogelio Arteaga Álvarez; los partidarios de la maestra lo aceptaron, pero quedaron muy contrariados.

Quienes nos ostentábamos como azules consideramos que aún no teníamos la organización suficiente como para competir en esa elección; pero, por otra parte, creíamos que era oportuno dar a conocer nuestra opción, así que decidimos apoyar al partido Demócrata Mexicano, cercano a nuestros principios, partido que si presentaría candidato.

Cuando conocimos la planilla del PDM, encabezada por el señor José Valdovinos Partida, yerno de don Constantino, objetamos el que estuviera integrada, en su mayoría, por puros familiares. Ellos lo justificaron comentándonos que, en un inicio, habían integrado la planilla con personas de los diferentes sectores, pero que los tricolores habían hablado con los propuestos y éstos, a última hora, dijeron que siempre no, por eso no les quedó otro camino que integrar la planilla con su gente cercana.

Cerraron campaña con un mitin frente al portal del Padre Federico, pues el kiosco estaba reservado para el partido oficial.

Para dejar clara nuestra postura, los nuestros decidieron que yo hiciera acto de presencia en el cierre de campaña del PDM. Así lo hice, llevando en mi brazo un logo grande del PAN, y cuando me concedieron la palabra, enfaticé que los azules no tenían candidato, pero si votos y que hacíamos nuestras las propuestas del señor José Valdovinos Partida.

En su intervención, Don José hizo mucho énfasis en la deficiente labor policiaca, pues, aseguró, los robos a casas habitación iban en aumento. Muchos años después, cuando Don José recordaba su intervención, la confirmaba diciendo: "¿eran o no acertados mis señalamientos?, justo cuando yo estaba hablando en el mitin, estaban robando una casa, así lo supimos al día siguiente". "les dimos buena pelea. Decían que no les quitábamos el sueño y el sueño se convirtió en pesadilla. Me ayudó a preparar el discurso para el cierre, la señorita Enué Sánchez y me lo revisó el ingeniero Bernardo González Godínez".

No recuerdo el resultado de la elección, pero la victoria del tricolor fue, como siempre, aplastante.

Alejandro — ¿no crees, tío, que esas participaciones de la oposición, sólo servían para dar visos de legalidad a los triunfos del tricolor?

Tío— no lo veo así, más bien creo que los partidos de oposición, el PAN y el PDM en su corta vida, sembraron esperanza, formaron ciudadanía y no dejaron que la llama de la democracia se apagará; su oposición al gobierno fue real, pero muy responsable. El gobierno, por su parte, para simular democracia, mantenía a dos partidos satélites: el PARM y el PPS, Partidos que por no ser genuinos nunca crecieron y el electorado los veía con desprecio. Al PARM el gobierno lo utilizaba para canalizar las inquietudes de los más conservadores y al PPS para aglutinar las voces de izquierda. Por esta época, ya entre los tricolores se oían voces que reclamaban mayor democracia. Aquí en San José, la junta de notables ya no era tan monolítica y las voces de inconformidad se escuchaban más alto.

Yo— ¿cuál fue la relación del nuevo presidente con la junta de notables?

Tío— lo desconozco; los líderes tenían mucha mano izquierda, así que su influencia aparecía como apoyo a la autoridad y no como injerencia.

Alejandro— confirma lo dicho con algún ejemplo, estimado pulquín.

Tío— al inicio de la administración de Rogelio, coincidimos, en el café "parroquia" que administraba Beto Partida, con un grupo de amigos mutuos y el tema de moda, la política, salió a colación. Ahí Rogelio manifestó la intención de convocar, cada mes, a quienes estábamos presentes para escuchar críticas de lo que, a nuestros ojos, estuviera haciendo mal y para recibir sugerencias y escuchar opiniones. "Quiero saber lo que piensa la gente y no sólo lo que mis amigos me dicen". Nos reunimos dos o tres veces; si mal no recuerdo en una casa que Rogelio tenía en la calle Galeana, entre las calles Independencia e Iturbide. Después ya no hubo convocatoria. Sobre el caso un amigo me comentó que Rogelio había recibido indicaciones de que no nos convocara más, que para eso tenía a su cabildo. ¿Indicaciones de quién?, le pregunté. El amigo me dijo que las indicaciones le habían llegado del tricolor estatal o del gobierno, que era lo mismo, pero que el tricolor municipal no se había metido para nada.

Ahí quedó ese intento de democracia participativa.

Así llegó el año 1982 con nuevas oportunidades de crecimiento, pues era año de elecciones federales; para ese entonces, los compañeros del partido Demócrata Mexicano, ya se habían integrado a los azules. Los candidatos a la presidencia de la República fueron, por el PAN el ingeniero Pablo Emilio Madero, y por el PRI el Licenciado Miguel de La Madrid.

Yo— ¿cómo elegían los azules a sus candidatos?

Tío— se registraban las personas que querían ser candidatos y, en una convención, prácticamente abierta, pues no se tenía un padrón de azules, se elegía al candidato, que, para ganar, debía obtener las dos terceras partes de la votación.

Alejandro— Pulquín, a comprobar lo dicho con algunos ejemplos

Tío— En el distrito, los compañeros de Sahuayo alentaron la candidatura de Don Manuel Pérez Valencia, para la diputación federal; Don Manuel era un hombre que, además de su preparación académica y experiencia, gozaba del talento de poseer una voz grave y sonora.

Para motivar más a los azules que empezaban a surgir con entusiasmo en el distrito, se acordó que cada municipio, donde los azules estuvieran organizados, presentara un precandidato a la diputación, en el entendido que Don Manuel por su trayectoria y apoyo de los sahuayenses, sería el candidato.

Javier Barragán, que de facto coordinaba los esfuerzos azules en el distrito, fijó un período de 30 días para proponer precandidatos; Felipe Prado, un joven inteligente, hábil y audaz, propuso que si no se lograba que algunos municipios presentaran precandidatos, para que Don Manuel no fuera solo, nos comprometiéramos a participa Javier, Felipe y un servidor, pues teníamos que darles una lección de democracia a los tricolores.

Yo confiaba en convencer a Don Gildardo González Sánchez, él tenía experiencia en la arena política, estaba preparado y su compromiso con la gente era reconocido; más, como no vivía en San José, no pudimos localizarlo y el plazo se terminó. Así que me tocó atorarle; lo hice con la confianza de que Don Manuel, con el apoyo de los azules de Sahuayo, y por su preparación, sería el candidato. Por Cojumatlán se registró el doctor Fernando Basurto y por Pajacuarán una señora cuyo apellido era Maravilla, no recuerdo su nombre.

En aquel entonces las convenciones de los azules se integraban con todos los ciudadanos que decían coincidir con los principios de doctrina de este partido; no existía un padrón propiamente dicho; así que el día de la convención para salir con algunos votos, invité a unos amigos con quienes jugábamos futbol. Ese día, domingo, tenía partido a las nueve; terminando el encuentro, les dije a mis amigos: voy a Sahuayo a esto, ¿quién quiere acompañarme?; a las once ya íbamos a Sahuayo unos 18 compañeros.

El salón donde se llevó a cabo la convención estaba ubicado en la calle Madero. Al llegar quedamos gratamente impresionados, pues estaba lleno, había mucho ánimo y excelente ambiente.

Javier Barragán explicó la mecánica de la elección: tres minutos para que un presentador hablara de su candidato; después cinco minutos para que cada candidato presentara sus propuestas; acto seguido vendría la elección.

Felipe Prado, quien fungía como secretario de la convención, dio a conocer los resultados.

No los recuerdo, pero más o menos el panorama fue así:

Cojumatlán 8 votos para Basurto dos para Don Manuel

Pajacuarán 14 votos para la señora Maravilla 5 para Don Manuel

San José 17 para un servidor, 1 para Don Manuel

Sahuayo 35 para Don Manuel, 78 para un servidor.

Se me vino el mundo encima. Javier dice: tiene la palabra Luis Guillermo para que nos dé su mensaje como candidato. Pido hablar antes con él y con Felipe; les reclamo que el acuerdo era que Don Manuel iba y que los azules de Sahuayo, le iban a apoyar. Viene Don Manuel y me dice: Luis Guillermo, una disculpa; hicieron un trabajo excelente y la gente respondió; efectivamente yo trabajé para ganar, pero hace una semana se me presentó un problema de salud y el médico me ordenó evitar todo aquello que me estresara o exigiera de mí algún esfuerzo emocional; le informé de mi compromiso político y me aconsejó no seguir adelante. Por eso y para que la estrategia que habían diseñado no se viera perjudicada, no renuncié, pero trabajé para que tú ganaras.

— Lo entiendo Don Manuel, pero me lo hubieran dicho; no tengo el tiempo, ni los recursos para hacer una campaña digna (en ese entonces los partidos no recibían apoyo del gobierno, todo salía del bolsillo de los simpatizantes y del propio candidato)

— Luis Guillermo, no podemos desaprovechar el excelente despertar de la gente; yo me comprometo a que no te vamos a dejar solo.

Di mi discurso de aceptación; se me tomó la protesta y, después de los abrazos de felicitación, pedí hablar de nuevo con Javier, Felipe y Don Manuel. Acordamos dedicar todos los fines de semana a la campaña; los sábados visitaríamos las comunidades rurales y el domingo las cabeceras municipales; el aparato y carro de sonido lo aportaría Don Felipe Pérez, hermano de don Manuel, el carro para trasladar al candidato Javier Barragán, el costo de volanteo, gasolina y extras lo coordinaría Felipe Prado y su hermano Enrique y los autos para el traslado de los simpatizantes serían conseguidos y coordinados por Juan José Barragán...

Como suplente se eligió a Don Antonio Castellanos, buen amigo, afable, conciliador y comprometido, nunca falló a los recorridos.

Alejandro— ya me estas emocionando, veo que había generosidad y ánimo.

Tío— empezamos con el pie izquierdo. El primer sábado nos propusimos visitar las comunidades rurales de Briseñas. La estrategia sería visitar a los electores, casa por casa, mientras el carro de sonido perifoneaba, si encontrábamos a algún conocido lo jalábamos para que nos acompañara; propósito era no salir de la comunidad hasta que consiguiéramos, por lo menos, a los representantes de casilla requeridos. Esa mañana llegamos a la comunidad de Ibarra y esperamos a que todos los acompañantes llegaran; más de veinte vehículos habían salido de Sahuayo, pero sólo habían llegado 7, los otros no llegaban. La red de brechas en la Ciénega de Chapala confunde a quienes no la han transitado mucho, pero hoy no era el caso, sucede que en un entronque la camioneta de un campesino se impactó con el auto de Enrique Prado, la caravana se detuvo hasta que arreglaron el asunto y el automóvil de Enrique fue recogido por la grúa; el propio Enrique y el campesino fueron llevados a un hospital para una revisión. Salvador Pulido Zepeda, Josefino que me acompañó durante toda la campaña, también iba en el carro de Enrique, pero aseguró que se sentía bien, que nada le había pasado, así que subió a otra camioneta y llegó a Ibarra . Resuelto el problema empezamos el barrido, casa por casa. Platicábamos con una señora cuando ella nos observa: ese amigo suyo, el del sombrero, refiriéndose a Salvador, trae sangre detrás de la oreja; efectivamente, le pedimos se quitara el sombrero, la sangre cubría la parte posterior de su cabeza, ¿la causa?, un escandaloso raspón, afortunadamente superficial. La propia señora nos proveyó de agua, limones y gazas, material suficiente para que todo marchara bien.

El tropezón inicial permitió que los ciudadanos de Ibarra nos conocieran mejor y el día de la elección tuvo sus frutos: ganamos esa casilla, casi por zapato.

Alejandro— explícame eso de "casi por zapato"

Tío— cuando el triunfo en una casilla era total para un candidato y los otros contendientes no sacaban ni el voto de sus representantes; a eso le llamábamos "casilla zapato". En la época del tricolor esto sucedía con relativa frecuencia.

Así recorrimos todo el distrito. En Pajacuarán, Don Alfonso Méndez Ramírez, destacado panista zamorano, fue nuestro principal promotor.

La gente de San José desconocía que ya otro Josefino, Federico Córdova, había jugado, aunque de suplente, para una diputación, por lo que consideraron que los azules sí tomaban en cuenta a los Josefinos, y nos dieron todo su apoyo. Ganamos en el municipio. Cierto, los notables no metieron mucho las manos, pues consideraron que no bastaría que ganara San José para ganar el distrito.

Para llevar a cabo la campaña y tener un punto de referencia en la población, nos prestaron una casa ubicada en la calle independencia, por donde, ahora, se ubica un pequeño pasaje comercial. La casa estaba muy deteriorada, el techo estaba apuntalado con morillos. Casi no utilizamos su interior por el peligro de que el techo se viniera abajo, pero por fuera, Raúl Córdova Godínez y otros amigos, pintaron el logo de los azules, en gran tamaño y el resto de la fachada lució los colores azul y blanco. Llamaba mucho la atención.

Al final de la campaña se cambió la sede del comité a la carpintería del señor José Valdovinos.

Yo— ¿Cómo les fue en la elección?

Tío— Mejor de lo esperado: Cotija, Sahuayo, Briseñas y San José de Gracia nos respondieron de manera excelente; pero los mejores frutos, además de los votos obtenidos, fueron el crecimiento importante en el número de simpatizantes y afiliados a los azules; la organización formal del partido en varios municipios y el conocimiento constatable, de cómo funcionaba el "sistema electoral", controlado por el gobierno e integrado por personas afines al mismo.

Alejandro— venga tío, algo de comprobación de lo dicho con algunos ejemplos, pues ya me estoy durmiendo.

Para los jóvenes de hoy, las condiciones electorales de esos tiempos, les parecerán absurdas:

— La credencial electoral no contaba con fotografía

— La lista nominal de electores no respaldaba puntualmente a quienes contaban con credencial; así que, si tenías credencial, pero no aparecías en la lista nominal, o aparecía tu nombre en la lista, pero no tenías credencial, el que pudieras votar o no quedaba en manos de los funcionarios de casilla.

— Todos los funcionarios de casilla eran incondicionales del régimen

— El presidente de la Comisión Estatal Electoral era el secretario de gobierno.

— La lista de electores sólo se conocía el día de la elección.

— Realizada la elección, en el caso de los diputados, quienes salían electos se reunían en "Colegio Electoral" para declarar la validez, o no, de su propia elección. Tratándose de los ayuntamientos era el cabildo saliente el que declaraba la validez de la elección.

— La labor de vigilancia del cumplimiento de la ley de los representantes de los partidos en las casillas, el día de la elección, prácticamente dependía de la voluntad del presidente de casilla, quien decidía si podías, o no, estar cerca de las urnas para realizar tu labor.

Hablando de la elección que nos ocupa, los paquetes electorales debían estar en el comité distrital, a más tardar el miércoles siguiente al día de la elección, de lo contrario, la votación emitida en la casilla era anulada.

Como representantes de los azules en el comité distrital habíamos registrado a Javier Barragán Zepeda y a Felipe Prado Pérez. Todos los funcionarios del Comité electoral bateaban, abiertamente, para los tricolores; este partido no necesitaba representante, pero oficialmente tenían registrado, si mal no recuerdo, al Licenciado Enrique Gudiño Magaña, quien, al principio no asistía a las reuniones. No contaban con que la capacidad de argumentación y el conocimiento de la ley electoral, además de la habilidad y, diría yo, la osadía para su interpretación, de los representantes de los azules, les pondrían en serios aprietos, así que pidieron refuerzos; el licenciado Gudiño vino en su auxilio, pero era tal el desaseo de paquetes, actas y demás, que el licenciado poco podía hacer, los nuestros con la ley en la mano, demostraban una a una las irregularidades; el poco oficio de los funcionarios electorales hacían las cosas más fáciles para nosotros; el licenciado Gudiño no daba crédito a aquel desorden, y como abogado que se preciaba de respetar la ley, no podía defender lo indefendible, así que, una tarde, aventó el arpa y les dejó solos. Los funcionarios, impotentes, amenazaron a nuestros representantes: " si siguen exigiendo la anulación de casillas, ya nos dijeron los militares que resguardan el comité, que cuando salgan en la noche (salíamos después de la once de la noche), les van a dar una madriza".

Felipe— ¿cómo dice, señor presidente?, ¿sabe lo que nos hacen los militares?, nos hacen los mandados. ¿quiere verlo?

Presidente— sí, si quiero verlo.

Felipe— ¡Oficial!, grita. Entra uno de los soldados diciendo ¿qué se le ofrece, señor?

Felipe— ¿sería tan amable de traernos unos refrescos? Y le entrega un billete para que los compre. El militar, amablemente, le dice que con gusto.

Silencio absoluto; miradas de coraje entre los funcionarios.

Yo me preocupe, pues pensé que el presidente podría manejar el incidente como una burla al ejército y así planteárselo a los soldados; salí detrás del militar que se dirigía a comprar los refrescos y le pregunté quién era el oficial al mando. Aquel que está allá, me dijo, es el teniente fulano. Voy y le comento el asunto, "para que no le vengan con otra versión", le dije.

El teniente me responde: Mire, candidato, nuestra función consiste en resguardar el comité para evitar que personas ajenas interrumpan su trabajo; así que si ustedes quieren partirles la madre a los funcionarios electorales, háganlo, nosotros no vamos a intervenir. Comprendemos su lucha e indignación; ¿cómo es posible que ustedes llevan aquí varios días analizando y computando votos, y aún no saben quién ganó legalmente, cuando nosotros, el mismo domingo a las ocho de la noche, se nos notificó que la fidelidad del ejército es para el Licenciado Miguel de la Madrid, quien "triunfó en el proceso electoral"?

Al día siguiente, jueves, llegaron los paquetes electorales de Yurécuaro; obviamente fuera de tiempo y, por ende, esa votación debía ser anulada. El presidente del comité, molesto, le reclamó su irresponsabilidad a quien los traía. Aquel personaje le responde, recogiendo los paquetes, "es más, los votos son para mi licenciado Ballinas, (candidato del PRI) no para usted y se los lleva".

El licenciado Gudiño nada más mueve la cabeza.

Por la tarde se apersona el licenciado Armando Ballinas en el comité electoral para exhortarnos a aceptar la derrota.

— Armando: "Luis Guillermo, te gané por más de 20,000 votos; si logran que se anulen las elecciones, volveré a contender y entonces te ganaré por más de 30,000".

— Un servidor: Armando lo que quiero saber es si esos votos que obtuviste están respaldados por electores de carne y hueso, pues las actas que los respaldan dejan mucho que desear: falta un número importante de actas, las que hay son impugnables por sus inconsistencias y otras, no pocas, han llegado al comité vencido el plazo, por lo que son nulas...

No hubo acuerdo posible.

El viernes llega al comité personal de la Comisión Estatal Electoral, ponen a los funcionarios como palo de gallina, recogen toda la documentación y material electoral y dirigiéndose a nosotros, afirman: –"Esto se analizará en la Comisión Estatal en Morelia, ustedes ya no pueden intervenir, tenemos conocimiento de que se les ha permitido realizar funciones propias de los funcionarios electorales y eso les puede traer consecuencias".

Javier Barragán— ¿quieren amedrentarnos?, no le busquen porque convocamos a la gente y no salen de aquí.

Funcionario— eso es amenaza.

Felipe— tómenlo como quieran. Los funcionarios les están entregando toda la documentación que fundamenta la realidad de cómo fue la elección y eso no es legal.

Funcionario— la documentación será depositada en la comisión estatal electoral , que es la máxima autoridad electoral, ustedes ahí tienen un representante que los defienda. Dicho esto, salieron como ladrones de banco, subieron a dos camionetas y emprendieron la huida.

En Morelia la comisión Estatal Electoral acreditó el triunfo del Licenciado Armando Ballinas Mayés.

Yo— ¿un triunfo respaldado por votos o no?

Tío— ciertamente, así lo consignaban los números aparecidos en las actas; la duda era si esos votos computados los emitieron los electores o "los contabilizaron" los funcionarios de casillas a conveniencia del régimen.

Yo— ¿qué te hacía dudar de ello?

Tío— la lógica. Mira: las casillas que no logramos cuidar arrojaban una votación muy alta para los tricolores y, por otro lado las casillas que si pudimos vigilar, el porcentaje de la votación fue menor y el resultado era una votación muy cerrada entre tricolores y azules.

Yo— ¿por qué razón no cuidaron todas las casillas?

Tío— porque en buena parte del distrito, aunque teníamos simpatizantes, el partido no contaba con estructura. Añádele que no era fácil convencer a los ciudadanos para que cuidasen una casilla, pues participar abiertamente por un partido de oposición, era salir del círculo de las "personas bien", y como representante de casilla, te hostigaba personal de la Comisión Estatal Electoral impidiéndote realizar adecuadamente tu labor de vigilancia.

Alejandro— anécdotas, pulquín, para que confirmes lo dicho.

Tío— sobran las anécdotas: tenían todo tan controlado que unos días antes de la elección, el Licenciado Armando Ballinas me encuentra y me dice: "Luis Guillermo les vamos a ganar en todos los municipios, incluido San José de Gracia, así que vayan haciéndose el ánimo". La puya caló y para pronto le contesté, "pues tengo mis dudas, pero, mínimo, en San José de Gracia te brindo el triunfo"; "¿qué?, responde Ballinas, mil pesos a que te gano"," mil a que gano yo". No recuerdo con exactitud por cuantos votos, pero San José de Gracia lo ganamos; Armando no lo podía creer; mientras pagaba la apuesta, no dejaba de lamentarse: "los tricolores de San José me deben una explicación y me la tendrán que dar, no podemos perder una casilla, mucho menos un municipio". Satisfecho por mi pírrico triunfo, le dije: "me retiraré de la política el día que los azules ganemos el distrito de Jiquilpan". Armando soltó la carcajada: "podrán ganar algún otro distrito, pero el distrito de Jiquilpan, jamás; si eso se diera, yo también me retiraría ese día de la política, pero como eso no va a suceder, estoy condenado a seguirle". ¡Oh caminos insondables del destino!: 18 años después, coincidimos en otra contienda electoral, él por los tricolores y yo por los azules, era el año 2000 y contendíamos por un escaño en el senado; el triunfo se lo llevaron los amarillos con Lázaro Cárdenas Batel, pero el distrito lo ganamos los azules con Francisco Javier Ortiz Esquivel.

Armando, ¿recuerdas lo que dijimos allá en el año 1982, que nos retiraríamos de la política, el día que los azules ganaran el distrito de Jiquilpan? Me responde: "¡cierto! Luis Guillermo, pero, ¿por qué tanta prisa? aún queda camino, vamos a seguirle"

Sólo mencionaré una anécdota más, producto de la astucia de un destacado Josefino.

En la campaña me encontré con Don Honorato González Buenrostro, quien se había distinguido en la justa cristera por poseer una puntería digna del mejor francotirador, y ahora gozaba de una buena posición social y económica. "Sobrino, me dice, échale ganas, estamos contigo, aunque la montaña que pretendes escalar es más alta que el Everest". Ese mismo día por la noche, Don Honorato ofreció una cena, con mariachi y todo, al candidato tricolor. Aunque yo sabía que Don Honorato se inclinaba a los tricolores y era miembro de la junta de los notables, y que lo que me dijo fue un cumplido de cortesía, al siguiente día me hice el encontradizo y le reclamé: — ¿qué pasó, tío Honorato?, ¿no que estaba conmigo?

Don Honorato sonríe y me contesta: ¡claro que estoy contigo sobrino!, la cena para Ballinas y el voto para ti, ¿o prefieres al revés?

Alejandro— te chingó pulquín.

Tío— así fue, astucia de un experimentado y sagaz lobo.

Yo— ¿qué me puedes decir del ayuntamiento de Rogelio Arteaga?

Tío— no fue malo; tuvo el dinamismo de un joven que llegaba a la presidencia a ser presidente, no a estar de presidente; despachaba, como debía ser, en la presidencia; no tenías que andarlo buscando o esperar a que se desocupara de sus labores particulares; logró buena sinergia con los grupos organizados, sobre todo con el Club de Leones, por ese tiempo, un grupo muy participativo, lo que le permitió emprender algunas obras, como la construcción de un nuevo rastro, un kínder, la primera etapa de la unidad deportiva, inició la construcción de un centro de salud en la cabecera municipal, así como otro en la comunidad de Ojo de Rana, una perforación para agua potable en la comunidad del Sabino. Durante su gestión, con el apoyo de muchos Josefinos, se logró que San José recobrara, oficialmente, su nombre original.

No obstante la voluntad y buena disposición de Rogelio, la autonomía municipal no existía, pues todo estaba supeditado a la voluntad del gobierno estatal y el partidazo seguía siendo un órgano más de gobierno. Prueba es que podrás encontrar en los archivos municipales recibos que acreditan que el ayuntamiento pagaba los gastos del partido tricolor, como eran la renta del local y secretaria.

Bueno, creo que ya he hablado demasiado de mí y mis circunstancias; ahora quiero escuchar algo de ustedes.

Yo— Tiempo habrá, tío; hoy me interesa conocer cómo ven, los ciudadanos de a pie, la marcha de la nación

Alejandro: ¿qué, no vives en el país azteca?, ¿dónde vives?, ¿qué, no te das cuenta de cómo andamos en nuestro México querido? Yo vivo en el país del norte y, como si viviera aquí, me entero de todo.

No, Alejandro, una cosa es escuchar y otra vivir, entender y soportar las acciones del poder.

Regresé al país azteca en el año 1968 y, desde entonces he vivido en el país. ¿dónde?, en muchos lados; pero siempre en la penumbra; podría decir que he vivido en las entrañas del poder, sin experimentar sus consecuencias, por eso el interés de platicar con el tío sobre el tema.

Vuelvo al interrogatorio.

¿Para ti, tío, en 1982 los procesos electorales seguían siendo una ficción?

Tío— así es; el poder manejaba al poder para seguir disfrutando del poder. Las elecciones les representaban un riesgo, por eso desde el poder se controlaban.

Así llegamos a las elecciones municipales del año 1983; es presidente del país el Licenciado Miguel de la Madrid Hurtado y gobernador del estado de Michoacán el ing. Cuauhtémoc Cárdenas Solorzano; en la vida pública se siente la presión social exigiendo se abra el sistema político; dentro de los mismos tricolores el empuje por el cambio es notorio.

En el municipio de Marcos Castellanos la elección federal del año anterior, dejó, sobre todo en los azules, la confianza de que se le puede ganar al tricolor no obstante sus triquiñuelas. Los azules, a nivel municipal, están en crecimiento y con el ánimo en las nubes; seguros de poder triunfar, buscan al licenciado Gildardo González, antiguo líder sinarquista, para que encabece la planilla. Por fin logran contactarlo.

Por motivos personales, dice, no puede aceptar encabezar la planilla, pero promete que en el mes de enero del año que se avecina, está dispuesto a dirigir el partido azul y, sugiere se lance a un servidor como candidato.

Desechada esta carta, no quedó más alternativa que entrarle.

Fieles a la tradición democrática del PAN, llevamos a cabo nuestra convención en un salón, propiedad de la familia Partida López, ubicado en la calle Ocampo, muy cercano a la plaza.

Se presentaron dos opciones: la encabezada por el señor Jorge Reyes Valdovinos y la de un servidor, tocándome la rifa del tigre.

Me acompañaron en la planilla:

Para la sindicatura el señor José López Haro, llevando como suplente al profesor José Manuel Muñiz; para regidores: Antonio González Zamora, Armida Villanueva Cárdenas, José Valdovinos Partida, Guillermo Torres Partida y Abraham Martínez López, como suplentes, nos acompañaban: Pablo González Villanueva, María Elena Haro, Aurora Gómez González, Rogelio Buenrostro y Gustavo Guillén H. Como regidores por la vía de representación proporcional, fueron propuestos: como propietarios a los señores José Valdovinos Partida y Ramiro Torres Partida, suplentes: Aurora Gómez González y Constantino Torres Llamas.

Los tricolores estaban divididos; los intelectuales confiaban en que las promesas de apertura democrática del tricolor nacional se harían realidad; su propuesta era el Ingeniero Ramón Cárdenas Gudiño; la propuesta de los pragmáticos la encabezaba el ingeniero Abraham Gonzáles Negrete.

Creo que esta elección fue la última donde se sintió la decisión de la junta de notables y se echó mano del poder que daba el poder.

En el ambiente aún prevalecía el temor sembrado por el gobierno postrevolucionario: entre los campesinos que votar contra el tricolor era exponerse a perder sus tierras ejidales; entre los ricos que no apoyar al sistema se exponían a que les afectaran sus tierras.

Los intelectuales nos propusieron que no lanzáramos candidato, que si lo que buscábamos era democracia, ellos realizarían un proceso interno democrático y abierto , donde podía votar todo el que quisiera.

El proceso no se llevó a cabo y la decisión final la tomaron los pragmáticos, saliendo electo, como candidato, el ingeniero Abraham González Negrete. Buen número de los intelectuales, decepcionados, se pasaron a engrosar las filas de los azules.

La planilla tricolor quedó integrada por: para presidente Abraham González Negrete, para la sindicatura Refugio Arceo Lomelí, y para regidores: Licenciado Gildardo González Sánchez, Profesor Isaías Elizondo Fonseca, Ingeniero Sergio González González, Doctor José Ruiz Colina y Federico Pérez Cárdenas.

Severo golpe de ánimo para los azules fue ver en la planilla al Licenciado Gildardo, a quien siempre habían considerado azul.

La contienda fue muy animada y el sistema echó mano de todo su poder. El comité electoral municipal estuvo integrado por miembros de la junta de notables y los auxiliares electorales, así como los funcionarios de casilla, todos pertenecían al tricolor. Para votar, no se contaba con credencial con fotografía, así que, a criterio de los funcionarios de casilla, se dejaba votar con sólo la credencial, aunque no aparecieras en la lista de electores de la casilla, o no te lo permitían si no aparecías en la misma. Muchos, con credencial, extrañamente no aparecían en la lista.

Cuidamos todas las casillas, pero de todas nos alejaron los "auxiliares de Morelia". Al final se nos reconocieron 980 votos y 1,277 para los tricolores; de los 980 votos azules, 904 se obtuvieron en la cabecera municipal, mientras que los tricolores sólo obtuvieron poco más de 400; esto provocó que la gente se inconformara, alegando fraude. La campaña estuvo animada y encendida en la cabecera, mientras que en las comunidades rurales transitó como de costumbre, voto para los tricolores, pues temían que el gobierno quitara apoyos o les tocara sus ejidos. El problema electoral se centró en la cabecera, donde el movimiento pro azul había tenido mucho apoyo y les resultaba incomprensible que si se sentía y manifestaba el respaldo a los azules, finalmente se dijera que ganaron los tricolores. El día del recuento de votos y entrega de constancia a las nuevas autoridades, fue un día plagado de incidentes, pues los azules, inconformes con los resultados oficiales, cercaron el comité electoral exigiendo se anulara la elección.

Finalmente, el personal auxiliar del comité electoral, quienes eran los que realmente, manejaban el proceso, pues los integrantes oficiales del Comité Municipal Electoral, ciudadanos de la comunidad, sólo prestaban sus nombres, entró en pánico al ver la presión de los azules y resolvió, por la vía rápida, entregar la constancia de triunfo a los tricolores, asignando una regiduría para los azules, cuando, según nuestros cálculos nos correspondían dos. No sé si por los temores y prisas, o por desconocimiento de la ley o con alevosía y ventaja, la regiduría correspondiente a los azules, la otorgaron a nombre del señor Antonio González Zamora, quien encabezaba la lista de nuestra planilla, pero el nombramiento le correspondía a la primera fórmula propuesta como regidores de representación proporcional que era José Valdovinos Partida y su suplente Aurora Gómez González.

Nos representaba en el comité electoral, mi hermano Faustino Villanueva, quien salió a informarnos y a preguntar si se recibía o no la constancia. El presidente del comité azul, el señor Antonio Partida Martínez, se comunica a Morelia y el representante del Partido en la Comisión Estatal Electoral, si mal no recuerdo, ingeniero Juan José Castañón, le indica que la acepte y que procuren calmar a los ciudadanos, que ellos tratarían de resolver el problema electoral de Marcos Castellanos y verán, también, que se corrija la asignación de la regiduría.

La decisión no fue bien aceptada por los inconformes, quienes se fueron a la presidencia y la tomaron por unos momentos, al grito de: "que el ingeniero se vaya a gobernar en las comunidades y que la cabecera municipal la gobiernen los azules.

Providencialmente, se encontraba en San José de Gracia el maestro Don Luis González y González, quien nos convocó a su casa.

"Muchachos traten de calmar a la gente, yo soy testigo de cómo se llevó el proceso y les ofrezco hablar con el gobernador para buscar una solución".

Este ofrecimiento, viniendo de Don Luis, a quien se le apreciaba y respetaba, ayudó a que los inconformes se calmaran y volviera la tranquilidad y la esperanza.

Un mes después regresó don Luis a su casa y nos apersonamos para conocer el resultado de sus gestiones.

"Hablé con el ciudadano gobernador, como se los había prometido, y ésta fue la respuesta":

— Don Luis ya se respetó el triunfo de los azules en Zamora y Uruapan, y del Partido Demócrata Mexicano en Tingambato. El sistema no da para más. Sé que la preocupación de los panistas de San José es : el comportamiento de la policía y el manejo de los recursos; dígales que me propongan dos personas, una para que encabece el cuerpo de seguridad y otra para la tesorería—

Agradecimos su gestión, pero no estuvimos de acuerdo en aceptar, según algunos, migajas, cuando se esperaba, mínimo, la anulación de la elección.

Alejandro— Donde se confirma lo dicho con algunas anécdotas:

Tío, ¿más? Si todo lo comentado son hechos concretos y no afirmaciones. Pero continuemos pues con el anecdotario.

Primero he de afirmar que, volteando para atrás, el resultado, amañado o no, fue providencial. Pues me pregunto, ¿qué hubiéramos hecho si se nos hubiera reconocido el triunfo reclamado?, no teníamos ni idea de cómo fluían y se bajaban los recursos, sí muchas ideas de horizontes deseables, pero pocas de horizontes posibles. Tiempo de aprendizaje y creo que los azules lo hicimos; la elección nos enseñó muchísimas nuevas cosas que debimos aprender para los tiempos venideros. Seguimos unidos y con más y mejor ánimo.

Días antes de la elección del candidato tricolor, nos invitó a su casa el señor Enrique González Sánchez, ahí se encontraba un enviado del PRI estatal, quien nos invitó a que, por la unidad del pueblo, los azules no presentáramos candidato, ellos , a cambio, estaban dispuestos a tomar en cuenta las propuestas de candidatos que les hiciéramos.

— ¿Quién les gustaría que fuese el candidato a la presidencia municipal?

 — El licenciado Gildardo González Sánchez.

— Lamentablemente no podemos aceptar esa propuesta, pues el licenciado ocupó cargos importantes, a nivel nacional, en la oposición. Eso el sistema no lo acepta. Miren, nos dice, les proponemos al ingeniero Abraham González Negrete, es joven, preparado, muy sociable y con gran arraigo en la comunidad.

— Nos parece muy joven e inexperto en labores políticas.

— Entonces, propongan a otra persona, que no sea el licenciado Gildardo.

Ya íbamos preparados para una situación así.

— Le proponemos al señor Jorge Reyes Valdovinos.

El delegado se retira un poco, habla con Enrique y al regresar nos dice:

— Don Jorge es un buen elemento, nuestro respeto para su persona, pero no tiene mucho arraigo en la población. Acepten nuestra propuesta; el ingeniero Abraham es un elemento clave para la unidad y progreso del municipio.

Insistimos, no teníamos más argumento, salvo el que ellos conocían, que no queríamos más PRI — Nos parece muy joven, les hacemos otra propuesta: el señor José López Haro. No, ustedes proponen puro azul.

— Y ustedes puro tricolor.

— Miren, muchachos, ustedes se ostentan como azules, pero no conocen la vida interna de los partidos, ni sus orígenes. Los tricolores venimos de la revolución, los azules de los que extrañan a Porfirio Diaz, los azules son los defensores de los ricos.

— ¿Cómo dice?, ¿los azules defensores de los ricos? Para su información la gente de recursos de este pueblo está con los tricolores.

— ¡Ah! Es que este pueblo es muy especial.

— ¿Especial?, le respondí yo. Fíjese que el año pasado recorrí todo el distrito, y los pudientes son los que manejan a los tricolores.

— Es que este distrito es muy especial.

— Si conociera todo el estado, estoy seguro, que le podría demostrar que, a nivel estatal y nacional, los de los recursos, por miedo o convicción, son los que sostienen al partidazo; no estar con el partidazo es salirse del círculo social correcto. No hubo arreglo posible.

Alejandro — ¿cómo está eso, tío, de que el candidato que ustedes querían apareció en la planilla de los tricolores?

Tío — cosas veredes Pulkin. Don Gildardo militó, por buen tiempo, en las filas sinarquistas, hasta llegar a ser líder nacional juvenil de esa institución y, posteriormente, tengo entendido, viajó al viejo continente para dar a conocer sus postulados. Mas, cuando el movimiento sinarquista vino a menos, Gildardo fue nombrado, por el gobierno, encargado del rastro de la ciudad de México, dónde, suponemos, el régimen le puso algún cuatro, pues, aunque siguió preocupándose por los ciudadanos más necesitados, bajó mucho el tono de su participación, y, eso sí, siempre nos animó a seguir en las filas azules. "Muchachos, sigan por ahí, yo ya estoy muy viejo"

Yo, — ¿recuerdas algún problema más, el día de la elección, en las casillas?

Tío: — conservo algunas actas de protesta levantadas ese día; las firma el representante general de los azules, señor Rogelio Valdovinos Partida; a la letra consignan: "el señor inspector de las escuelas primarias de la zona votó con credencial de Sahuayo"; "hay un escudo de madera del partido tricolor al lado de la casilla y se negaron a quitarlo"; "uno de los escrutadores se apostó afuera de la casilla y les indica a los votantes que el voto debe ser por el tricolor"... así por el estilo el resto.

Para ti, Alejandro, que te gusta lo anecdótico, dos hechos que se salieron de lo común y jugaron a nuestro favor: durante la campaña conseguimos que el señor Ildelfonso, no recuerdo su apellido, originario de la ciudad de La Barca, quien era piloto y se dedicaba a fumigar los cultivos en la Ciénega de Chapala, aceptara esparcir, sobre la población de San José de Gracia, de manera gratuita, algunos cientos de volantes de apoyo a nuestra planilla. Cuando empezaron a llover los volantes, Don Enrique González, — tricolor— pensando que los volantes eran del partidazo, le comenta al señor Luis Haro Guillén, — azul— mira Luis, así se hace publicidad, ésta si es una verdadera campaña de publicidad; más, cuando se da cuenta de que los volantes son del PAN, con mucha sorpresa, exclama: "esto no puede ser, para mí que a ustedes los están apoyando los ricos de Monterrey.

— ¿y por qué dices que los ricos de Monterrey , no pueden ser los ricos de Michoacán?, respondió, en son de broma, el señor Luis Haro.

— No. Los ricos de Michoacán somos cardenistas y revolucionarios.

La otra.

— Estamos en el año 1983, cuando aún a nivel nacional, era impensable un debate entre un candidato del partidazo y uno de la oposición; pues bien, aquí en San José estudiantes y maestros del CBTA propusieron y organizaron un debate entre el candidato del tricolor y el de los azules.

Los dos aceptamos y nos presentamos el día fijado por la Institución; los tricolores, muy formales, llegaron con sólo la planilla, nosotros con los integrantes de la planilla y un buen número de ciudadanos, alentados, además, por la sociedad de alumnos, encabezada por el joven Ignacio Murillo Valeriano, sociedad que apoyaba abiertamente a los azules. El debate se dio con mucho orden y seriedad; después de que se escucharon las propuestas de los candidatos, vino la sección de preguntas; no las recuerdo con detalle, sólo una que nos hizo un maestro, originario de Jiquilpan, llamado Luis Lupián:

"Quiero mandarle un torito a cada candidato:

Ingeniero Abraham, explíqueme cómo es eso que el PRI es Institucional y a la vez revolucionario, pues me parece una contradicción"

Recuerdo, más o menos, que la respuesta del ingeniero Abraham fue en estos términos: lo que yo le puedo decir es que el partido es institucional porque es creador de instituciones y es revolucionario porque la revolución es cambio y el cambio es progreso.

"A ver Luis Guillermo, me podrías decir si el PAN es de izquierda o de derecha".

Mi respuesta, según recuerdo, fue: no creo en izquierdas o derechas, porque cuando hablamos de disciplina y de una Patria ordenada, nos dicen que somos de derecha, y cuando hablamos de solidaridad, copropiedad de las empresas y una mejor distribución de la riqueza, dicen que somos de izquierda. Usted maestro colóquenos donde, según su criterio, nos colocan nuestras propuestas y acciones.

Para completar el buen ánimo, el día del cierre de campaña, se nos permitió utilizar el kiosco de la plaza, lugar reservado, decían, para el uso exclusivo del tricolor; en ese evento, el señor Marcos Pulido Martínez, integrante del mariachi local, animó a sus compañeros para que se entonara en el evento un arreglo musical dedicado a promover el voto azul. "llegaron las elecciones, todo el mundo fue a votar y a mí me votó mi vieja porque voté por Abraham, vote por el PAN, vote por el PAN, no se vaya a equivocar" más o menos así decía el arreglo que se convirtió en estribillo entonado los días siguientes, sobre todo por los niños.

Yo, — Tío, ¿después de las elecciones no quedaron agravios?

Tío, sin duda hubo heridas que poco a poco fueron sanando; teníamos que aprender que en la democracia se puede disentir, pero que, al final, si la lucha es sincera y es por el bien común, los caminos se cruzaran muchas veces. Tenemos, decía un compañero que aprender a comer en la misma mesa, aunque no en el mismo plato.

Un hecho fortuito, sucedido en la campaña, hizo reflexionar a más de uno y, con frecuencia, se traía a colación, cuando los ánimos se encendían por cuestiones políticas.

Alejandro, — cuéntalo tío.

La campaña electoral por la presidencia en ese 1983 prendió, con ganas, en San

José; por todos lados y a todas horas el tema era la política. Una tarde un señor, pasado de copas, transitaba por la calle reforma cerca de la tienda de la señorita Graciela Valdovinos; ya sin céntimo en la bolsa y con ganas de otra cuba, el señor entró a la tienda y para congraciarse con la señorita y poderle pedir una copa fiada, sabiendo que ahí apoyaban a los azules, gritó: arriba el PAN, mueran los González, los Valdovinos y los Villanueva, aludiendo obviamente a los liderazgos de Don Bernardo González, Don Luis Valdovinos, Don Antonio Villanueva y con ellos al círculo de notables. Graciela lo ve y le dice: así que arriba el PAN y acabas con nuestro candidato. ¿por qué acabo con el candidato?, pregunta el señor; a lo que Graciela respondió: nuestro candidato se apellida Villanueva Valdovinos González. ¡Ah, caray!, dice el fulano, tienes razón, si le movemos un poco, todos, aquí en el pueblo, somos parientes, que la política nos acerque en lugar de dividirnos.

Alejandro: — hace un rato nos decías que cuando el PDM presentó una planilla para competir en la elección municipal de 1980, ustedes le observaron que la planilla la conformaban casi puros parientes. Ahora que nos relatas la elección de 1983, veo que ustedes no cantaban mal las rancheras, pues aparecen varios Villanueva.

Tío, en la planilla sólo aparece Josefina Armida Villanueva, mejor conocida como Pite; se le invitó porque en ese tiempo, ella era muy popular y participaba en muchos movimientos en pro de la comunidad. En los representantes de casilla, si aparecen mis hermanos y amigos cercanos, pues no era fácil conseguir la participación pública de los ciudadanos; participar en una elección en algún partido de oposición, bien fuera como candidato o representante de partido, era como salirse del círculo social correcto, muchos te animaban en lo particular, pero se avergonzaban de hacerlo públicamente; la mayoría de la gente tenía lazos de compadrazgo o tenían deuda de agradecimiento con los notables, y los notables no querían incomodar al gobierno; muchos notables simpatizaban con los azules, pero públicamente guardaban las formas, eran, digamos, azules vergonzantes.

Reflexionando sobre la buena respuesta que los azules encontraron en la población, está lo que ya comentamos, la coincidencia de principios y valores, y el autoritarismo y desgaste de los tricolores; pero también influyó una realidad fomentada por el gobierno: la división entre ricos y pobres; la historia patria la presentan, y se empeñan en seguirla presentando como una lucha entre favorecidos y olvidados; por desgracia es una semilla que anida en el corazón de muchos mexicanos. Viendo las cosas en retrospectiva, muchos ciudadanos se unieron a nosotros en aquella elección, los más espero, porque los azules enarbolaban los valores en los que ellos creían, pero también muchos se unieron porque se sentían desplazados, no tomados en cuenta o guardaban algún agravio contra los que siempre habían ostentado el poder.

Yo, — ¿qué me puedes decir del gobierno de Abraham?

Tío, — ya lo he dicho, mi opinión desde la visión de un opositor y más, siendo yo, en este caso, el contendiente, no sería muy imparcial, por lo que me limitaré a señalar dos o tres cosas.

Destaco la perforación de un pozo de agua, cerca de la comunidad del Jarrero, que si bien no lo puso en servicio esa administración, si dejó un activo excelente para solucionar, después, el grave problema de la falta de agua en la población; la creación de un fraccionamiento popular que alivió la falta de vivienda y la puesta en marcha del tianguis. Señalaría como negativo, la falta de socialización en la pavimentación y empedrado de calles, así como la falta de trasparencia en la creación del fraccionamiento, lo que ocasionó críticas innecesarias y errores evitables en su implementación.

Dejo en la balanza de lo positivo la labor que realizaron, desde el DIF municipal, las esposas de los expresidentes: Teresa Fonseca, esposa de Don Luis Valdovinos, Maricela Contreras, esposa del expresidente Rogelio Arteaga y Esthela Santos, esposa de Abraham. En su momento cada una de ellas, pusieron su mejor esfuerzo. Como eslabón para dar continuidad al trabajo del en el DIF, estuvo presente la actividad de la señorita Socorro Fonseca, hermana de Doña Teresa, esposa de Don Luis.

¿Ya te hiciste idea de la praxis política del pueblo en vilo?, Pepe.

Yo, — estoy viendo la ruta de ascenso hacia la democracia, pero esta elección que comentas aún transita por la llanura de la imposición. Así que, si no tienes inconveniente, soy todo oídos, vayamos a la siguiente elección.

Tío, — estamos en el año 1986, último año del gobierno del Ingeniero Cuauhtémoc Cárdenas; en la presidencia del Comité Estatal del PAN, concluye el período del señor Francisco Calderón Ortiz e inicia el del señor Germán Tena Orozco; aquí en San José de Gracia, la organización formal del partido había iniciado en 1980, fungiendo como presidente del comité municipal, un servidor, hasta el año 1982; en ese año, los azules elegimos para esa responsabilidad al señor Antonio Partida Martínez, quien ocupa el cargo hasta el año 1986, año en el que se elige, como presidente del comité municipal al ingeniero Ramón Cárdenas Gudiño.

No recuerdo si el señor Antonio Partida estuvo al frente del partido en las elecciones de ese año, pero al final del año 1986, el presidente del partido ya era el ingeniero Ramón Cárdenas, puesto que ocupó hasta mediados de 1989.

La barca del tricolor en el año 1986, a nivel nacional, hacía agua; en Michoacán empezaba a hundirse, por lo que decidieron endurecer su control, aplastando a los disidentes internos, que en Michoacán eran muchos; éstos buscaron fortalecerse cooptando a la oposición verdadera: los azules

En 1986 viene a San José el licenciado Enrique Gálvez Montes con la encomienda de ofrecer a los azules las perlas de la virgen, a cambio de que se pinten de verde y blanco pasándose a las filas del PARM, partido satélite del PRI; vía que estaban privilegiando los disidentes para aparentar un cambio de política en el país. Los azules rechazaron los ofrecimientos, pues estaban convencidos de que el cambio requerido por el país era un cambio profundo que sólo el PAN podría lograrlo.

El licenciado Gálvez Montes, se retiró, sin lograr su cometido. Sus palabras de despedida fueron más o menos estas: "Son unos soñadores; el sistema jamás permitirá que el cambio se haga a través de los azules; están cerrando la puerta a una opción de cambio que les permitiría acceder a la presidencia del municipio y ser cobijados por quienes, de verdad ostentan el poder".

Los azules crecen y también el apoyo que reciben en la cabecera municipal; creen contar, ya, con la experiencia necesaria para evitar les arrebaten el triunfo.

A nivel estatal inicia la contienda para la gubernatura. Los azules, en convención, eligen a su candidato el ingeniero Luis Mejía Guzmán, hombre inteligente, prudente y con visión de estado; muy conocido y apreciado por los morelianos, pero poco conocido en el resto del estado.

El tricolor se juega su destino; quiere marcar distancia con los disidentes y dejarles claro que el centro del poder está en el centro del país. Designa como candidato a un secretario de estado, Ingeniero Luis Martínez Villicaña, quien había crecido por mérito propios y no es del círculo cardenista.

Los recursos de los azules son escasos, aunque su generosidad es notoria, empezando por el candidato quien dedicó, sin regateos, su tiempo, recursos y esfuerzos para motivar a la ciudadanía.

En contra parte el candidato tricolor cuenta con arca abierta y apoyo total del centro, los cardenistas se disciplinan y le apoyan aunque con cierta tibieza; al sector empresarial lo compromete con un proyecto en el que el gobierno aportará una cantidad similar a la que aporte el sector empresarial y con cuyos intereses se realizarán obras; al proyecto se le dio el nombre de Comité de Participación ciudadana; proyecto que, desde mi punto de vista, logró buenos resultados.

A los panistas Josefinos la elección para la gubernatura les sirve de laboratorio, para confirmar cuánto han avanzado y, si en la práctica, el método para controlar a los mapaches les funcionará.

La elección, en el municipio se llevó con relativa calma. El apoyo para los azules en la cabecera municipal se mantuvo, pero en las comunidades continuó baja su penetración.

Pasadas las elecciones para gobernador, los azules seguían en plan ascendente, mientras que en los tricolores el ánimo no crecía. El centro de poder local del partidazo, ya no lo tenían los notables, se les había arrebatado y trasladado a la ciudad de Sahuayo. La queja del poder central fue que los tricolores josefinos respetaban más la ley que las indicaciones del partidazo y eso los hacía vulnerables; la ley era para los ciudadanos comunes, no para los hijos de la revolución.

Fieles a su tradición democrática los azules llevaron a cabo su elección interna; se presentaron dos planillas, una encabezada por el señor Jesús González Ruiz y la otra por el señor Leocadio Toscano González; la mayoría apoyó la planilla encabezada por el señor Leocadio Toscano. El ambiente fue de fiesta y unidad, seguros de que alcanzarían la victoria, pues veían a un PRI sin ánimo y fracturado. La planilla quedó integrada por: Jesús González Ruiz, para síndico, y para regidores: José López Haro, Ma Teresa González Ruiz, Jorge Buenrostro Martínez, Raúl González González y David Chávez Díaz. Y como suplentes: José Betancourt Partida, Armida Villanueva Cárdenas, Marcos Pulido Martínez, Abraham Martínez López y Luis Ávila Mazcorro.

A los ocho días el PRI, presentó su planilla, la encabezaba el señor José Partida García, y lo acompañaban: Jesús Villanueva Cárdenas para la sindicatura, y como candidatos a regidores: Antonio Villanueva Arias, Roberto Ruiz Colina, C. P. Javier Chávez Partida, Fernando Villaseñor Villa y Patricia Toscano Méndez.

Vino la elección y nos ganaron, no sólo en las comunidades rurales, sino que también en la cabecera municipal.

Alejandro — ¿qué les pasó pulkin?, ¿hubo mapacheo?

Tío, — No; nos ganaron bien.

Alejandro, ¿se desplomaron los azules? Empieza la sección de "donde se confirma lo dicho con algunos ejemplos"

Tío, los azules eran muchos, pero los sin partido eran más y la capacidad de resurgimiento del tricolor no había muerto.

Se acercaba la celebración del centenario de la fundación de la población; la imagen del candidato que la población esperaba era que fuese alguien con recursos para que pudiera apoyar, con su economía, la celebración. Don José Partida era un empresario exitoso, poco afecto a la política activa, a quien los azules consideraban cercano. El candidato a síndico, señor Jesús Villanueva Cárdenas, la semana anterior, en la comida de arranque de campaña de los azules, había participado como orador. Encontrarlos presidiendo la planilla tricolor irritó a muchos azules, pero a un número, no despreciable, de ciudadanos les alentó a votar por ellos. Venía el centenario y se necesitaría dinero, los panistas no lo tenían y además no tendrían el respaldo del gobierno estatal.

Yo, — debe haber una explicación mayor.

Tío, — la hay. Alejandro podrá decir que ya son muchas coincidencias, pero lo que les relataré, lo asumo personalmente, porque me tocó vivirlo.

Por aquel tiempo tenía yo una pequeña cremería y para completar mis ventas le compraba a Don José un queso conocido como queso— crema. Cuando pasaba por su fábrica a comprar el queso y me encontraba con él, platicábamos de política, manifestándose crítico de la misma, pero con tendencia favorable a los azules, nos señalaba errores, nos recomendaba acciones a tomar, etc.

El jueves siguiente a su designación, tuve la oportunidad de platicar sobre el asunto. Le hice ver que yo siempre lo había considerado, a fin al PAN, por lo que me extrañaba que hubiese aceptado ser candidato por el PRI.

Don José era muy franco, al menos conmigo, rayando en lo osco; ante mi reclamo, contestó directo: "mira, Luis, tú puedes subir al kiosco y gritar pendejadas, ¿qué te hace el gobierno?, no tienes nada. Yo en cambio, me he esforzado por levantar una empresa y creo que ya cuenta; cuando salió mi cuñado Leocadio de candidato del PAN, vinieron del gobierno y me dijeron que necesitaban fuera yo el candidato del PRI; ante mi duda, me advirtieron: " será usted el candidato, o, de otra manera, recibirá una visita de Hacienda". Y opté por ser candidato, les ganaré y lo haré sin mapachadas"

Repliqué: ¿no tienes tus cuentas en orden?

— Sí que las tengo, pero sabes que cuando Hacienda quiere fregarte, te friega.

Alejandro, — ¿y qué pasó con Jesús Villanueva?, ¿también le llegó Hacienda?

Esa misma noche de la presentación de la planilla encontré a Jesús Villanueva, quien me dijo: "Luis, no sé si sepas que voy como candidato a la sindicatura por el PRI."

No, Jesús. ¿cómo está eso, si estabas con nosotros?

Mira, José Partida va de candidato a Presidente Municipal, y yo a José, además de amigo, le debo muchos favores. Él me invitó personalmente y acepté.

Pues lo entiendo, pero no creo que muchos azules lo acepten; así que prepárate para la andanada de críticas.

Yo, Así que les ganaron y les ganaron bien.

Tío, para vigilar las casillas, los azules habían armado un buen equipo de representantes, además contaban en cada casilla con una persona que conocía a casi todos los votantes de esa sección, su trabajo era anotar a los votantes que según su entender eran azules y a los que eran tricolores. Como a las cinco de la tarde pasó un representante general para recibir la información de cada uno de los anotadores, cuando pasó por la casilla ubicada en el portal del padre Federico, (en la cabecera municipal se colocaban tres casillas, ubicadas en cada uno de los tres portales de la plaza), el señor Luis Ávila Mazcorro, le dijo: "aquí todo bien, creo que les vamos a ganar tres a uno a los tricolores; tengo todo anotado. Sin embargo, el resultado fue al revés, lo que le hizo exclamar: "dudo hasta del voto de mi señora, no puede ser, los votantes eran puros azules.

Otro detalle, y acabamos:

El día de la elección se presentaron los "auxiliares electorales". El presidente del Comité Municipal Electoral era el señor Gilberto Barrios Corona, expresidente municipal. Durante las sesiones de preparación de la elección municipal, el representante de los azules fue enfático en señalar que no se aceptaría intromisión de "auxiliares" venidos de fuera, así se presentaran como funcionarios de la Comisión Estatal Electoral, que, de presentarse no se les permitiría actuar. Los integrantes del Comité dijeron que sí, que no se necesitaba gente que viniera a auxiliar, que estaban de acuerdo. En la elección para gobernador no se habían presenta y todo salió en paz. Los auxiliares comenzaron a intervenir: en la casilla del jarrero quisieron alejar a nuestros representantes, inmediatamente los azules se hicieron presentes, los auxiliares se retiran y aparecen en las casillas de la cabecera municipal. Los azules están preparados, los encapsulan y los llevan ante el presidente del Comité Electoral, quien conmina a los azules para que dejen marchar a los auxiliares y a éstos para que se retiren de la población. "Miren muchachos, aquí en San José hicimos un acuerdo de que todo se haría según la ley y que ustedes no intervendrían, y creo que es mejor dejar que nosotros saquemos la elección, váyanse y después hablamos". Los auxiliares tuvieron que irse.

No sé si esta postura de Gilberto, de quien se decía era oreja de gobernación, se dio por convicción o porque tenían información de que la elección la tenían ganada, lo cierto es que los azules, la tomaron como una victoria.

Yo, ¿no habían detectado, ustedes, algunas señales de que las cosas no iban hacia la victoria?

Tío, — sí, dos señales que despreciamos:

La primera y principal: el involucramiento de un líder religioso, cuya influencia en los ciudadanos menospreciamos. Se llamaba Miguel Ángel. Por este hecho en concreto y por otras cosas que se le atribuyeron, tuvo que salir de la población.

La segunda, bastante subjetiva: en cada elección, mi hermana María Guadalupe, quien administraba una tienda conocida como "La tienda Nueva", aprovechaba el contacto y conocimiento de sus clientes para decirnos cómo percibía las tendencias electorales; era, digamos, una encuestadora y sus datos solían ser muy acertados. Ella nos advirtió, en esta ocasión, que las cosas no andaban del todo bien, pues ante sus comentarios sobre quién iba a ganar la elección, los clientes se mostraban reservados y no mostraban la alegría de otras elecciones. Finalmente acertó, las tendencias no nos fueron favorables.

Yo, — tío hemos llegado a una elección aceptable, mas, me gustaría nos dieras alguna opinión sobre el trabajo que realizó Don José, pues fue un presidente con el respaldo legal y legítimo, detalle que siempre debemos tomar en cuenta para analizar el trabajo de una autoridad. Quien se impone o lo imponen, llega al poder muy condicionado. Quien asume el poder por convicción y por la vía legal, tiene en frente un campo fértil.

Tío, — La administración de Don José estuvo muy condicionada por la preparación del centenario, por lo que, juzgo, se descuidó un poco a las comunidades rurales; además, a nivel nacional, hubo serios descalabros económicos propiciados por las políticas irresponsables de los presidentes Luis Echeverría y José López Portillo; al presidente Miguel de Lamadrid le tocó pagar los platos rotos. No obstante esos contratiempos, Don José logró el apoyo de los Josefinos radicados en la ciudad de México, Colima y Guadalajara, así como la concurrencia de esfuerzos de los líderes locales. La celebración del centenario fue exitosa, dejando un buen sabor de boca.

Pero el sistema, es el sistema; al sistema atribuyo los problemas políticos que Don José tuvo que enfrentar: malos entendidos, desde mi punto de vista, propiciados por "las orejas de gobernación", quienes inventaban falsedades para enfrentar a Don José con la principal oposición, los azules. Por otro lado el sistema se desmoronaba, una de sus principales corrientes: el cardenismo, preparaba su escisión, con ello aparecían nuevos escenarios políticos: las tomas de las presidencias municipales y la renuncia del gobernador Ingeniero Luis Martínez Villicaña.

La relación del presidente con los regidores del PAN, al PAN, en ese ayuntamiento, le correspondieron dos regidores: el señor José Valdovinos Partida y el señor Ramiro Torres Partida, fue muy directa. Los regidores tricolores, no se oponían a las propuestas del presidente, bien porque ya las habían discutido en privado o porque asumían que lo propuesto por el presidente para ellos era la línea a seguir. Don José siempre buscó que sus propuestas fueran aprobadas por todos, así que, lo que a él le preocupaba es que fueran respaldadas por los azules; propuesta que los azules rechazaban, Don José la bajaba, no seguía adelante con ellas. El señor Ramiro Torres era muy puntual en sus observaciones, y cuando se oponía a algún proyecto, Don José se molestaba, pero no lo imponía, así estuvieran de acuerdo todos los regidores del tricolor.

La marcha del DIF, a cargo de la señora Emma Toscano, esposa de Don José , siguió el camino positivo del trabajo callado, pero con avances permanentes.

Ya se nos fue el día y aún hay material para seguir la chorcha. Alejandro no tiene prisa, está jubilado y nadie le espera en ciudad esmeralda, es un pata de perro feliz. Yo, fuera del temor de enfrentar, en cualquier momento, un cambio no deseado en mi vida, también dispongo de tiempo; así que acordamos con el tío, seguir el reencuentro al día siguiente; solo que hoy hemos hecho reservación en el hotel del pueblo, pues la noche pasada en el Rincón Medieval, aunque fue maravillosa por el disfrute de contemplar por largo rato la inmensidad de la bóveda celeste, tapizada de límpidas y brillantes estrellas, el frío nos caló hasta los huesos.

Hoy comenzamos temprano: siete de la mañana, ya estamos en el Rincón Medieval, un buen pajarete; hoy subimos la cuota, yo me atrevo con dos, al igual que el tío, pero Alejandro se despacha cuatro; después, para que amarre, unos sabrosos chilaquiles con huevos estrellados, acompañados de una deliciosa salsa de molcajete y oloroso café de olla, todo preparado por el de ciudad esmeralda.

Alejandro, — "Pulkines, la soledad se disfruta mejor si no le tienes miedo a la cocina.

Cumplido, con creces, el deber de ver por el cuerpo, seguimos con nuestro interrogatorio.

Yo, — tío, hablas de que les reconocieron a los azules dos regidores; ¿son los que se les conoce como de representación proporcional?

Tío, — correcto; pero quiero precisar, porque hay la idea de que los puestos de elección, por la vía de representación proporcional o, mejor conocidos por "pluris", son puestos que se regalan o puestos de consolación. No es así. Detrás de los nombramientos de estos regidores o, en su caso, de diputados, existe un número de votos que los respaldan, los votos que obtiene el partido perdedor, pues de otra manera, los ciudadanos que emitieron su voto a favor del candidato derrotado, no tendría representación alguna. Hay casos, cada vez más frecuentes , que la diferencia entre los contendientes son dos o tres votos; por justicia electoral, no puede integrarse un ayuntamiento, o en su caso, una cámara, con sólo los triunfadores, pues un número importante de ciudadanos respaldaban una opción diferente.

Por la necesidad de gobernabilidad, muchas veces, el triunfador está sobrerre-presentado. Yo soy partidario de que la ley contemplara la representación pro-porcional pura, es decir, que la integración de los ayuntamientos, fuera una copia del porcentaje de sus votos, obviamente para que eso fuese funcional, necesita-mos ciudadanos demócratas y políticos "más demócratas".

Yo, — ¿cuándo logra el PAN su primera presidencia municipal?

Tío, — a nivel nacional, el PAN, logra su primer ayuntamiento en el año 1946, triunfando en la ciudad de Quiroga, aquí en Michoacán, con el señor Manuel Torres Serranía.

Yo, — pero en San José

Tío, — en la elección de 1989, con el señor Jorge Buenrostro Martínez.

Yo, — ¿al concluir en período de Don José?

Tío, — Sí, el período en comento, fue para San José lo que, años después, fue el sexenio de Ernesto Zedillo para el país. A Don José, un industrial exitoso, ajeno a la política activa, que, por azares de nuestra democracia, asume la presidencia municipal, y no hace mal papel, le toca entregar el poder a los azules. A nivel nacional, el licenciado Ernesto Zedillo, brillante economista, político de ocasión, candidato por accidente y presidente sin filias y fobias, entrega la presidencia de la República, por voluntad popular, al licenciado Vicente Fox, candidato azul.

Yo, — ¿cómo fue el tránsito de los azules del año 1986 al año 1989, cuando lo-gran su primer ayuntamiento?

Tío, — se digirió con madurez la derrota; las reuniones periódicas siguieron; la capacitación se intensificó; la generosidad no menguó. La necesidad de contar con un local adecuado y propio, como sede del partido, era una meta deseada, pero aún lejana. De nuestro primer local, prestado, ubicado en la calle Indepen-dencia, habíamos transitado por muchos más; la odisea que había iniciado en la calle independencia, siguió, por la misma calle, hacia el norte a la casa de las Villanueva, después, por largo tiempo, en la herrería del señor José Valdovinos, después en la casa de la señora María Gómez, después en una cochera de la se-ñorita Lupe Villanueva, después, ya en la elección de 1986, en un local ubicado en las calles Ocampo y Quiroga. Para enfrentar la elección de 1989, habíamos emigrado a un local ubicado en el portal poniente de la plaza principal; ya nos estábamos acercando a la presidencia, ¿no te parece? De ahí pasamos a un lo-cal ubicado en la calle Iturbide, para finalmente rentar el local, donde ahora se asienta el comité y que con apoyo de todos y del Comité Estatal, se pudo adquirir en propiedad por ahí por el año 1998, siendo presidente del Comité Directivo Municipal el doctor J. Jesús Grimaldo Valencia y del comité Estatal Doctor José González Morfin.

Las elecciones federales del año 1988, fueron un parte aguas, del antes y des-pués electoral en México: la presencia carismática del Maquío, por Acción Nacio-nal y la participación del ingeniero Cuauhtémoc Cárdenas, aglutinando a los tri-colores descontentos y a algunos sectores de la izquierda, pusieron en aprietos al sistema, que tuvo que recurrir al fraude electoral; siempre lo hacía, pero ahora en una modalidad nunca vista, "la caída del sistema" operación orquestada por el entonces secretario de gobernación Lic. Manuel Barlett Diaz.

A nivel nacional el sistema abría caminos de participación, pero siempre controlados y al servicio del partidazo, en el año 1986 había aparecido el Partido Verde, fundado por un tricolor y al servicio del tricolor, PARM y PPS, cambiaban sus membretes, pero no atraían a los ciudadanos, quienes empezaban a perder el miedo y ya, sobre todo en el norte, daban señales de vida.

Todo este ambiente influía favorablemente en el ánimo de los azules Josefinos, a quienes motivaba el despertar ciudadano y embravecía la obcecada actitud autoritaria del gobierno.

En esta elección de 1988 el frente encabezado por el ingeniero Cuauhtémoc Cárdenas barrió en los distritos de Michoacán; en nuestro distrito Jiquilpan, obtiene la diputación el señor Pablo García Figueroa, desplazando, por primera vez a los tricolores.

1989, en este año, surge como partido político, a nivel nacional el Partido de la Revolución Democrática. La posición de los azules en San José de Gracia eleva su nivel; como apuntalamiento, participo como candidato a la diputación local por el XIII distrito electoral con cabecera en Jiquilpan. En la convención azul, nos registramos tres aspirantes: Víctor Manuel Amezcua Sánchez, José María Sánchez y un servidor. El candidato de los tricolores es Alfredo Anaya Gudiño, con fuerte arraigo en la ciudad de Sahuayo; los compañeros de Sahuayo declinan a mi favor y se acuerda que juegue como candidato dúplex, es decir: por la vía de mayoría relativa y la de representación Proporcional; por el PRD va el Doctor Mendoza. Los tricolores logran, en un proceso muy cuestionado, mantener el distrito; un servidor, respaldado por los votos azules en el estado, asumí, también, esa responsabilidad.

Excelente motivación para los azules Josefinos, que echan la carne al asador en busca del triunfo municipal. A finales de septiembre de ese año, recibimos en el municipio la visita del Ingeniero Manuel de Jesús Clouthier, quien contagia a los azules Josefinos con su entusiasmo. Al salir de la cabecera municipal, escasos ocho o quince días de su muerte, advirtió a los dos, ya visibles, precandidatos panistas, a la presidencia municipal: "esta elección la tienen en la bolsa, sólo que no se vayan a pelear en la contienda interna". La contienda interna fue entre el Ingeniero Ramón Cárdenas Gudiño y el señor Jorge Buenrostro Martínez, ganando la convención Don Jorge Buenrostro; no hubo problemas, la planilla quedó integrada por:

Para presidente Jorge Buenrostro Martínez, para la sindicatura el Ingeniero Ramón Cárdenas Gudiño, como candidatos a regidores: Sigifredo Aguilar Zepeda, la maestra María Teresa González Ruiz, el doctor J. Jesús Grimaldo Valencia, Leocadio Toscano González y Jesús Ochoa Alcántar

Los tricolores lanzan como candidato al doctor Daniel Ruiz Arcos, prestigioso médico, quien ya había ocupado, en el trienio 1975— 1977, la presidencia de Marcos Castellanos, y había dejado buen sabor de boca; ahora no viene empujado ni por los intelectuales, que lo ven con buenos ojos, ni por los pragmáticos, que no lo sienten muy cercano, viene respaldado por gente del gobernador del estado Dr. Genovevo Figueroa Zamudio. Los notables han perdido fuerza, no se ajustan a los movimientos internos que se debaten dentro del sistema, por su parte los mandamases del PRI estatal quieren todas las canicas, a nivel estado, no confían en los dirigentes locales, pues muchos han optado por integrarse a los amarillos.

Los azules acometen la elección con mucho entusiasmo: realizan mítines de barrio, caravanas de automóviles, visitas domiciliarias, en fin una campaña novedosa que entusiasma.

Viene la elección; hay buena participación de la gente; el candidato azul supera al candidato tricolor por alrededor de doscientos votos. La reacción tricolor no se hace esperar, por la mañana del día siguiente al de la jornada electoral, aparece un volante en el que, a la letra decía: " el comité del PRI informa como ganamos la elección a favor de nuestro candidato a Presidente Municipal..." a continuación reseñaban el número de votos obtenidos en cada casilla, omitiendo los obtenidos en la casilla número dos ubicada en el portal Ocampo, "anulada por múltiples irregularidades". Así el tricolor ganaba por 52 votos. Firmaba el volante el Licenciado Raúl Tello, delegado municipal del PRI. El miércoles, siguiente, día del recuento de votos, el Comité Municipal Electoral, ratificó la anulación de la casilla número dos, el argumento fue que ahí habían votado dos religiosas; el representante de los azules señala que si ese argumento es legal, deben anular también la número tres, pues ahí votaron otras religiosas; el Comité, no quiere quedar en evidencia y anula también la casilla número tres, con lo que se anula la votación de más de las dos terceras partes de la votación emitida en la cabecera municipal, provocando la inconformidad de la gente. Viene la lucha poselectoral en todos los ámbitos, estado, congreso y en gobernación en la ciudad de México; mientras tanto los azules promueven, en la población, acciones de resistencia civil activa y pacífica, coordinados por la encargada azul a nivel estado Maestra Luisa María Calderón. La participación de los ciudadanos es numerosa y constante. Finalmente se logra se respete el triunfo y, por primera vez, llegan los azules a encabezar el ayuntamiento de Marcos Castellanos. La perseverancia, el trabajo ordenado y el apego a una política de valores abren las puertas de una nueva forma de administrar la cosa pública.

Yo, — me saltan algunas preguntas: ¿cómo es que si el doctor había hecho buen papel y se le estimaba por su trabajo personal, pierde la elección?

Tío, al doctor le tocó transitar por un campo completamente nuevo, nada que ver con su primera participación: el PRI en crisis nacional, los notables, regañados y olvidados por el poder central del estado, bajaron las manos; algunos de ellos decían: "si el PRI estatal es el que decide, pues que ellos hagan la campaña"; le dejaron solo, confiando, posiblemente, en que el carisma del doctor y el poder del centro les darían el triunfo. No hicieron bien las cuentas, el PRD acababa de aparecer y se llevó la mayoría de la votación de las comunidades rurales; los azules presentaron un candidato fresco, emprendedor y en notorio ascenso en su participación social en la comunidad, además, el PAN había calado hondo en el ánimo de los Josefinos, la mayoría lo sentía cercano y a fin a sus valores, su lucha por la democracia la reconocían y apoyaban.

Yo, — ¿era legal anular la votación de una casilla por el voto de dos religiosas?

Tío, — de ninguna manera, pues las religiosas podían y pueden votar, solo que fue el argumento que se le ocurrió al "Delegado auxiliar de Morelia", para rescatar la elección perdida.

Yo, — ¿y el comité electoral estuvo de acuerdo?

Tío, — recuerda que, en esos tiempos, la autoridad era juez y parte, todo estaba controlado por el gobierno; era penoso ver a los integrantes del Comité Electoral que, baja la cabeza, repetían el argumento que manejaba el delegado, mientras votaban en el sentido que les indicaban.

Yo. — ¿por qué los azules piden se anule una casilla más?

Tío, — para resaltar la pifia del argumento esgrimido y para que fuera más notoria la injusticia; con la anulación de esas dos casillas, se anulaban dos terceras partes de la votación emitida en la cabecera municipal.

Yo, — ¿el PRD, qué postura asumió respecto a la anulación de las casillas?

Tío, el PRD, jugó a ganar, llevando como candidato al señor Francisco Orozco, y estaba feliz con los resultados obtenidos en las comunidades rurales, donde aventajó a los tricolores y azules, sabía que en la cabecera no tenía opción y vio con agrado el triunfo de los azules; en el comité electoral se sumó al PAN en la defensa de la votación; el acta donde se consignaba la anulación de las dos casillas recoge los argumentos en contra de su comisionado y del de los azules, e igual que el comisionado del PAN la firmó bajo protesta.

Yo, — ¿no hubo mapachadas?

Tío, fuera de la torcedura del Comité, en campo, no. La vieja presión a los ejidatarios se abrió con la participación del PRD que les robó esa bandera. Por su parte el doctor hizo una campaña muy seria, enfocándose en promesas factibles, que llevaban además el respaldo del gobernador, quien lo estimaba, y dejó el cuidado de casillas y del proceso a los activistas de siempre que, en esta ocasión, fueron anulados por azules y amarillos.

Yo, — ¿los azules ganaron la cabecera y los amarillos las comunidades, quedó el PRI en último lugar?

Tío, — No. De las tres casillas ubicadas en la cabecera el PRI ganó la 1 por seis votos: 450 PAN 456 PRI, las otras dos las ganó el PAN por más del doble, con votaciones superiores a los 400 votos para los azules; la votación para los amarillos, en la cabecera municipal fue testimonial, como la de los azules en las comunidades rurales, ahí los amarillos se llevaron el triunfo, a excepción de las casillas de San Miguel donde gana el PRI y la del Jarrero donde prácticamente empataron azules y tricolores.

Alejandro, — tío, yo quiero folclore, pasemos al capítulo "donde se confirma lo dicho con algunos ejemplos".

Tío, anulados los votos de las dos casillas se inició la resistencia civil activa y pacífica. Como las religiosas habían sido "las causantes de la anulación de la votación" por haber votado, se habló con ellas y estuvieron dispuestas a ir a la cárcel, por lo que, varias señoras fueron a barrer la cárcel para recibir a las religiosas; los policías se fueron y cerraron todo para que tal cosa no sucediera. Otro día, por la noche se paseó, por las calles principales, un ataúd con la leyenda "aquí yace la democracia". Acciones como éstas mantuvieron el ánimo de los azules. En Morelia se tocó el tema en la tribuna del Congreso y se llevó el asunto al gobernador, quien, a los ocho días, llamó al presidente estatal del PAN, señor Germán Tena Orozco, para comunicarle que había recibido instrucciones de gobernación de que el triunfo de los azules en Marcos Castellanos debía respetarse. Años después, Diego Fernández de Ceballos, me confirmó que él había defendido el triunfo de los azules ante el secretario de Gobernación Gutiérrez Barrios. Yo le manifesté todo lo que los josefinos habíamos hecho para defender el triunfo a lo que me respondió: "todavía eran tiempos en los que, si el poder central no daba el visto bueno, no se podía contra el sistema", y añadió "por lo que me debes una comida"; comida que no se ha dado, pues, fijamos una fecha, y dos días antes canceló su venida. Es uno de los liderazgos sobresalientes de los azules que no nos ha visitado, pues, en su momento, contamos con la visita de Don Luis H. Álvarez, Carlos Castillo Peraza, Maquío, Felipe Calderón, Fernando Estrada Sámano, Pancho Barrio, Santiago Creel, Carlos Medina, Juan José Rodríguez Prats, et ita porro.

Yo, — entiendo que tú presencia, tío, como diputado local motivaba a los azules, pues eras resultado del esfuerzo y participación de muchos. ¿de tu trabajo en el Congreso qué acción consideras la más favorable para la vida de los Josefinos?

Tío, — creo que de mi trabajo, aunque limitado por mi inexperiencia, pueden estar orgullosos los Josefinos porque siempre lo hice defendiendo los valores e intereses de los michoacanos. Respecto, a tu pregunta en concreto, creo que la mejor acción en beneficio del Municipios fue haber logrado, por trabajo personal, cambiar el valor de los parámetros para asignar las participaciones destinadas a los municipios; lo que representó, para el Municipio de Marcos Castellanos, pasar del último lugar, el 113 en el estado, al lugar 82.

Esta modificación benefició a todos los municipios pequeños del estado.

Alejandro, — tío alguna anécdota de tu paso por el congreso, donde "confirmes lo dicho con algunos ejemplos", ya sabes que a mí me convencen los hechos, y si son curiosos más.

Tío, — para lograr el cambio del valor de los parámetros, cosa que sucedió en dos días, tuve que auxiliarme de un actuario, el señor Manuel Avilés. El tesorero del estado había presentado las participaciones asignadas a los municipios y los parámetros bajo los cuales se habían asignado. Todos los diputados estuvieron de acuerdo, pues parecían equitativos e inobjetables; yo pedí un día para estudiarlos, el tesorero estuvo de acuerdo, pero los diputados no, vieron mi solicitud sin sustento y además urgía darle trámite, pues las fiestas navideñas estaban encima, pero, el tesorero del gobierno del estado quería que la votación fuera unánime, así que pidió a los diputados se atendiera mi solicitud. Yo veía que en todos los parámetros San José estaba muy bien ubicado, pero a la hora de convertirlos en pesos, no me salían las cuentas, así que me auxilié de mi amigo que le entendía a los números para desentrañar el enigma, resultando que a cada parámetro le daban un valor diferente, lo que hacía completamente engañosa la aparente equidad de la fórmula. Al día siguiente llegué a la reunión con gráficas que ilustraban la realidad. Pocos diputados asistieron, pero quienes lo hicieron, se sintieron engañados por la presentación del tesorero y me apoyaron para lograr los cambios necesarios; después de hablar con el gobernador y de unas horas de espera, logramos, se modificara el valor de los parámetros, por uno más acorde con las necesidades y aportaciones de los municipios.

No recuerdo si en el segundo o tercer año de la diputación, se creó la Comisión de Derechos Humanos, la encabezó el diputado Juan Villegas, como presidente y el diputado Antonio Lagunas y un servidor fuimos los otros integrantes. A escasos 30 días de formada la comisión visitamos el Cereso de Morelia, un mundo que a veces olvidamos. Después de hablar con los recluidos no sentenciados, logramos se liberarán a setenta y cinco presos, pagando una fianza que no llegó a los cincuenta mil pesos; todos recluidos por delitos menores: "el que le tumbó la cerca al compadre, al que acusaban del robo de dos gallos, el que, en estado de ebriedad, insultó al alcalde, el que no pagó la tanda..." todos con más de seis meses en la prisión, sin ser sentenciados, ni liberados. Algo que me llamó mucho la atención es que dentro del reclusorio la autoridad, de facto, la ostentaba uno de los reclusos; ante mi señalamiento, se nos dijo que, la experiencia había demostrado que así funcionaba mejor la institución, que no le moviéramos. Lo cierto es que ese mundo no es de readaptación sino de adaptación y sobrevivencia.

En esos años, les estoy hablando de 1990, aún el partidazo se fundía con el sistema, ellos manejaban todo, hacían y deshacían, a su arbitrio, con presupuestos, leyes de ingresos, así como con los recursos de la cámara. Los diputados de oposición teníamos que arrancarles, con la ley en la mano y con mucho trabajo, los espacios que nos correspondían. Manejaban una doble administración que les permitía dar un trato diferente, en cuanto a percepciones, a los diputados tricolores, cuyas gestiones atendían con presteza. Eran otros tiempos que, gracias al apoyo de los ciudadanos, se han ido cambiando. Hoy la relación de los poderes de la unión transita por caminos de mayor respeto, la administración de los recursos de la cámara es más transparente y compartida por todas las fuerzas políticas presentes.

Alejandro, — ¿debo entender que los diputados tricolores percibían dietas mayores a las que percibían los de oposición?

Tío, — esa era la realidad, aunque en apariencia todos ganaban lo mismo. Hoy los diputados perciben dietas iguales, antes no

Alejandro, — ¡pero qué dietas!

Tío, — hasta en eso se ha cambiado mucho; creo que en este reglón para mal. Las dietas, ahora, son muy atractivas, lo que hace que muchos busquen una diputación por las percepciones económicas y no por la oportunidad de servir. En la medida que se fue trasparentando la administración, se fue disminuyendo el ingreso indebido que recibían los diputados tricolores, por lo que fueron pugnando por elevar las dietas, con la complacencia de muchos opositores.

Yo, — mi mundo se cae. Yo viví en la penumbra, por circunstancias personales, pero creyendo que defendía a la Patria, cuando la realidad era que defendía al poder, mientras otros ponían su libertad al servicio de la República. Sólo utilizando la libertad para construir cosas positivas, tiene sentido nuestra participación social.

Alejandro, — no exageres; ¿a qué te dedicabas, Pepe?, ¿fuiste mapache electoral?, ¿funcionario corrupto y no robaste para ti sino para la casta divina?

Yo, — no sólo se daña a la comunidad con fraudes electorales, sino con la omisión de dejar de hacer lo que, como ciudadano, me corresponde; vivir en comunidad exige aportar, no sólo recibir; pero yo estoy más allá de eso, no solo no aporté, sino que dañé pensando que podaba el árbol de la patria.

Alejandro, — podar es doloroso, pero necesario.

Yo, — cuando se hace para cuidar y fortalecer el árbol, es correcto, pero no cuando lo haces por capricho u ocurrencia del que se cree dueño del árbol y no lo es, y sólo le importa seguir ostentándose como tal.

Alejandro, — ¿serviste a algún político gandaya o muy cabrón?

Yo, — no; hoy comprendo que serví al poder y no a la ley; quien sirve a la ley, sirve al pueblo.

Alejandro, — ¿y quien interpreta y aplica la ley?

Yo, — ahí está el meollo; ambas facultades nunca deben recaer en el mismo poder.

Tío, — creí que nos les gustaba la política.

Alejandro, — tío la política es cosa que nos debe interesar a todos, pues a través de ella construimos la sociedad que queremos; es tarea, ineludible, si queremos hacer realidad el amor al prójimo. Es ilógico que tengamos gobiernos sin valores, que traten de inmiscuirse en campos que no les corresponden, que sólo vean por sus intereses, que quieran conducirnos por caminos ajenos a nuestra forma de ser, que nos quieran someter a ideologías sectarias, cuando la mayoría de los ciudadanos nos ostentamos como personas libres, amantes de nuestros valores y orgullosos de nuestra historia. La explicación de por qué tenemos gobiernos que la mayoría repudiamos, no es otra que nuestra omisión al no ejercer responsablemente nuestro derecho a votar; unos, la mayoría, no votan, dejan que otros decidan, otros lo hacen por un interés personal y, creo, que pocos emiten un voto razonado buscando el bien común.

Tío, — la democracia funciona con ciudadanos responsables, de otra manera se convierte en un instrumento al servicio del poder, no del pueblo.

Yo, — 1989, año en que llegan los azules a dirigir el municipio. ¿qué cambios hubo?, ¿enjuague, o se sintió el cambio?

Tío, — para mí fue un cambio muy positivo. Don Jorge, hombre emprendedor y excelente administrador, fue un presidente para todos, que se dedicó de tiempo completo a su encomienda; supo hacer rendir los presupuestos y aplicarlos, con oportunidad, en los aspectos más necesarios. La gente le respondió y supo involucrarla en la solución de los problemas. Fue un ayuntamiento que la comunidad sintió suyo. Además contó con un apoyo formidable e incondicional de su esposa Doña Martha Días, que le "hizo segunda" con un trabajo intenso , novedoso y muy cercano a la ciudadanía.

Alejandro, — ¡por piedad! "donde se confirma lo dicho con algunos ejemplos".

Tío, — empezaré por narrarte cómo se convenció Don Jorge de aceptar ser el candidato de los azules.

A mediados del año de la elección, regresando Don Jorge y su esposa de su negocio, ubicado en la ciudad de Mazamitla, Jal., ya entrada la noche, sufrieron un accidente de considerable gravedad. Unos días después, algunos azules fuimos a visitarle. Después del saludo de rigor, Doña Martha nos pregunta ¿siguen con la propuesta de invitar a Jorge como candidato?, ya se le había invitado en repetidas ocasiones y Don Jorge, aunque militante activo azul, no aceptaba esa responsabilidad, sí, se le respondió; entonces, dijo ella, "Jorge acepta ser candidato; pues, si Dios nos permitió seguir viviendo es para algo, estamos dispuestos a recibir ese compromiso".

Una de las obras que Don Jorge inició, apenas entró a su encargo, fue el hacer del edificio de la presidencia, un lugar digno; se reconfiguró su distribución, se limpió y pintó; la gente entraba simplemente a admirar cómo, con pequeños detalles y trabajo, aquel edificio adquiría nueva cara, lo que los motivaba y, con generosidad, ofrecían que un litro de pintura, una escoba, una silla, flores. Lo mismo sucedió con la nueva cara que se le dio a los jardines de la plaza; la gente feliz de ver que con trabajo y detalles las cosas cambiaban para bien.

Muchos le temían al cambio, pero muchos otros lo recibieron con madurez. Después de la toma de posesión, se organizó un convivio con invitación abierta a la población. Al festejo, como era de esperarse, asistieron muchos azules conocidos y ciudadanos sin partido; iniciado el evento, entró Don Juan Miranda, líder tricolor de la comunidad del Sabino; comentarios de sorpresa a voz baja, miradas de extrañeza de los presentes... Don Juan llega y pone una botella de tequila en la mesa donde se encuentra el presidente, y, para callar bocas, en voz alta dice: "vengo a celebrar con ustedes, no a Don Jorge candidato del PAN, sino al presidente municipal de todos los que habitamos este municipio". Sobra decir que la aclamación no se hizo esperar.

Uno de los cambios que se temía más y que se sintió su beneficio, fue la distribución del agua potable. Por años, la cabecera municipal, no contó con agua suficiente. En la administración del ingeniero Abraham se perforó un pozo, cuya afluencia de agua fue, para su tiempo excelente, pero no tuvo tiempo, ni recursos para ponerlo al servicio de la comunidad. Don José lo equipó, pero no cambió al personal que dirigía su distribución, éstos no hacían cambios, si los notables no se los sugerían, además el encargado de la distribución, señor Don Zenaido Martínez, ya no tenía la juventud que le permitiera acometer nuevos proyectos, pero como era el único que conocía la red de distribución, no se atrevían a removerlo. El nuevo ayuntamiento habló con él y Don Zenaido no tuvo objeción en retirarse. Se hicieron los estudios pertinentes y, por primera vez, la población recibió, con mucha satisfacción, un servicio amplio y aceptable de agua potable.

Para las fiestas patrias se volvió a la costumbre de elegir a la reina mediante la venta de boletos. La gente respondió muy bien; se presentaron tres candidatas: María Guadalupe Haro, Rocío Rodríguez y Alejandra Martínez, todas trabajaron excelentemente bien y con destacada generosidad, logrando reunir una suma importante de recursos, con los que se adquirió una camioneta doble rodado para la recolección de la basura, dándole una cara de eficiencia a este necesario servicio.

Alejandro, — ¿y quién ganó?, tío.

Yo, — sin haber estado aquí te diré quién gano

Tío, — ¿Quién?

Yo, — la que representó a los ganaderos. Recuerdo que cuando era niño, siempre presentaban tres candidatas para elegir la reina de las fiestas patrias: la de los jóvenes, la de los comerciantes y la de los ganaderos. La que apoyaban los jóvenes era la que más ruido hacía, pero era la que quedaba en último lugar; en esos tiempos pocos jóvenes disponían de recursos; la de los comerciantes, si había logrado animar a este sector, se acercaba al triunfo, pero los ganaderos, según vieran el apoyo que daban los comerciantes, en los famosos tapados echaban la carne al asador y siempre ganaban.

Tío, — aquellos tiempos se fueron, ya no se arrojan serpentinas de colores a las muchachas, ni se les quiebran huevos rellenos de confeti; en la época en comento ya no se asignaban candidatas a algún sector, todas las participantes eran candidatas de todos. En esta ocasión ganó la señorita Rocío Rodríguez Aguilar, ciertamente hija de un ganadero. Pero ahora , si se hiciera la elección por los tres sectores que comentas, los ganaderos serían el último lugar porque la ganadería se sigue en la comunidad por afecto y costumbre, no por dinero, pues, en términos generales es poco rentable y, en nuestra región más, ya que nuestra geografía no es propicia para producir los insumos forrajeros a costos competitivos.

Yo, — me quedé con la imagen de la década de los cincuenta y principio de los sesenta.

Alejandro, — es bonito recordar aquellos tiempos y, muchas veces nos preguntamos, ¿si eran tan bonitas nuestras costumbres, por qué las cambiamos? Pareciera que al ser humano no le gusta detenerse, va en busca de mayores satisfactores y lo mismo deja lo malo que no conserva lo bueno, va por la novedad y el ruido. Yo soy producto de esa vorágine, extraño la paz y la alegría de un buen hogar, pero me domina la sed de probar nuevas cosas, nuevas experiencias, lo terrible es que a veces escogemos caminos sin retorno. San Agustín tuvo la audacia de buscar, pero también la voluntad y la congruencia de reconocer cuando el camino escogido era el equivocado, por eso llegó el momento en que exclamó "Nos hiciste para ti y nuestro corazón no descansa hasta que te encuentra, Señor". Pido al Jefe, me conceda la voluntad para seguir su senda.

Yo, — tío, ¿algo más? o pasamos a la siguiente elección; quiero llegar al presente año 2014 y ver la panorámica en la que tendré que reiniciar mi vida.

Otro hecho que apuntaló la buena labor de este ayuntamiento y que atrajo la simpatía de las comunidades, fue la activa labor del ingeniero Ramón Cárdenas, síndico Municipal, quien, todas las tardes visitaba y atendía los problemas de la gente del campo.

Tío, — los años se pasan volando. En estos años de vida institucional del PAN en San José, lo han encabezado, como presidentes del comité, los siguientes compañeros: de 1980 a 1982 un servidor; de 1982— 1985 Antonio Partida Martínez; de 1986 a 1988 el ing. Ramón Cárdenas Gudiño; de 1989 a 1992 el doctor Sigifredo Aguilar Zepeda; 1993— 1995 Jorge Buenrostro Martínez; 1996— 1998 Salvador Vega Amezcua; 1999— 2001 doctor J. Jesús Grimaldo Valencia; 2002— 2005 C.P. Lourdes Torres Vargas; 2006— 2008 Sergio Mora Salcido; y en estos dos últimos trienios el señor Apolinar Partida Chávez. El maestro José Ángel Vega Villalpando, y el ingeniero José Oscar Suárez Valdovinos, han ocupado la presidencia del comité en variadas ocasiones, tomando esa responsabilidad por ausencia del titular u ocasionalmente porque alguno de los titulares pretendía participar en alguna elección. Y lo han hecho muy bien, por eso se acude a ellos cuando la necesidad lo ha exigido.

En el año 1992 tuvimos elección de Gobernador. Por el PAN fue candidato el Doctor Fernando Estrada Sámano, por el PRI jugó el señor Eduardo Villaseñor Peña, por el PRD Cristóbal Arias Solís, por el PFCRN el Licenciado Octaviano Alanís y por el PARM el Licenciado Luis Coca Álvarez, por el PPS no me acuerdo.

Alejandro — ¿algo para el anecdotario?

Tío, — simplemente que la clase política que dominaba la vida pública en Michoacán, se abrió en dos frentes el PRI y el PRD, y arrastraron a su respectivo bando a los ciudadanos.

Tengo como costumbre sondear, a mi manera, cómo marchan las simpatías electorales; una de mis fuentes de información es hablar con los taxistas y la otra de sondear a los comerciantes de los mercados. Ese año, junto con el doctor Julio César González Jiménez nos tocó coordinar la campaña del doctor Estrada Sámano; razón por la cual, yo tenía un especial interés de ver cómo prendían las campañas. Ante mi pregunta de ¿cómo ve la campaña?, o bien ¿Quién piensa que ganará las elecciones? Las respuestas recibidas eran casi las mismas: " va a estar entre el PRI y el PRD", "gana el PRI o el PRD, quien haga mejor el fraude", ésta es una lucha entre el centro y los Cárdenas" Cuando les cuestionaba que si los azules no podrían dar la sorpresa, me respondían que el mejor candidato era el azul, pero que como estaban las cosas, pocos volteaban a ver esa propuesta.

Ganó Eduardo Villaseñor Peña, quien obtuvo más de cuatrocientos mil votos, Cristóbal Arias llegó a los doscientos ochenta y nueve mil votos, mientras que el doctor Fernando Estrada apenas alcanzó los cincuenta y cuatro mil. La elección fue sumamente cuestionada y la presión de los perredistas y el nulo apoyo de los duros del PRI, motivaron la renuncia de Eduardo Villaseñor.

En San José, según recuerdo, el doctor Estrada se llevó la cabecera, PRI y PRD se pelearon las comunidades.

Ese mismo año, no recuerdo bien, pero aún en la LXV Legislatura estatal, el grupo Parlamentario, había presentado una iniciativa que contemplaba una nueva Ley Electoral; me tocó hacer el cabildeo para su aprobación; en una reunión con el secretario de gobierno Lic. Ausencio Chávez Hernández, me dijo "suscribo en todos sus puntos la iniciativa", a lo que contesté, "excelente, es más, si quiere, que vaya suscrita por el gobierno, no tenemos inconveniente", entonces el Licenciado Ausencio añadió: "la suscribo pero para el año 2020. Diputado, ustedes, los azules, ahora tienen mucha generosidad, son honestos y sus propuestas son, en general, muy positivas, pero yo le pido que entienda que la mayoría de los ciudadanos aún no están preparados para vivir bajo una auténtica democracia. Yo quisiera platicar esto con usted en el 2020 y que para esa fecha ya podamos hablar de elecciones democráticas, competidas y que el PAN no gane unas presidencias municipales, sino que, realmente esté al tú por tú con el partido en el poder; en una palabra que ya haya ejercido, a nivel nacional, la autoridad, con muchas diputaciones, gubernaturas, etc. Entonces quisiera ver si la generosidad de los panistas no ha cambiado; yo le puedo asegurar que para ese entonces sus problemas serán similares a los nuestros: ambiciones, luchas internas, zancadillas etc., con el poder, diputado, les llegará la ambición y se diluirá la generosidad, si no, al tiempo".

A finales de 1992 se llevaron a cabo las elecciones municipales, aún no habíamos podido llegar al acuerdo de que todas las elecciones fueran en una misma fecha, con lo que se ahorraba mucho dinero y esfuerzo.

Los tricolores presentaron como candidato al licenciado Arnulfo Cárdenas Novoa, profesionista joven, cercano al señor Alfredo Anaya Gudiño, quien aglutinaba a los tricolores del distrito de Jiquilpan.

La planilla de los azules se conformó con los siguientes integrantes: para síndico el señor José López Haro, como regidores: Raúl González González, Rogelio Ávila Mazcorro, Jorge Chávez González y Marcos Pulido Martínez, y para la presidencia un servidor. Siguiendo la costumbre del panismo, se llevó a cabo una convención municipal, donde participamos dos precandidatos: el señor Raúl González G. y yo. Los azules optaron por mí, pidiendo al señor Raúl que encabezara el equipo a las regidurías; la convención se llevó a cabo en el casino central. Todo auguraba triunfo. El ayuntamiento saliente, encabezado por Don Jorge Buenrostro había hecho un trabajo excelente, y un servidor concluía su trabajo en el Congreso. Pero no fue así, el tricolor se alzó con el triunfo; de nueva cuenta superamos al PRI en la cabecera municipal, pero, fuera de la comunidad del Jarrero, donde ganamos los azules, los tricolores obtuvieron el favor de los electores en el resto de las comunidades rurales.

Para buen número de ciudadanos de la cabecera municipal, les sorprendió el triunfo del tricolor, por lo que la inconformidad no se hizo esperar; se argumentaban principalmente dos cosas: que se habían entregado dinero a muchos ciudadanos a cambio de su voto y que a otros de les había ofrecido la entrega de solares para vivienda.

Yo, — ¿Qué había de cierto?

Tío, — podría decir que "cuando el río suena, agua lleva", sus operadores, algo hicieron, pues al día siguiente de la elección se ampararon; teníamos sospechas, pero, no pruebas legales; y respecto a la promesa de solares, circuló un volante donde el PRI ofrecía hacer las gestiones para facilitar la adquisición de solares; pero no ofrecía solares gratis, ni solicitaba el voto para llevar a cabo esa gestión.

En esta ocasión recibimos el apoyo legal del Comité Directivo Estatal. El licenciado Germán Martínez Cázares, hijo de un gran amigo, Sergio Martínez, originario de Quiroga, fue el encargado de atender el asunto. Analizadas las inconformidades y las pruebas que se tenían, el licenciado fue claro, "Luis Guillermo, es entendible el malestar de la gente, pero los hechos, atribuidos a los tricolores, no están expresamente prohibidos por la ley electoral".

Hablamos con los inconformes y, aunque entendían la realidad, se negaban a aceptarla; buscando que los ciudadanos cayeran en la cuenta de que la ley es la ley, y bajo esa ley habíamos jugado, el presidente del Comité Directivo Municipal, Doctor Sigifredo Aguilar Z. propuso que, los que quisieran, manifestaran su inconformidad, negándose a pagar el predial y el servicio del agua potable, hasta que se lograra un cambio en la ley Electoral que castigase expresamente la compra de votos.

Alejandro, — tío, te has ahorrado buen dinero.

Tío, — de ninguna manera, Pulkin; no recuerdo si en el 94 o 95, se dio, a nivel nacional, el cambio que sostenía nuestra protesta; así que acompañado del doctor Aguilar, quien ya no fungía como presidente del Comité Municipal, fuimos a ponernos a mano. Puedes comprobarlo, con la entonces síndica municipal, señorita Patricia Toscano, quien fue la que nos atendió ese día que fuimos apagar nuestro adeudo y a notificar que nuestra protesta terminaba, en vista de que la ley electoral, ahora sí, castigaba la compra de votos.

Alejandro, — ¿algo que le ponga sabor al caldo?

Tío, — las consejas decían que los notables habían aceptado las nuevas reglas del juego, pero que habían sentenciado que un servidor no podía llegar a ocupar ese puesto. Ahí lo dejo, las consejas sólo son rumores y cuentos. Lo cierto es que, los votos emitidos en esa elección, estuvieron respaldados por electores, ya no más cifras inventadas o manipuladas. Que, si hicieron uso del ratón loco o el carrusel, quizá, pero los votos existieron.

Alejandro, — ponle luz a eso del "ratón loco" o del "carrusel"

Tío, — jajaja, ratón loco es cuando, con participación de la autoridad, se alteran las listas nominales de electores en las secciones afines a la oposición, con el objetivo de que el elector al no encontrarse en la lista que le corresponde, lo manden de una casilla a otra y, al final se desanime y no vote. El carrusel es cuando un grupo de personas, también con la ayuda de la autoridad electoral, dispone de varias credenciales, bien sea a su nombre o de otras personas y van a votar a varias casillas.

En esta lucha por asentar la democracia en nuestra Patria, en cada elección salen nuevas patrañas: ahora se habla de la operación tamal, que es cuando se organiza un desayuno y de ahí el encargado de ese grupo alecciona cómo y por quién ir a votar. Una más "la catafixia" cuando se sustrae una boleta en blanco y se le da al votante, ya cruzado el voto, para que éste a su vez, traiga la boleta en blanco que le entreguen en la mesa de casilla. Todas estas artimañas incluyen pagos en dinero o especie.

Con justa razón, en la jerga política del PAN, se habla de que la política es una brega de eternidad.

Al día siguiente de la elección vino un buen amigo originario de la comunidad de la Rosa, a pedir disculpas porque él había votado por los tricolores, pero quería que ganaran los azules; ¿cómo es eso, Don Fulano?, ¿cómo que quería que ganara el PAN y votó por los tricolores?; "amigo: me dijeron que ustedes la tenían hecha, y yo pensé que sí; un voto más o menos no iba a influir, así que les di el voto, que porque iban a sacar muy pocos".

El candidato del PRD fue el señor Eliseo Haro

En nuevo ayuntamiento estuvo integrado por: Presidente Licenciado Arnulfo Cárdenas Novoa, síndico señorita Patricia Toscano Méndez, regidores: los señores Javier Chávez Partida, Juan Manuel Villanueva Pérez, Ignacio Martínez Contreras, Gonzalo Joel Bautista Lara, José Valdovinos Partida, Salvador Vega Amezcua y la señorita María Elena Haro Partida; los tres últimos del partido Acción Nacional.

Yo, — ¿no vino el desánimo?, ganaron una después de nueve años de lucha, según tú trabajan bien y en lugar de que los ratifiquen vuelven al pasado del que se quejaban.

Tío, — la gente vive el presente, olvida rápido el pasado y fácilmente compra las promesas que le ofrecen para el futuro.

No hubo desánimo, pues siempre se buscó compartir las decisiones; todos se sentían tomados en cuenta.

Para fomentar la unidad, con cierta periodicidad, se organizaban convivios, en los que todos aportaban lo que podían; el becerro o el cerdo para la birria o carnitas, no faltaba, ni quien, generosamente, los preparara; recuerdo con agradecimiento a Don Guadalupe Partida, a Don José Vargas, Don Gil Vargas, a Javier Capistrán y, ahora a últimas fechas, al primo Víctor Manuel Villanueva, mejor conocido por "el toy", sobre quienes recaía esta labor. Justamente unos meses después, en uno de estos convivios, que tuvo lugar en una parcela del señor Rogelio Valdovinos, ubicada en la comunidad del Jarrero, se presentó inesperadamente el señor Germán Tena Orozco, quien venía de Morelia para darnos a conocer que el período del Ingeniero Luis Mejía Guzmán, presidente del Comité Directivo Estatal, estaba por concluir y que no buscaría la reelección, por lo que urgía la disposición de algún panista que quisiera participar para relevarlo, que ya había pasado por Zamora y Sahuayo, y no había encontrado quien estuviera dispuesto a entrarle y que, recordó, que algún panista de Morelia le había sugerido invitar a un servidor. Yo me negué rotundamente, alegando mi situación económica, pues tendría que radicar en Morelia; Germán informó que el Comité Directivo Estatal había acordado que el nuevo presidente del comité recibiera una modesta compensación, por lo que, dijo, "con generosidad, no será rentable, pero si suficiente". Alegué que debía la mitad del precio del coche que usaba y que para poder vivir sin presiones tendría que vender mis vacas para pagarlo. Todos escuchaban con interés esta conversación, y al llegar a este punto, el señor Jorge Chávez González, intervino: "que mejor que un Josefino ocupe la presidencia estatal del PAN; si las vacas son el problema para que te deshagas de esa deuda y puedas aceptar, son mías las vacas, yo te las compro". La presión de los azules josefinos pudo más que mis miedos.

Golpes providenciales, mi participación vino a inyectar entusiasmo al panismo local. Ya por ese tiempo, otros panistas josefinos participaban en el consejo estatal: la maestra Teresa González Ruiz, el señor Abraham Martínez López, la señorita Ma. Elena Haro Partida y el doctor Sigifredo Aguilar Zepeda. Tiempos de siembra en los que la generosidad era notable, pues todo ello implicaba gasto personal, dejar actividades, sin compensación material alguna, sólo la satisfacción de servir a México.

Más adelante formarían parte del Comité Directivo Estatal, si mal no recuerdo, el ingeniero Ramón Cárdenas Gudiño, Don Jorge Buenrostro y el señor J. Jesús Bautista Álvarez.

Alejandro, — sé que a Pepe, sólo le interesa tu opinión sobre la política local, vista desde el prisma de los azules, pero, creo que puede ayudar a entender la buena o mala marcha del panismo en Marcos Castellanos, tu gestión como presidente del Comité Directivo Estatal.

Dos palabras sobre tu desempeño.

Tío, — me tocó una época de despertar azul a nivel nacional. Creo que dejamos la presidencia con un panismo en claro ascenso. Algunos dirán que "a pesar de mí", otros "que algo tuvimos que ver", pero, como ya es dicho nacional, "haiga sido como haiga sido", fue en mi período. Tuve la fortuna de vivir dos eventos de gran empuje: la campaña a la presidencia de la República de Diego Fernández de Ceballos y la campaña de Felipe Calderón a la gubernatura del estado; sobre todo ésta última fue detonante importantísimo para el crecimiento del partido. Al concluir la campaña del licenciado Felipe Calderón a la gubernatura, el PAN quedó en una posición de primer nivel, su peso se sentía y, por obviedad se tomaba en cuenta. El Pan, municipalmente hablando, gobernaba más ciudadanos que el PRI o el PRD: Morelia, Uruapan, Zamora, Jacona, Zitácuaro, La Piedad, Los Reyes, Sahuayo, Quiroga, Ciudad Hidalgo, Charo, Tuxpan, Peribán y Marcos Castellanos se habían pintado de azul.

Dijiste, Alejandro que dos palabras y ya me excedí, sin embargo, me permitiré comentarte algunos datos, de los que a ti te gustan, que les permitirán sacar sus propias conclusiones.

La campaña de Diego fue intensa; en Michoacán, dado que el candidato del PRD era el ingeniero Cuauhtémoc Cárdenas, de amplia presencia en el estado, pesó más la noche del debate que las visitas de Diego al Estado.

La noche del debate entre los candidatos presidenciales, instrumentamos, en el Comité Estatal, una "encuesta" al final del mismo. De 70 personas encuestadas telefónicamente, 65 vieron ganar a Diego, 4 a Cárdenas y 1 a Zedillo. Recuerdo la respuesta de uno de los encuestados: "soy perredista, pero no puedo negar que Diego los batió, salió bravo el toro".

En esta elección, Michoacán, no fue prioridad para el panismo nacional, pues daban por hecho que el cardenismo se impondría en el estado, por lo que fue difícil conseguir se programaran las visitas, que nosotros deseábamos, del candidato para Michoacán. Me preocupaba que no se tuviera programado venir a la ciudad de Sahuayo, ciudad clave para el panismo del occidente del estado. Cuando Diego vino a Zamora, al final del mitin, algunos sahuayenses se le acercaron y le hicieron firmar el compromiso de volver a Michoacán y, concretamente a Sahuayo; los días pasaban y la visita no se programaba. Finalmente, me hice acompañar del señor Germán Tena, quien ocupaba la tesorería del Comité Directivo Estatal, fuimos a la casa de Diego a recordarle el compromiso. Diego nos recibió y, a su estilo, al vernos, levantó los brazos y exclamó: "Diego, venimos a verte porque Michoacán es muy importante y nos has visitado muy poco, Michoacán es el ombligo del mundo", a lo que, aparentando displicencia, le respondí: "no Diego, te agradecemos el esfuerzo que has hecho al visitar las ciudades más grandes de Michoacán, y si ya no es posible que vuelvas, no hay problema, sólo queríamos recordarte un compromiso que tú firmaste a los compañeros de Sahuayo, en el que te comprometías a volver, pero eso es bronca tuya". Lo siento, dijo Diego, nadie está obligado a cumplir compromisos imposibles; ya no hay tiempo, la agenda está completa; en los próximos días estaré en Jalisco, cerca de Sahuayo, si el presidente estatal de Jalisco está de acuerdo en apretar o suprimir eventos, podría hacerles una visita de doctor.

Ahí, en su presencia, nos pusimos en contacto con el ingeniero Tarsicio Rodríguez, presidente del Comité Directivo Estatal de Jalisco, con quien, ya en diferentes ocasiones, habíamos compartido compromisos. Con mucha amabilidad y excelente disposición estuvo de acuerdo en mover eventos para que pudiéramos tener la presencia de Diego en la ciudad de Sahuayo, hecho que mantuvo la llama azul en esa difícil contienda.

La campaña de Felipe Calderón al gobierno del estado transitó por rumbos más favorables.

El empuje de los amarillos y las ambiciones de algunos tricolores habían llevado la vida pública del estado a un callejón sin salida por lo que, como salida menos mala, se optó por romper los períodos constitucionales y convocar a elecciones a gobernador en el año 1995, elecciones que se llevaron a cabo, por primera vez, en fecha simultánea con la elección municipal.

Los amarillos presentan como candidato, de nueva cuenta, al licenciado Cristóbal Arias Solís, personaje cercano a los Cárdenas.

Los tricolores llevaron como candidato al Licenciado Víctor Tinoco Rubí, quien había ocupado la presidencia de la Gran Comisión del Congreso del Estado en la LXV legislatura, la primera en la que el tricolor no tuvo la mayoría de diputados. Su papel, como diputado, digamos que fue algo exitoso, gracias a la buena relación que supo mantener con el líder de la fracción perredista señor Alfonso Solorzano Fraga y con el Licenciado Javier Blanco Sánchez, líder de los diputados del PAN; éste último, navegando en el filo de la navaja, supo asumir un papel de engrane entre la intolerancia perredista y el autoritarismo priista, para que el estado transitara en relativa calma. El beneficiario directo de estas acciones fue el licenciado Tinoco, quien con una imagen de conciliador pasa al Senado y de ahí a ser candidato a la gubernatura.

Los azules, veníamos de una elección muy motivante, por los resultados nacionales, pero deprimente en resultados locales, pues Diego había logrado importante repunte del PAN en las elecciones del 94, pero en Michoacán, de nueva cuenta se había impuesto el cardenismo, así que el panorama no estaba muy claro.

Una tarde platicando el tema con el Ingeniero Luis Mejía Guzmán, el señor Germán Tena Orozco y el señor Alejandro Ruiz López, éste último comenta que habló con el Licenciado Felipe Calderón, por ese entonces Secretario General del CEN, para invitarlo a que fuera el candidato a la gubernatura y que, parecía, la idea le había gustado.

Llevamos a cabo nuestra convención en el teatro Morelos, normalmente lo hacíamos en el Teatro Ocampo, más modesto, pero ahora había que jugárnosla en serio; Jalisco se acababa de pintar de azul y el ambiente de triunfo se contagia.

Felipe hizo una campaña extraordinaria, audaz, alegre, de propuesta, sin lugar a duda, mucho más profesional que la de los adversarios, pero, aunque levantó, considerablemente, la preferencia azul, no se logró romper la inercia de voltear a ver al pasado. El triunfo fue para Tinoco con un, si mal no recuerdo, 38% de la votación, Cristóbal con un 32% y Felipe por ahí por el 25.5%. Como resultado de la elección, rompimos, por primera vez la barrera de contar con sólo tres diputados en el Congreso Estatal, pues se obtuvieron, creo, que siete. En San José el triunfo fue para Felipe y, obviamente para la planilla que contendió para gobernar el municipio.

Felipe tuvo un buen detalle con el panismo Josefino, pues aceptó la propuesta de iniciar su campaña en San José de Gracia; aquí, justo en los límites entre Michoacán y Jalisco, recibió, de manos del ingeniero Tarsicio Rodríguez, presidente del Comité Directivo Estatal de Jalisco, la estafeta de la lucha por la democracia, que hacía poco había triunfado en ese estado.

Para encabezar el Ayuntamiento el PRI presentó una planilla de mucho respeto, encabezada por el Contador Javier Chávez Partida y para la sindicatura al Doctor José Ruiz Colina, un doctor muy querido. El PAN llevó a cabo su convención a la que se presentaron cuatro precandidatos, a saber: Leocadio Toscano González, Abraham Martínez López, el doctor Sigifredo Aguilar Zepeda y el señor J. Jesús Bautista Álvarez, resultando ganador el señor Leocadio Toscano González; le acompañaron en la planilla: para la sindicatura el maestro Sergio Mora Salcido y para las regidurías: la señorita Lourdes López Chávez y los señores Ingeniero Sergio González González, Jorge Anaya Martínez y Antonio Valdovinos Fonseca. El triunfo correspondió en esta ocasión a la planilla de los azules. Por parte de los tricolores entraron a formar parte del ayuntamiento el señor Luis Arteaga Álvarez y la señora Baudelia Zepeda García, por el PRD la señora Socorro Partida Cárdenas.

Alejandro, — tío nos comentaste dos grandes contiendas, y pocas anécdotas. Mi morbo necesita alimento.

Yo, — antes de la anécdota, sólo un comentario sobre los resultados para la gubernatura.

Tío, — comentario y anécdotas para dar respuesta a ambos y dejar líneas de reflexión que ilustren los avatares de la política: en una ocasión, no recuerdo si antes de ser candidato a la presidencia de la República, o poco después, vino Maquio a Morelia a darnos una plática de motivación, al final de la misma, ya en plática informal, alguien le preguntó: "Maquio ¿cómo vez las posibilidades electorales de los azules en Michoacán?". "Miren, respondió, para ganar una elección se necesitan tres cosas: una prensa libre, un empresariado audaz y una Jerarquía Eclesiástica independiente, ustedes no cuentan con ninguna".

A inicios de la campaña acompañé a Felipe a visitar el diario "La Voz de Michoacán" el de mayor circulación en el estado; su director se llamaba Miguel Medina; recibió a Felipe con mucha amabilidad; Felipe, de mente ágil como es, le clavó algunas puyas para ver si daba color; Don Miguel con mucha parsimonia, casi juró, que daría espacios por igual a todos los candidatos; después un subalterno se adelantó con Felipe para enseñarle la moderna maquinaria con la que contaba el periódico; atrás, muy atrás quedamos rezagados el director y un servidor, yo aproveché para agradecerle el tiempo que nos estaba dispensando, en respuesta Don Miguel me espetó: "mire, licenciado, (no soy licenciado, pero así se dirigió a mi persona), no esperen más espacio que el que me paguen; esto es un negocio, no una hojita parroquial. Así que, si el PAN y su candidato quieren primeras planas, desembolsen.

Otro día acompañado de algunos viejos amigos, no panistas, que radicaban en Morelia fuimos a platicar con unos empresarios. Hablaron maravillas de Felipe, pero les asustaban los amarillos, por lo que, manifestaron, le apostarían a Tinoco, "que al fin y al cabo no era un priista recalcitrante y si muy conciliador"

De la Jerarquía Eclesiástica no me gusta hablar, sólo diré que frente al poder, a mi juicio, ha sido muy tibia.

Los resultados, aunque buenos, no fueron los que se esperaban del esfuerzo y capacidad del candidato.

Carlos Castillo, presidente del PAN nacional, nos acompañó en la convención donde se eligió a Felipe como candidato, cuando partió me dijo: "Luis, les dejo un excelente candidato; está difícil que ganen en un Michoacán polarizado, pero una cosa te encargo, cuídame al Partido". Cuando concluyó la campaña hablamos de nuevo y estas fueron sus palabras: "no se ganó, pero el partido creció y aguantó unido el paso de un huracán, cuenten con el apoyo total del CEN para lo que sea necesario".

Yo, — recuperaron la presidencia municipal; ¿contagio del crecimiento azul a nivel nacional o seguían un camino propio?

Tío, — creo que las circunstancias abonan para bien o para mal. Cierto, que los azules estaban en franco crecimiento a nivel nacional, que el estado de Jalisco, vecino nuestro se había pintado de azul, con un gobernador cercano a la gente, honesto, innovador y práctico; cierto que el dinamismo de la campaña de Felipe en el estado había inyectado ánimo a ese panismo que, en tiempo atrás, había calado en la ciudadanía michoacana, pero también era cierto que los josefinos estaban poniendo su grano de arena. Desde que los azules habían resurgido de manera organizada en el municipio, allá en el año 1980, se habían aplicado en llevar una vida institucional correcta: capacitación frecuente, trabajo político permanente, participación en asambleas y convenciones reglamentarias, local abierto en y fuera de tiempo electoral; fue el panismo josefino uno de los primeros en contar con local propio, gracias a las aportaciones generosas de los militantes y de la respuesta subsidiaria del comité directivo estatal, bajo el liderazgo del doctor José González Morfin. Siempre se estuvo atentos a participar en las convenciones distritales, así, cuando aún era época pura de siembra, los azules de Marcos Castellanos participamos con generosidad; nunca se dejó de participar en las convenciones distritales con propuestas propias, y varias veces ganamos la candidatura interna; así, por ejemplo, en 1988 el Ingeniero Ramón Cárdenas Gudiño, fue el candidato del distrito y en 1994 Diputado Federal, otro motivo de aliento y ánimo para los Josefinos, que veían materializado su esfuerzo. En 1998, en las elecciones estatales, el Ingeniero Oscar Suárez Valdovinos, otro panista Josefino, fue el candidato a la diputación.

Y, para tu morbo, Alejandro: terminada la convención en la que el Ingeniero Oscar es elegido Candidato, se encuentra con la sorpresa de que había desaparecido su camioneta, los amantes de lo ajeno, con rara puntería, la habían escogido entre muchas otras estacionadas a fuera del local donde se llevó a cabo la convención. Inútil fue la movilización que, apoyados por la policía municipal, llevamos a cabo algunos panistas; la camioneta jamás fue encontrada. Rara coincidencia, sales como candidato y te desaparecen tu vehículo.

— Alejandro, un trompetazo de cinco tonos para los que lo hicieron. ¿o no? Tío.

En el 2007, la Contadora María de Lourdes Torres Vargas participó como suplente en la convención interna, después, al tener problemas el propietario para su registro, entró Lourdes como propietaria y ganó la elección. En el 2000 participé como candidato al Senado de la República, llevando como suplente a Beatriz

López Moreno, vecina del municipio de Zinapécuaro; la segunda fórmula la encabezó el señor Arnulfo Vázquez Ramírez y, como suplente, María Cristina De Loza Castellanos.

Fuera del tiempo electoral el partido ajustaba su desarrollo conforme lo establecían estatutos y reglamentos; cada tres años se renovaba, puntualmente, la dirigencia del comité.

Yo, — me queda claro que, el crecimiento del PAN en Marcos Castellanos, no sólo dependía del contagio por triunfos de los azules en otros estados, sino, en gran manera, por su marcha institucional. ¿Cómo podrías catalogar el desempeño de la segunda administración panista en el municipio?, ¿estuvo a la altura de la primera?

Tío, — afortunadamente puedo decirte que cumplió con las expectativas; tuvo su propio estilo, supo escuchar a la gente y manejó los recursos con transparencia y honradez. La señora Esthela Chávez Cornejo, esposa de Don Leocadio Toscano González, supo imprimir excelente ambiente al trabajo desarrollado en el DIF, lo que acercó a muchas personas, sobre todo mayores, a los talleres que ahí se impartían. Al igual que la primera Administración terminó con muy buena aprobación popular.

Yo, — ¿asegundaron?

Tío, — No. Concluida la administración de Don Leocadio, para la elección del siguiente ayuntamiento, en la convención de los azules participaron como precandidatos Don Jorge Buenrostro y el ingeniero Ramón Cárdenas. Los panistas, reconociendo la excelente labor de la primera administración de Don Jorge, lo eligen, de nueva cuenta, para que encabece la planilla. Los tricolores presentaron esta planilla, que a la postre fue la triunfadora: para la presidencia al señor Martín Rafael Haro Chávez, para la sindicatura licenciado Arnulfo Sánchez Novoa, y como regidores: Dr. José Ruiz Colina, C.P. Javier Chávez Partida, Carmela González Abascal, Gonzalo Joel Bautista Lara. Por el PAN entraron de regidores los señores Lorenzo Gómez Sánchez y José López Haro; por el PRD el señor José García Sánchez. La planilla del PRD la encabezó el maestro Fernando Villaseñor Villa, y la de los azules el señor Jorge Buenrostro Martínez

Yo,— Don Jorge, quien fue alcalde en la primera administración de los azules y, que como nos comentaste, fue excelente presidente.

Tío, — correcto

Yo, — ¿entonces qué lectura le das al hecho de que con buenas administraciones y con buen candidato, probado, se haya perdido?

Tío, — los factores y las circunstancias en cada elección cambian. Sin embargo hay comportamientos sociales que son recurrentes: el probar algo nuevo, el garlito de "otra vez el mismo", la aristocracia del viejo régimen que no quería decirle adiós a sus prebendas, el atavismo, fueron muchas décadas de tricolores, de sentir que ir contra el PRI era ir contra la patria. Ser priista te daba estatus de pertenecer a la clase pudiente, etc. Pero, prueba de que tanto Jorge Buenrostro, como

Leocadio Toscano administraron bien, fue el hecho de que regresó el tricolor, pero al siguiente trienio, los ciudadanos votaron por los azules, pues extrañaron las bondades de sus administraciones. Otro detalle los azules apostaban mucho al convencimiento personal, seguros de que su propuesta era la mejor y de que su voluntad de servicio estaba acreditada, no reparaban que una parte importante de la ciudadanía se mueve al vaivén de liderazgos y éstos aún se inclinaban al tricolor, además de que, si no se les apapachaba, volvían a la vieja querencia.

Yo, — en el 2000 se rompe con la hegemonía de los tricolores, ¿tal situación fortaleció las preferencias hacia los azules?

Tío, — no hay que olvidar que Michoacán tenía su propio corazoncito, su dependencia de los Cárdenas, lo había hecho olvidar a los tricolores, pero se hecho en brazos de los amarillos, que era el mismo PRI pero con otra tonalidad. Ciertamente el triunfo de Fox vino a confirmar a los azules josefinos en que su lucha era la correcta y que el cambio, a nivel nacional, comenzaba a gestarse en serio. Sin embargo, para la elección municipal del 2001, la contienda estatal por la gubernatura fue el imán que determinó, en gran manera, los resultados. El PAN propuso al doctor J. Jesús Grimaldo Valencia para la presidencia Municipal; lo acompañaron en la planilla: para síndico el licenciado José Alfonso Ávalos, llevando como suplente a otro licenciado, en ciernes, Arturo Buenrostro Díaz; para regidores propietarios se registraron: Santiago Partida Chávez, el ingeniero Germán González, la señorita Virginia Ochoa y el señor Austreberto Chávez, y como suplentes: Silvia Aguilar Moreno, Juan Ignacio Padilla, María Guadalupe Alcalá y el señor Jorge A. Mendoza.

Yo, — ¿no hubo convención para elegirlos?

Tío, — claro que sí, pero el doctor Grimaldo fue el único precandidato registrado, pues el otro precandidato el señor Abraham Martínez López se registró, pero después ya no quiso contender.

Yo, — ¿razón?

Tío, — las consejas decían que alguien de su equipo lo había desanimado, pues tendría que ganar la convención y que "ahí te va a pesar mucho el que tú no tengas profesión"; cuando tenía muchas otras cualidades que lo hubieran podido llevar al triunfo. De hecho, mi percepción personal fue que, si Abraham se hubiese presentado, gana la convención y muy probablemente la municipal, pues era una persona sencilla y carismática, amén de proceder de una familia muy numerosa. El doctor, persona muy apreciada, sensible y comprometida con los más necesitados, cargaba con el peso de no ser originario de San José y eso, en nuestras comunidades aún pesaba mucho. El distanciamiento del señor Abraham Martínez, provocó que algunos otros azules, cada uno por sus motivos, se alejaran del trabajo activo; entre ellos el señor Roberto Damián Partida, quien, además del don de la palabra, era muy activo y conocía los vericuetos de la política; sin duda un activo importante que pasó al ostracismo.

La planilla triunfadora en el 2001 estuvo integrada por: el licenciado José Ernesto López Chávez, presidente, síndico el ingeniero Roberto Valdovinos Martínez, y como regidores: Benjamín Tejeda Cárdenas, profesor Carlos González Buenrostro, José Luis Figueroa Sagrero, profesora Ana Fabiola Arteaga Contreras; por el PAN entraron el doctor Sigifredo Aguilar Zepeda y el señor Santiago Partida Cárdenas; por el PRD el señor Víctor M. Bautista Cárdenas. En esta ocasión el PRD llevó como candidato a la presidencia al ingeniero Gerardo González Villanueva.

Yo, — ¿quién ganó la gubernatura en el 2001?

Tío, — el PRD con el antropólogo Lázaro Cárdenas Batel. El triunfo de Fox había catapultado el ánimo de los azules, pero en esta elección había un nuevo ingrediente: la gubernatura; como candidato de los tricolores iba el señor Alfredo Anaya y por los azules Salvador López Orduña; el primero de la región, el segundo de la ciudad de Morelia; Alfredo aglutinaba al priismo del distrito, además era amigo de muchos Josefinos, no obstante esto la votación azul se mantuvo, mientras que la tricolor encontró nuevos adeptos. El factor del miedo al triunfo de los amarillos, motivó a muchos a dar el apoyo al tricolor.

Históricamente en el occidente michoacano el electorado ha sido más independiente y opositor al gobierno; tienen aprecio por el cardenismo, pero no admiración; en esta zona fincó el PRI su posibilidad de triunfo.

Prueba de que la actividad de los azules ya no dependía de triunfos o derrotas fue el que se siguió trabajando con ahínco, así para la elección del 2004, se presentaron para la interna cuatro precandidatos. La convención fue en el hotel de Larios. Los precandidatos fueron: el señor Joel Chávez González, el arquitecto German González G., Leocadio Toscano Chávez y el señor J. Jesús Bautista Álvarez, resultando triunfador éste último; por el PRI jugó el Ingeniero Rubén Chávez Martínez. El triunfo en la elección constitucional fue para los azules; el ayuntamiento quedó conformado por los siguientes ciudadanos: Presidente J. Jesús Bautista Álvarez, Síndico Leocadio Toscano Chávez, Regidores: Efraín Pérez Zepeda, Verónica Guadalupe Alcaraz Gómez, Joel Chávez González, María Isabel Aguilar Moreno, Julissa Toscano González, Miguel Ángel González Ruiz y Roberto González Partida. Julissa y Miguel Ángel por el PRD, que quedó en segundo lugar y Roberto por el PRI. El candidato por el PRD fue el Arquitecto Miguel Ángel Núñez González

Fue un ayuntamiento innovador y dinámico que dejó, por su entrega y trabajo, la vara muy alta. Servidores públicos con los que podías contar las 24 horas del día, servidores que te atendían con eficiencia, un oficial mayor, el señor Alberto Rodríguez Aguilar, que entendió a la perfección su función de coordinar y mover a un excelente equipo de servidores, no de burócratas. Fue un ayuntamiento de entrega y trabajo. La señora Minerva Pérez, esposa de Don Jesús Bautista, dejó en el DIF una marca de trabajo sensible, metódico y eficiente; su equipo de trabajo, conformado por mujeres jóvenes, se hizo sentir, hasta en el último rincón del municipio.

Así llegamos a la elección del 2007, año en que se eligió gobernador para sólo cuatro años, con el fin de unificar fechas electorales.

Yo, — no me digas tío que volvieron a entregar la plaza.

Tío, — en efecto, perdimos la elección municipal, pero en el municipio se ganó la elección para diputado y la relativa al gobernador. La Contadora Lourdes Torres Vargas, originaria y vecina de San José triunfó a nivel distrital. La gubernatura la obtuvo el PRD con el 37%, con el maestro Leonel Godoy, quedando en segundo lugar el candidato del PAN señor Salvador López Orduña con el 33%, en tercer sitio quedó el candidato del tricolor, Jesús Reyna García con el 24%.

El PAN presentó la siguiente planilla: ingeniero Sergio González G. para presidente, para la sindicatura: Licenciado José Ávalos; para regidores: Leocadio Toscano González, Daniel Pulido Sánchez, María Elena Orozco y la señora Rosita Godínez. Por el PRI se registraron: el licenciado Erick Chávez Oseguera, para presidente; para la sindicatura, el maestro José Luis Acevedo Ramírez y, como regidores: Juan José Chávez Partida, el doctor César O. Navarrete Palacios, Arturo Cárdenas Ceja y Ángel Cornejo Ayala. Esta planilla fue la triunfadora; Leocadio Toscano González, Daniel Pulido Sánchez y la señorita Pattsie Guadalupe Bautista Pérez, fueron los regidores de la oposición que integraron este ayuntamiento; los dos primeros por el PAN y la última por el PRD. Por el PRD contendió para la presidencia el señor Abraham Martínez López, quien por muchos años había militado en el PAN.

Yo, — ¿qué explicación me das por la que no repitieron en la presidencia?

Tío, — como siempre, hay muchos factores, pero, a mi juicio, en esta ocasión jugaron fuertemente dos: el desgaste de la autoridad municipal cuyo trabajo fue dinámico, reconocido y admirado, pero descuidó un poco la socialización en su ejecución. La forma, en política, es fondo y más cuando los ciudadanos son muy sensibles. Y la segunda, y determinante, que un panista de tradición, el señor Abraham Martínez López, decidió jugar por el PRD; la elección se cerró, como en ninguna otra ocasión, entre los tres partidos PAN, PRI y PRD. Los tricolores que, en la elección anterior se habían ido al tercer lugar, vuelven a ganar porque los opositores dividen sus votos, no porque hubiesen presentado una oferta atractiva.

Cuando no se aprende de la historia, no hay maestro que nos haga cambiar. Los tricolores dejaron ir la oportunidad de demostrar que habían cambiado; pronto se extrañó el dinamismo y el empuje de la administración anterior. Prueba de ello es que la siguiente elección en el 2011, los azules vuelven a ganar y con contundencia; los ciudadanos valoraron que la dedicación, el trabajo, la eficiencia, es mucho más favorable que las sonrisas, la guasa y el nadar de muertito para que nadie se moleste.

Para el 2011 las cosas en la política nacional han cambiado mucho y lo mismo sucede en lo local. Un árbitro imparcial en lo electoral ha dado mayores garantías a la competencia de los partidos; los votos cuentan y se cuentan.

Alejandro, — tío, yo vengo nada más a escuchar, pero, si me lo permiten, ya que están en el ajo del caminar político de los Josefinos y ya, en este 2014, son dos años que los tricolores volvieron a los pinos, qué me dices, en tres palabras, ya no en dos, de los gobiernos de Fox y de Calderón, para ti ¿fueron mejor que los tricolores? Porque, así como la vida nacional es el reflejo de la suma de la vida de sus comunidades, éstas resienten, para bien o para mal, los cambios sexenales del gobierno federal.

Tío, — para mí es claro y notorio el avance que se dio en estos dos sexenios 2000 al 2012: primero se rompió con el autoritarismo, no más el poder por encima de la ley, se trabajó con honestidad y los recursos rindieron, considerablemente, más. Los programas llegaron a todos, no sólo a los amigos y compadres, bajó la inflación y se controló la devaluación, a los municipios se les asignan partidas presupuestales directas, se combate en serio la pobreza, la calidad en la educación tuvo un impulso reconocido, la creación del seguro popular fue un acierto incuestionable, la construcción pública y privada en carreteras no tiene precedente , la libertad de expresión estuvo en sus mejores momentos, la transparencia en el uso de los recursos fue excelente, no hubo crisis económicas.

Mira pulkin, tengo como norma de evaluación de un gobierno: el trípode de honestidad, verdad y transparencia, creo que, en los tres, los azules, con fallas enmendables, cumplieron. ¿por qué, me dirás, perdieron en el 2012? Porque no rompieron con el andamiaje del viejo régimen: no se cambiaron mandos medios que siguieron operando para el tricolor; el crimen organizado fue combatido con seriedad, pero, con los mismos mandos, que por abajo, muchos de ellos, estaban coludidos; los poderes fácticos no fueron desmembrados, éstos se agazaparon, esperando mejores tiempos, además, obviamente, de los errores humanos cometidos, errores que los afectados del viejo régimen se encargaron de magnificar. Esos afectados del viejo régimen , en el 2011, se han aglutinando en un nuevo partido, Morena

Yo, ¿a ese movimiento no les ves futuro?

Tío, — no, va a ser brillo de una temporada. Sus dirigentes, resaca de otros partidos, terminarán por hundirlo. Sus liderazgos son quienes, en otros tiempos vivieron del erario y quieren seguir haciéndolo; es lo más viejo del antiguo régimen.

Yo, — ¿no crees que el intento de desafuero y luego los resultados electorales de la elección del 2006, le han dado base popular al líder López Obrador?

Tío, — posiblemente; pero si, como a todo hijo de vecino, se le hubiera aplicado la ley cuando la violentó y lo hubieran llevado al bote; hubiera habido protestas de los porros que siempre utilizó el viejo régimen para salirse con la suya, pero habría entendido. Sé que algunos intelectuales y políticos, incluidos algunos azules, metieron la mano por él, pero la ley es para todos, ningún político está por encima de ella, ¿cuántos presidentes municipales por acciones menos graves pisaron la cárcel?, ¿López Obrador de que privilegios gozaba?

Y en cuanto a la elección del 2006, ¿qué alegó?, ¿un fraude que nunca pudo comprobar? Como dicen en el pueblo, el equipo de Calderón se "les puso de pechito", aceptó el recuento de votos, la confrontación de actas, etc. Si hubiesen tenido pruebas, tuvieron el escaparate para presentarlas; pero un día alegaba un motivo y al día siguiente otro, como niño chiqueado del viejo régimen, pataleando porque no le dieron la paleta que no había ganado. Este señor ha estado atacando la incipiente democracia del país con un discurso mentiroso y agresivo, falto de la más elemental ética. Es el último recurso del viejo régimen para regresar al poder, que no creo que lo logre, pero mientras tanto ha estado hostigando el trabajo de los gobiernos azules, como vulgar porro del sistema que se está yendo. Su movimiento le ha servido al PRI, para quitarse una gran cauda de innombrables y al PRD para sacudirse a los falsos izquierdistas. El tiempo los pondrá en su lugar.

Alejandro, — te pusiste bravo tío

Tío, — me encabrita oír a políticos que uno conoce, que uno sabe su historia, presentarse como paladines de la democracia, cuando han sido pilares del régimen autoritario y no han recorrido el camino de Damasco.

Alejandro, — ¿cuál es ese camino?

 Tío, — el que recorrió Saulo antes de convertirse en Pablo. Persiguió a los cristianos, pero el Señor lo tumbó del caballo, recapacitó y reconociendo sus hierros, entonces sí estuvo dispuesto a ser diferente.

Una palabra más, Alejandro, que viene a demostrar, ya en lo particular beneficios para los Josefinos de las administraciones en comento: en el período de Fox se le dio mantenimiento mayor a la carretera que nos une con Jiquilpan y se establecieron, en el presupuesto de egresos, rubros concretos de recursos directos para los ayuntamientos; en la administración de Calderón llegaron recursos para contar con una decorosa unidad deportiva y concluir el teatro que lleva el nombre de Don Luis González y González, honrándonos, además, al haber escogido pasajes de este gran historiador para la celebración del bicentenario de la independencia. Por cierto, hablando de Don Luis, les comentó que fueron los azules, capitaneados por el senador Juan José Rodríguez Prats quienes lo propusieron para que recibiera, en el 2003, la medalla Belisario Domínguez; labor que no fue fácil, pues, las otras bancadas ya tenían sus propuestas. Para convencer a los amarillos Juan José habló con el ingeniero Cuauhtémoc Cárdenas, quien profesaba estima por Don Luis y con gusto hizo las gestiones entre los senadores del PRD; convencer al PRI costó más trabajo, pues ellos, al parecer ya habían decidido apoyar a otro ciudadano y llevaban adelantado su trabajo; al final, como último recurso, el PRI, sabiendo de la enfermedad de Don Luis, puso como condición que éste asistiera personalmente a recibirla; se habló con la familia y, no muy convencidos, dieron su aprobación, mas, el día anterior a la entrega se negaron a que Don Luis viajara, no obstante que el Congreso ofreció enviar un helicóptero para su traslado. Con un poco de molestia entre algunos senadores tricolores, quienes habían ofrecido su apoyo, condicionado a que Don Luis asistiera físicamente, se le entregó la presea Belisario Domínguez a través de uno de sus hijos , si mal no recuerdo a Fernán González de la Vara.

Yo, — tío cerremos el capítulo de la elección del 2011, creo que con eso estoy debidamente informado de la vida política de los Josefinos.

Tío, — espera; desde un principio aclaré que te daría mi visión, con la recomendación de que te des el tiempo y escuches la versión de los de enfrente.

Yo, — así lo haré y espero, si el tiempo lo permite, plasmar por escrito mi propia visión, pues también tengo muchos elementos que aportar, desde la perspectiva "del gran poder", ese que no se ve, pero que sí define.

Alejandro, — ja pulkines, ustedes hablan, pero el Jefe mueve las piezas, ni el "gran poder", ni los políticos definen los resultados.

Yo, — cierto, pero no olvides que los brazos del Jefe, aquí en la tierra, somos los seres humanos.

Alejandro, — cierto; pero, en política la verdad absoluta nadie la tiene; cada quien opina de acuerdo a sus convicciones, por eso nos aglutinamos en partidos, que son parte, no el todo. Cómo me gustaría que en México hubiese más diálogo, más entendimiento entre partidos y tuviéramos el valor necesario para aceptar la parte de verdad que cada uno presenta y nunca pusiéramos el interés del partido por encima del interés nacional.

Yo, — sí, que haya diferentes partidos, pero que para constituirse se les exija contar con un porcentaje mayor de militantes; ahora está muy barato. ¿o qué opinas, tío?

Tío, — pienso lo mismo; creo que hemos abusado en la creación de partidos. Mi visión es la siguiente: el régimen, por años, se mantuvo disfrazando la competencia democrática con dos partidos paleros, el PARM y el PPS; a los partidos de auténtica oposición, como eran el PAN, el PDM y el Partido Comunista los acosaba y les hacía fraude conforme convenía a sus intereses; tanto el PDM como el Partido Comunista terminaron por sucumbir; el PAN permaneció, gracias a que sus principios doctrinarios eran compartidos, en el fondo, por la forma de pensar de la mayoría de los mexicanos y por la generosidad y congruencia de sus militantes.

Cuando, a nivel interno y mundial, se sintió la presión para acceder a la democracia, el sistema quiso arreglar las cosas a su modo, buscando crear opciones diferentes, pero, que en el fondo pertenecieran al mismo origen para no perder el poder. En 1989 el ingeniero Cárdenas crea una nueva opción, el régimen es complaciente con el nuevo partido, pues, creían que el ingeniero no se atrevería a romper demasiado con el status quo y que, de alguna manera, llegarían a entenderse para repartir el poder, sin soltar completamente su control; pero, resultó que la propuesta de Cárdenas era sincera y, pronto, se vio fortalecida por la izquierda moderada, que ya empezaba a creer en las elecciones. Un PRD fuerte y un PAN en ascenso, no les convenía y empezaron a alentar la creación de nuevos partidos; bastaba con que el tricolor no propusiera al líder que estaba esperando la postulación para que éste empezara a formar un nuevo partido.

Yo, — ¿cuántos partidos consideras que debería haber?, ¿dos como en los Estados Unidos o como en la Gran Bretaña? Parece que a estos países les ha funcionado.

Tío, — no podemos comparar la forma de ser de los vecinos, ni de los flemáticos ingleses con la tendencia a la grilla de los latinos; pero sí creo que la ley debería contemplar más exigencias para crear un nuevo partido: mayor número de afiliados, visiones y formas de ejercer la política, claramente distintas, de los ya existentes, que tengan propuesta para toda la problemática nacional, no para una o dos problemáticas muy concretas. Considero que, con éstas y otras exigencias lógicas, como por ejemplo que en la elección que participen obtengan mínimo, digamos, el 8% de la votación emitida, posiblemente con cuatro o, máximo, cinco opciones, se daría respuesta a las expectativas del electorado.

Alejandro, — ahora parece que cada sector del país tiene que tener un partido que lo represente; ya veo el partido de los agricultores, el partido de los que siembran zanahorias, el partido de los que toman leche y el de los que no la toman...

Yo, — Alejandro, creo que saliste más político que el tío, y créeme, coincido con tu forma de pensar; también estoy porque haya menos partidos y ¿sabes? También estoy por una sólo condición de mexicanos, la que establezca la constitución; nada de mexicanos A, B y C, marcados por su origen.

Ahora, tío, continuemos con el 2011

Tío, la elección del 2011 en San José estuvo, en el interior del partido, muy intensa; se presentaron tres precandidatos: el Ingeniero Germán González G. el señor J. Jesús Bautista y Rodrigo Apolinar Partida Chávez. Ya la vida interna del partido se empezaba a contaminar con la participación del militante, coaccionada por el interés de algún grupo. Por fortuna, aquí en San José, aún no permeaba fuerte la onda grupera y se pudo salir airoso de este evento. La asamblea se decidió por el señor J. Jesús Bautista Álvarez, quien, con la experiencia de sus participaciones anteriores, echó la carne al asador e hizo una buena campaña. La planilla fue integrada por él para presidente, como síndico el licenciado José Luis González Anaya, llevando como suplente al ingeniero José María Navarro González, para regidores se presentaron: el maestro Sergio Mora Salcido, la ingeniero Marisol González Villanueva, la nutrióloga Angélica Aguilar Partida y el señor Héctor Cárdenas Villanueva; como suplentes fueron: el señor Juan Antonio Preciado Corona, el ingeniero Jorge Omar González Sánchez, Belén Mercado Sánchez y Mayra Partida Romero.

A este equipo que fue el ganador de la elección constitucional, se les unieron, por el PRI, la señorita Patricia Toscano Méndez y el doctor Raúl Ernesto González Cisneros; se completó el ayuntamiento con el maestro José Cuauhtémoc Ceballos Barragán por parte del PRD.

El PRI había presentado una planilla encabezada por la maestra Ana Fabiola Arteaga Contreras, quienes hicieron una campaña muy profesional y, atendiendo a las fallas de campañas anteriores fincaron su triunfo en el compromiso persona a persona del electorado, deslindándose de los errores de la administración tricolor que iba concluyendo. Sin embargo, el esfuerzo no les alcanzó y, aunque subieron mucho la votación tricolor, no contaban con que el trabajo de los azules movió fuerte al electorado.

Además, esta elección tuvo el ingrediente de ser elección para elegir gobernador, hecho que, por sí sólo, ya levanta expectativa. Para los Josefinos fue estímulo la participación de la licenciada Luisa María Calderón como candidata a la gubernatura por los azules, personaje cercano a los Josefinos pues se contó con su apoyo para organizar la resistencia civil en la defensa del triunfo de 1989; el PRI presentó al licenciado Fausto Vallejo Figueroa y el PRD al ingeniero Silvano Aureoles Conejo. El triunfo correspondió al licenciado Fausto con alrededor del

35% de la votación, mientras que la licenciada Luisa María obtuvo un poco más del 33% y el ingeniero Silvano rebasó el 24%. Elección muy criticada por la actitud omisa del gobernador en turno, maestro Leonel Godoy, ante la presión del crimen organizado en la región de tierra caliente. En esta elección los azules, también, se llevaron el distrito de Jiquilpan con el señor Eduardo Anaya Gómez.

Alejandro, — ya les dejé hablar mucho y exijo el capítulo de "donde se comprueba lo dicho con algunos ejemplos".

Tío, — ahí van, a granel, sin orden de tema, ni cronológico, algunos ni de San José, pero que ilustran la vida política del momento.

En el primer año de la administración de Don Jorge Buenrostro, en la preparación de las fiestas de marzo, vino el dueño de los juegos mecánicos para obtener el permiso y pagar los derechos. No recuerdo la cantidad, que aprobó el ayuntamiento por el permiso. Se hizo del conocimiento del señor y éste estuvo de acuerdo entregando un cheque por la cantidad solicitada; lo entrega y hace otro cheque y lo entrega a Don Jorge diciendo y "aquí está lo suyo", ¿cómo?, dice don Jorge, "usted está pagando lo acordado por el cabildo y no tiene que pagar nada más". "Es, dice el señor, que así se acostumbra siempre". Don Jorge le regresa el "donativo" extra y el señor se aleja encantado. El último día de la feria, el señor de los juegos ve pasar a Don Jorge, le llama y le dice: "Don Jorge fue una feria muy concurrida, me fue bien y quiero dar un donativo para el DIF de este pueblo; Jorge hace llamar al tesorero para que reciba el donativo y le dé el recibo correspondiente; el señor queda admirado y termina diciendo: "Don Jorge, me llevo el mejor de los recuerdos de esta feria, nos fue de maravilla y conocí a un presidente cabal".

Eso es ética, no como el comportamiento de algunos, entonces amarillos, en el 2006, en la campaña de Felipe. López Obrador lanzó la calumnia de que Felipe, siendo secretario de Energía, había entregado contratos a su cuñado; cuando se le piden las pruebas, la doctora Claudia Sheinbaum y Fernández Noroña se apersonan en las oficinas del candidato azul llevando un bonche de cajas con las supuestas pruebas y, ¡oh sorpresa! Las cajas estaban vacías. Hay diferencias

Alejandro, — de Fernández Noroña no extraña, es su modus operandi, pero de la que dice ser persona preparada... eso enchila; tirar a la basura dignidad, honor y respeto por atacar al adversario, es condenable.

Yo, — la ética a la falsa izquierda no se le da, para ellos el fin justifica los medios y no importa incendiar el país, si con esto llegan ellos al poder.

Tío, — con justa razón se le atribuye al rey Juan Carlos de España el haber respondido al líder del PSOE, cuando éste le dijo: majestad, ahora sí podemos decir que España ya arribó plenamente a la democracia, puesto que ya ha ganado el PP y ahora nosotros, a lo que el rey respondió, todavía falta ver que ustedes, cuando salgan, no hayan dejado las praderas incendiadas.

Cuando el entonces precandidato, señor Leocadio Toscano llegó a la convención panista, donde se llevaría la elección del candidato, llevaba su discurso de presentación, mas, al ver el entusiasmo de los convencionistas, toma confianza y le dice a personal de su equipo, "vamos a preparar otro discurso por si, sí"; ¿cómo Leocadio? Le dicen, ¿qué es eso de por si, sí; respondiendo el aludido, "pues por si sí gano". Se participaba sin ambición, ni querer ganar a cualquier precio.

En los primeros días de la administración de Don Leocadio llegaron dos ciudadanos de la comunidad del Molino y le dice uno de ellos. "Don Leocadio, le venimos a pedir apoyo para arreglar la brecha, ¿verdad que si nos va a apoyar?, el otro le asegunda "Don Leocadio sí nos va apoyar, ¿verdad que sí nos va a apoyar? Los solicitantes le repitieron, como cinco veces, cada uno, el mismo estribillo: verdad que sí, verdad que sí. Y Don Leocadio no encontró otra respuesta más que decir sí.

Días después el alcalde acudió a la ciudad de Morelia a solicitar al gobernador del estado, Licenciado Ausencio Chávez Hernández, les apoyara con $50,000.00 pesos que le faltaban al ayuntamiento para la compra de un camión de volteo. Era la primera vez que el presidente, Don Leocadio acudía a platicar con el gobernador, por lo que iba muy nervioso, sin saber cómo iniciar el diálogo con el gobernador; para bajar la presión, y a modo de chascarrillo, el secretario del ayuntamiento, doctor Sigifredo Aguilar, le dice: "señor presidente, haga lo mismo que los amigos de la comunidad del Molino; dígale: vengo a pedirle un apoyo de $50,000.00 pesos y diga que sí". Don Leocadio llegó ante el gobernador y después del saludo de rigor, le solicitó el apoyo y terminó su solicitud, repitiendo tres veces "diga que sí, señor gobernador". El gobernador, quedaban dos o tres días para terminar su mandato, le dijo "con gusto los voy apoyar, pero no con 50,000.00", y ordena le expidan, de inmediato un cheque por $100,000.00

En esa administración del señor Leocadio Toscano González, asistieron con el secretario del ayuntamiento a una reunión a la ciudad de Cotija; al llegar se encuentran con la disposición de que sólo los presidentes pueden pasar, ellos ya estaban en la fila, el secretario no sabe qué hacer, él quiere entrar, pero quienes cuidan la entrada están sumamente rigurosos; al llegar Don Leocadio le preguntan ¿de dónde es presidente? — de San José de Gracia, adelante, ¿y usted', le preguntan al doctor Sigifredo, — de Marcos Castellanos, adelante.

¿Una de ciudad esmeralda, pulkin?

Alejandro, — una, sólo una y de un presidente azul, cuando fue presidente de Tangancícuaro el señor Pascual Hernández Tinajero, puso a trabajar a su equipo de obras públicas, elaborando todos los proyectos ejecutivos para dar respuesta a todas las necesidades del municipio. Los ingenieros le objetaban, "señor presidente para qué tanto proyecto si no tenemos recursos", él les insistió, "ustedes háganlos". Había aprendido que las secretarías del gobierno estatal, a las demandas de obras, siempre respondían: la ventanilla de estos recursos ya se va a cerrar, ya se acabó lo presupuestado, etc. Y cuando el presidente solicitante insistía, para quitárselo de encima, le decían: "de acuerdo, vamos apoyar su solicitud, tiene dos días para presentarnos todos los estudios y el proyecto ejecutivo, y como, casi nadie tenía todo lo requerido, pues se quedaban sin el apoyo; pero ante estas excusas, Pascual siempre los sorprendía con todo el papeleo requerido. Ya le tenían miedo los secretarios y el mismo gobernador: "ahí viene Pascual, ni se les ocurra decirle que si le apoyan si trae todos los papeles, porque de seguro los trae". Pero una vez, conociendo esta realidad, un secretario quiso pasarse de listo y le dijo al presidente Pascual, ya está asignado todo el presupuesto, sólo queda un pequeño recurso para iluminar las torres de los templos, pero tendría que presentar ahora el proyecto ejecutivo. Don Pascual abre su portafolio y entre su papeleo saca el proyecto solicitado. También en ciudad esmeralda hace aire.

En la elección municipal del 2011 los tricolores, de acuerdo a sus mediciones, consideraron, a eso de las tres de la tarde, que ya habían ganado, pues los datos de su movilización del electorado así lo indicaban y se fueron a celebrar a conocido restaurante del vecino pueblo de Mazamitla; los panistas Josefinos que laboraban en esa ciudad empezaron a preguntar al comité azul, desalentados, que si era cierto que los azules habían perdido. Entra el nerviosismo, aún no termina la votación ¿cómo ellos ya se dan por triunfadores?, ¿qué datos tienen? Estaban tan seguros del triunfo que a la hora del conteo de votos, acercaron a algunas casillas generadores de energía, por si fallaba la luz. Pero empiezan a llegar los resultados y el gozo se vino al pozo; en las comunidades rurales la votación favorecía a los azules y en la cabecera con mayor margen. ¿qué había pasado? Que los tricolores de acuerdo a su movilización ya habían alcanzado el número de votos que sus asesores les dijeron que necesitaban para ganar, más de seiscientos votos que los obtenidos en la última elección, pero no contaban con que en esta ocasión la participación de los electores fue mucho más numerosa, por ser elección para gobernador y que la gente había extrañado, y comparado, el dinamismo del ayuntamiento azul de hacía cuatro años con la displicencia del ayuntamiento tricolor saliente

Por cierto, en la elección interna de los azules en 2011, las presiones de grupos comenzaban a ocasionar problemas. En San José, la mayoría del panismo local se mantenía ajena a esas presiones, no obstante algunos empezaban a caer en esos juegos.

Vayan, Alejandro, dos anécdotas de cómo el ejercicio de la autoridad, oportuno y a tiempo, evita males mayores: 2011, termina la elección interna de los azules; ha concluido la convención y se forman corrillos entre los asistentes comentando los resultados; uno de los contendientes perdedores se ve molesto y comenta que él esperaba una votación mayor a su favor, "se me hace sospechoso el resultado, pues yo tenía asegurados 110 votos y sólo obtuve 93", el candidato triunfador lo escucha y, dirigiéndose a él, le dice, "yo esperaba 160 y sólo obtuve 153", "pero es que a mí me los habían prometido personalmente", "a mi también". El presidente de la convención, ingeniero Oscar Suárez, considera que, dado el ánimo con que fueron expresadas esas opiniones, pueden derivar en dudas sobre la elección, e interviene: "Miren, tú esperabas 110, porque te los habían prometido, y sacaste 93, 17 te vieron la cara, y tú esperabas 160 y sacaste 153, siete te la vieron a ti. Los votos que cuentan son los de hoy y ahí están, contados por escrutadores que ustedes mismos propusieron y que merecen respeto; así que eviten decir pendejadas". Zanjada la diferencia.

Un 26 de octubre, no recuerdo el año, pero en el primer trienio del señor Jesús Bautista, llegaron a la presidencia algunos maestros josefinos y le manifiestan que, de acuerdo a sus estrategias internas, se les ha ordenado tomar la presidencia, para exigir mejores situaciones laborales; el presidente les dice, no comparto esas estrategias, pero entiendo la dinámica que, sobre todo en Michoacán, se ha hecho costumbre, así que no hay problema, tómenla; voy a llamar a los empleados para retirarnos. Los maestros bajan felices y le comunican al grupo de maestros que vienen de fuera que se puede tomar la presidencia; éstos suben con rapidez, desorden y gritando a las oficinas; el presidente les conmina a que lo hagan con orden y tranquilidad, al tiempo que les dice, sacamos algunas cosas para seguir trabajando en otro lado y les dejamos los espacios; no, responde uno de ellos, aquí nadie saca nada, ahuecando el ala, porque ahora nosotros disponemos del inmueble y lo que haya adentro. El presidente responde: "a ver, quien manda aquí, soy yo, no ustedes y como no se están comportando, se me largan de aquí"; los maestros se ven unos a otros, los maestros josefinos ya se habían retirado, pues sólo les pidieron que avisaran al presidente, como lo hicieron, pero los que venían de fuera, grupos de maestros, que más parecían porros, quisieron hacer las cosas a su contentillo, y se toparon con la autoridad. Al ver que empezaban a llegar los empleados municipales y los policías, los que ahuecaron el ala fueron ellos. Terminado el incidente, regresa un maestro de los locales y le dice al presidente: lamento el comportamiento de mis compañeros, sólo permítame enviar unos faxes desde las oficinas de la presidencia, para que los líderes, allá en Morelia, piensen que si cumplimos.

Don Jesús Bautista, respaldado por su excelente administración anterior, había logrado reunir, para la presente contienda, a un nuevo equipo de jóvenes azules cuya propuesta ha generado muchas esperanzas.

Hoy, 2014, tenemos un presidente de la república tricolor, que, hasta la fecha, parece que no ha entendido la lección; vuelve la corrupción y ha bajado la presión al crimen organizado, que en la administración de Felipe, si quieren, no con la mejor estrategia, pero ya estaba reculando. En el estado tenemos un gobernador, del tricolor, después de dos gobiernos amarillos; bonachón, pero, cuyo triunfo dejó muchas dudas sobre la intromisión del crimen organizado, y esto es un precedente peligroso; si la ley no es la máxima autoridad, entonces, el estado está renunciando a cumplir con su función primaria: la seguridad. La ley es garantía para buenos y malos, de otra manera viene el caos que a nadie beneficia. Un diputado del distrito, azul, señor José Eduardo Anaya Gómez, que conoce de las realidades municipales; un diputado federal tricolor, Salvador Romero Valencia, cercano a la ciudadanía y un presidente municipal también azul, J. Jesús Bautista Álvarez cuyo trabajo, como la vez anterior, que estuvo al frente de la administración municipal, está marcando diferencia.

La geografía electoral ha cambiado, respecto, a la existente en el lejano 1980. El panorama electoral es diferente, pero el sistema vertebral del viejo régimen, no ha muerto y ha contaminado las instituciones partidistas.

Yo, — ¿hoy, qué tienen que cambiar los partidos para que los ciudadanos vuelvan a confiar en ellos?

Tío, — simple y sencillamente ser congruentes; no se vale pregonar: honestidad, justicia, democracia, compromiso social y hacer lo contrario. Ser fieles a sus principios y dejar de ser franquicias electorales al servicio de los dirigentes en turno.

Hablar con verdad y anteponer el interés de la nación al interés del partido.

Los partidos están en crisis, campo fértil para que surjan liderazgos autoritarios o líderes mercenarios. Por otro lado, los partidos paleros deberían de desaparecer o, en su caso, demostrar con votos que sí son alternativa.

Yo, — ¿para ti, el partido Morena, de reciente creación, es otro más de los paleros?

Tío, — no, quiere ser el viejo régimen, pero con máscara nueva; la misma gata, pero revolcada, para que la "mafia del poder", siga en el poder. Lo intentaron con el PRD, pero el Ingeniero Cárdenas tenía su propio proyecto, no se dejó mangonear y, al no poder cobijarlo bajo su sombra, le dinamitaron el partido con caballos de Troya. Hoy el partido Morena me parece un movimiento amorfo detrás de un caudillo; no tiene un proyecto definido, ni constructivo; y, algo preocupante, ha aglutinado a lo peor y mañoso del viejo régimen. Dime con quién andas y te diré quién eres, reza el refrán. Pareciera que le está jugando al abogado del diablo. Puede ser la última carta del sistema autoritario, pues Andrés Manuel López, no es Cuauhtémoc Cárdenas; el ingeniero Cárdenas tenía proyecto y compromiso con el desarrollo del país, pero Andrés Manuel se ama más a si mismo que a la Patria.

Alejandro, — para transformar la nación dos cosas: educación universal, libre y de calidad y transparencia en el ejercicio del poder.

Yo, — una más, Alejandro, buenos pastores en la cuestión religiosa. Por cierto, tío, ¿me conseguiste la lista de quienes han sido los curas, desde la fundación del pueblo?

Tío, — sí, pero como comprenderás, puede tener sus errores. Yo la saqué revisando quiénes firman las actas de bautizo que aparecen en los libros parroquiales; no teniendo acceso a posibles actas de entrega recepción del cura que se va y el que llega, que, además, no sé si existan. Esta lista la saqué hace unos meses.

Don Luis González y González en su libro "Pueblo en Vilo" narra que el cura de Sahuayo Don Esteban Zepeda, alienta la fundación del pueblo y celebra la santa misa el día de la fundación del pueblo.

El pueblo de San José fue considerado como una vicaria adscrita a la parroquia de Sahuayo.

—Padre Luis Martínez...1889

—Padre Marcos Núñez..1990

— Padre Othón Sánchez...1891— 1903

— Padre Francisco Castillo..1903— 1909

— Padre Juan González— primer sacerdote oriundo de S. José..........1909— 1910

—Padre José Trinidad Barragán..1910

— Padre Marcos Vega...1910— 1913

— Padre José Sánchez...1913— 1914

— Padre Federico González como interino.........................1914— 1915

— Silvestre Novoa...1915— 1917

— Padre Juan González...1917— 1918

— Padre Timoteo López...1918— 1920

— Padre Emilio Ávalos...1920— 1924

— Padre Federico González como interino.........................1924— 1929

Se eleva la vicaría de San José a Parroquia.........................1929

— Padre Pablo González Zepeda , primer párroco.............1929— 1932

— Padre Octaviano Villanueva...1932— 1938

— Padre Ignacio Orozco 1938

— Padre Rafael Arroyo...1938— 1940

— Padre Emiliano del Río...1940— 1943

— Padre Antonio Corzo...1943— 1944

— Padre Rafael Ramírez...1944— 1948

— Padre Pascual Villanueva Bravo.........................1948— 1963

— Padre Luis Méndez...1963— 1966

— Padre Carlos Moreno...1966— 1981

— Padre Eduardo Gutiérrez Zaragoza.........................1981— 1996

— Padre Enrique Magaña Herrera.........................1996— 2006

— Padre Francisco Javier Valencia Durón.........................2006— 2009

— Del 14 de Noviembre del 2009 al día de hoy, Padre José González Barbosa

Desde 1958 el cura contó con un vicario.

El padre Pascual tuvo de vicario al padre Juan José Paz.

El padre Luis Méndez al Padre Javier Esquivel.

Con el padre Carlos Moreno estuvo el padre Raúl Duarte.

Con el padre Eduardo Zaragoza, en diferentes años, estuvieron el padre Luis García, José Luis Laureán Olloqui, Gustavo Ruiz.

Con el padre Enrique Magaña estuvo el padre Joel Camarillo, Oscar Villanueva Manzo, Antonio Oropeza.

Con el padre Francisco Javier estuvo todavía el padre Oropeza y después el padre Luis Eloy Avilés, quien permaneció unos meses con el padre José González, hasta la llegada del padre Efrén González, hermano del señor cura José.

Misión cumplida, Pepe.

Alejandro, — da gusto oír que desde la fundación siempre tuvieron un cura que les atendiera, no obstante que sufrieron la revolución y después la guerra cristera. La formación religiosa es vital para el desarrollo de los pueblos; así que quienes sean autoridades religiosas, curas, pastores... deberán respaldar su prédica con una conducta ejemplar, si quieren incidir, realmente, en la vida de la comunidad

Tío, — y que estos liderazgos religiosos gocen, por la congruencia de su vida, del respeto y la aceptación de propios y extraños.

Pepe, — tengo entendido, así nos lo decía el maestro Enrique, y por eso te solicité una lista con sus nombres, que, sobre todo los primeros, fueron muy activos y comprometidos.

Tío, — ¿no sé si te acuerdes?, pero decía que un buen comienzo es fundamental para la línea que se va a seguir y que el primero, así le oí comentarlo, fue un sacerdote de tiempo completo que sin descuidar lo espiritual, le entró duro a la construcción del templo y a procurar que hubiera educación; que el Padre Francisco Castillo, quien lo sustituyó, era más asceta que un ermitaño y caló hondo en la vivencia de la fe; luego el padre Marcos Vega, muy inteligente y práctico, suavizó el ascetismo, y dio especial importancia a la educación y a que, los habitantes de San José, vivieran su fe con alegría, menos ropa negra y más flores en la vestimenta de las damas. Esos tres sentaron las bases del estilo de la religiosidad del pueblo.

Pepe, — yo nada más conocí al padre Pascual, de quien tengo el mejor de los recuerdos: bondadoso, humilde, preocupado por cada uno de sus feligreses, amante de la charrería, lo mismo convivía con ricos y pobres.

Tío, — escuché hablar también mucho, del padre Pablo González, originario de Cotija, un sacerdote, que a decir del obispo Rogelio Sánchez, fue el primer párroco y llegó como mandado a hacer, pues el pueblo, agobiado por revueltas y persecuciones, necesitaba un pastor que además de trabajador, supiera entender y escuchar a sus ovejas, que les levantara el ánimo; por su bondad y religiosidad se le conocía como el padre Pablito. Al dejar la parroquia de San José se fue de Jesuita.

Pepe, — bueno también conocí y agradezco su apoyo, al padre Federico González.

Tío, — él se ordenó en 1913 y en varias ocasiones aparece, en San José, como encargado o interino. Es hasta el año 1924 que, por enfermedad, ya se establece en San José.

Alejandro, — dices tío que es importante que el líder religioso goce del respeto de sus feligreses por su congruencia. Yo tengo el recuerdo de un comentario que le escuché al padre Bernal; más o menos iba en estos términos: los problemas de los sacerdotes que no se enamoran de Dios, que sólo son sacerdotes por inercia o por otra causa ajena al amor de Dios, son: el alcoholismo, las damas o el dinero. Para que un sacerdote sea testigo fiel del Evangelio debe estar enamorado de Dios. Prefiero, decía, a un cura enamorado de Dios que a diez que sólo están por cumplir; y remataba: un San Juan Bosco, un cura de Ars, un San Felipe Neri, un San Carlos Borromeo, que rendían por veinte de los mediocres.

Pepe, — estimado pulkin, como te gusta nombrarnos, ¡excelente ese recuerdo!

Tío, — cabe mencionar que de acuerdo a lo que Don Luis nos narra en "Pueblo en Vilo", en la página 134 de la quinta edición, que el primer sacerdote originario de San José y que era nieto de Don Antonio González Orta, fue el padre Juan González, quien destacó en muchos campos. "Hacía lodo cuando el padre Othón se fijó en él para mandarlo al seminario". Cantó su primera misa e 1907. Después de él se ordenó el padre Federico en 1913 y luego han venido muchos otros, señales de que la semilla fue bien sembrada. Hasta dos han llegado a ser obispos: Monseñor Rogelio Sánchez González, quien fue obispo de Colima y Pedro Pablo Elizondo Cárdenas obispo en la Prelatura de Chetumal.

Pepe, — y ya para cerrar, algo sobre el otro eslabón indispensable para contar con un pueblo de valores e ilustrado: la educación. ¿Qué comentario me harías sobre la educación en San José de Gracia?

Tío, — como lo he repetido en diferentes ocasiones, me gusta comentar o decir algo sobre cosas o acciones que viví o soy testigo. Como tú, yo también salí del pueblo en 1962 y regresé hasta 1977, por lo que no me tocó vivir los pasos más importantes que el pueblo dio en este rubro; sólo he escuchado, y me tocó conocer a algunos de los actores, que tanto la secundaria como el CBTA, contaron con un plantel extraordinario de maestros fundadores, y, recuerda, lo que bien inicia, bien continúa. Una mención merece, aunque es producto de oídas, el trabajo que realizó uno de los primeros maestros en los orígenes del pueblo, el maestro Francisco Gama, quien, como buen militar, había sido coronel en tiempo de Maximiliano, hacía entrar la ciencia a punta de castigos; el maestro Rafael Haro, Josefino, dejó también excelentes recuerdos, el maestro Enrique Villanueva, a quien ambos le debemos nuestras primeras letras; mención especial merecen la religiosas Hermanas de los Pobres y Siervas del Sagrado Corazón, quienes, desde la fundación del pueblo, han estado presentes en la labor educativa de nuestra comunidad.

Pepe, — en mi tiempo el colegio, dirigido por ellas, contaba sólo con primaria y lo que llamábamos párvulos atrasados y párvulos adelantados, lo que ahora viene a ser el kínder. También recuerdo al maestro Daniel González, director de la escuela del gobierno y al maestro Silvestre, que le sustituyó.

Tío, — y no hay que olvidar, que, por fortuna, el pueblo ha contado con otras opciones alternativas, promotoras de artes y oficios. La casa de la cultura, iniciada y promovida por la maestra Teresa González, el ingeniero Ramón Cárdenas, el doctor José Ruiz, la señorita Amalia Anaya, Andrea Valdovinos etc. y las diferentes opciones que siempre ha ofrecido el DIF municipal. Por buen tiempo, el instituto PAL, dirigido por el maestro Elías Martínez Flores, fue alternativa, sobre todo para las señoritas, en el campo de la mecanografía, taquigrafía y redacción.

Alejandro, — meteré ahora mi cuchara. La educación, sin maestro ejemplares, no garantiza buenos ciudadanos.

Yo, — no sólo buenos maestros, también padres comprometidos y alumnos dedicados. El ser maestro, no sólo es una profesión, es también una vocación que compromete la vida entera, pues, sobre todo en los niveles básicos, los maestros se convierten en ejemplos atrayentes para sus alumnos.

Alejandro, — a ver, explíquenme: ¿cómo es que el gobierno pone tantas trabas para que particulares ofrezcan educación? Si la obligación del gobierno es garantizar el acceso a la educación a todos los ciudadanos, y los ciudadanos se ofrecen a ayudarle a cumplir esa obligación, ¿por qué carajos no sólo no facilitan se dé esta ayuda, sino que le ponen mil trabas?

Tío, — porque el gobierno concibe la educación como un medio de tener subordinada a la ciudadanía, no hay otro argumento. Yo creo que el gobierno y maestros expertos en la materia, con la concurrencia de los padres de familia, deben establecer los parámetros base para medir los grados de conocimientos exigidos para reconocer los diferentes niveles; y eso sería lo exigible a quienes ofrezcan educación. También a mí parece una pendejada, de parte del gobierno, además pendejada punible, oponerse a que la sociedad colabore en este campo.

Alejandro, — mis respetos y reconocimiento a los maestros que sostienen el peso de la enseñanza en este país, a pesar del olvido y el poco reconocimiento a su labor de parte del gobierno. Y mi condena a esos maestros que, en lugar de enseñar, se dedican a grillar y a vivir del presupuesto sin entregarse por completo al servicio de la educación; esos que siempre se visten del color de quien está en el poder y no con la camiseta propia de maestro.

Tío, — ¿terminó el interrogatorio?

Yo — si, estimado tío. Creo que me he dado una idea de la odisea política para arribar a la democracia. Valor, no menor, que debemos cuidar, pues los buitres carroñeros, vestido de demócratas, siempre estarán al acecho.

Alejandro, — ahora nos toca a nosotros interrogarte Pepe.

Yo, — mañana les contaré mi historia, que tiene muchos bemoles: por mis decisiones y por el cuidado de la Providencia, que siempre escribe derecho, tenga arrugas el papel o no tenga renglones, o éstos estén torcidos. Una cosa sí les digo: la vida es oportunidad, no hay que pasarla, hay que vivirla y todo tiempo es propicio para iniciar o enmendar caminos. Hay tareas prioritarias si quieres triunfar en esta vida y las hay, si lo que buscas es la trascendencia; tú escoges: ser flor de un día u olivo que trascienda los siglos. De cualquier manera, todos tenemos que llegar a la misma meta: para algunos morir y la nada; para otros morir para vivir. Yo no quiero llegar a la presencia de mi Creador con las manos vacías.

CAPÍTULO XIII
LA LIBERTAD SE CONQUISTA

El sol cae lentamente en el horizonte; el cielo luce tonalidades de rojo y naranja; tres camionetas de militares entran veloces al Rincón Medieval y se alinean junto a la torre que sirve de depósito de agua, apenas a cincuenta metros de donde disfrutamos el café. Los soldados saltan de las cajas de las camionetas y se esparcen en círculo, unos miran hacia el poniente y otros hacia el norte; el oficial al mando se dirige hacia nosotros. El tío sale a su encuentro.

— Buenas Tardes.

— Buenas tardes; ¿es usted el dueño de este terreno?

— Sí, oficial, a sus órdenes.

— Quienes le acompañan ¿son sus amigos?

— Sí, ¿algún problema?

El oficial hace un ademán y baja de una de las camionetas alguien, vestido de civil, portando un folder. Es el comandante Melesio, el factótum de la prisión. El oficial señalándolo, dice:

— el licenciado trae una orden de aprensión para uno de sus amigos.

El tío exige le muestre la orden. Melesio se la entrega, mientras, levantando la vista, cruza miradas con un servidor.

— Ja, exclama el tío, lamento decirle que se han equivocado; mis amigos presentes son el señor Alejandro Mercado de ciudad Esmeralda y mi paisano José Morelos Iturbide. La orden señala al señor Juan Arquímedes Martínez Ceballos; ninguno de nosotros lleva ese nombre y dudo que sea algún ciudadano de la región, pues jamás he oído ese nombre.

Melesio, señalándome, dice: — el amigo que está sentado sobre la roca tiene la fisionomía de la persona que buscamos.

— Lo lamento, dice el tío, tendrá la fisionomía, pero su nombre es otro.

Para estar seguro que yo lo escucho, Melesio eleva la voz: — mire, señor, y le muestra una fotografía al tío, este es el señor Juan Arquímedes. Yo le vigilaba en la prisión, y cuando salió le seguí hasta un centro comercial; ahí dejé la pista que inteligencia militar retomó y nos condujo hasta este predio.

— Suena demasiado simple, reviró el tío, añadiendo: aquí nadie lleva ese nombre. Evíteme la pena de invitarlos a salir.

Me acerco y solicito me enseñe la fotografía; en ella aparecemos el director, Melesio y un servidor, tomada, sin duda, de alguna cámara de seguridad ubicada en la dirección del penal.

El único papel oficial que conservo de mi identidad legal, es la copia de mi cartilla militar. La saco de mi cartera y, toda vieja, casi ilegible, se la doy al oficial. Éste intercambia miradas con Melesio. Se hace un silencio eterno.

— En efecto, dice Melesio, "Prior in tempore, potior in iure"; y, mientras rompe la orden de aprensión, alarga la mano para saludarme, añadiendo, me da gusto que el jefe Pepe viva y viva en libertad

— Comandante Melesio, dice el oficial, se le peló Juan Arquímedes a quien usted custodiaba y a nosotros nos ha dejado sin materia de investigación, pues si Juan Arquímedes no existe, vano es que vigilemos que usted custodie a un fantasma. Por cierto señor José Morelos Iturbide, le manda un cordial saludo el coronel Ordoñez.

"La verdad os hará libres" Juan 8:32

Campaña 1982.

De izquierda a derecha: Dr. Rafael Morelos (Candidato al senado), Luis Guillermo Villanueva (Candidato a diputado), Antonio Castellanos (Candidato suplente), Salvador Pulido, José López, Felipe Prado (De pie)

Izquierda a derecha sentados: María Teresa González, Sigifredo Aguilar, Vidal Martínez, Santiago Partida.

De pie: Lorenzo Gómez, J. Jesús Grimaldo, Jorge Buenrostro, Ramón Cárdenas, Leocadio Toscano

Segundo Ayuntamiento Panista:

Sentados izquierda a derecha: José Preciado, María de Jesús Pérez, Sergio Mora, Leocadio Toscano, Lourdes López, Sergio Gónzalez.

De pie: Jorge Anaya, Juan Maunel Miranda, Antonio Valdovinos, Fernando Guillén, Sigifredo Aguilar, Pedro Pulido, Abraham Martínez, Rogelio Avila, Santiago Partida.

Tercer ayuntamiento Panista:

Sentado: J. Jesús Bautista., De pie izquierda a derecha: Verónica Alcaraz, Leocadio Toscano, Efraín Pérez, Joel Chávez, María Isabel Aguilar, Miguel Agapito González, Julissa Toscano.

Cuarto ayuntamiento Panista:

Sentados de izquierda a derecha: Patricia Toscano, Marisol González, Minerva Pérez, Angelica Aguilar,

De pie: Sergio Mora, José Luis González, J.Jesús Bautista, Raul González, Cuauthemoc Cevallos, Fernando Cárdenas.

Visita de Maquio a San José de Gracia en 1989, escasos 8 días antes de su muerte.

Carlos Castillo, presidente del comité ejecutivo nacional apoyando la campaña municipal de 1992.

Panistas Josefinos con el jefe Diego.

De izquierda a derecha: Línea superior: José González (CDE), Antonio Partida, J. Jesús Grimaldo, Sergio Mora, Jorge Buenrostro, Oscar Suarez., Línea Inferior: Salvador Vega, Apolinar Partida, Ángel Vega, Sigifredo Aguilar, Ramón Cárdenas, Luis Guillermo Villanueva y Lourdes Esperanza Torres.

Panistas Josefinos preparando una caravana de automóviles.

Visita de Carlos Medina, ex gobernador de Guanajuato, a San José de Gracia.

Mujeres Josefinas en actividades partidistas.

Panistas Josefinos en una convención municipal: De izquierda a derecha: Santiago Partida,
Raúl González, Ángel Vega, Jorge Buenrostro,
Joel Chávez, Abraham Martínez, Rogelio Valdovinos y Víctor Manuel Villanueva.

Licenciado Felipe Calderón acompañando la
protesta del C. Jesús Bautista Álvarez presidente municipal de Marcos Castellanos.

La presente edición digital estuvo a cargo de:
Appie Ebook & Ecommerce